KB235622

받은 복을 세어 보아라

받은 복을 세어 보아라

국제제자훈련원은 건강한 교회를 꿈꾸는 목회의 동반자로서 제자 삼는 사역을 중심으로
성경적 목회 모델을 제시함으로 세계 교회를 섬기는 전문 사역 기관입니다.

부유함이 아닌 **부요함을 위한**
받은 복을 세어 보아라

초판 발행 2011년 5월 25일
초판 4쇄 발행 2012년 8월 20일

지은이 박진석
펴낸이 오정현 **펴낸곳** 도서출판 국제제자훈련원

등록 제22-1240호(1997년 12월 5일)
주소 (137-865) 서울시 서초구 서초1동 1443-26
e-mail dmipress@sarang.org **홈페이지** www.discipleN.com
전화 (02)3489-4300 **팩스** (02)3489-4309

ISBN 978-89-5731-525-5 03230

※ 책값은 뒤표지에 있습니다. 잘못된 책은 구입하신 곳에서 교환해 드립니다.

밭을 복을 세어 보아라

박진석 지음

국제제자훈련원

최고의 복은 하나님의
기쁨과 행복에 동참하는 것

얼마 전 한 자매로부터 편지가 왔다.

"제가 제일 감사한건요, 정말 좋은 교회, 좋은 목사님, 좋은 믿음의 친구들 덕분에 완전히 회복되고 건강해졌다는 거예요. 몇 년 전 처음 교회에 왔을 땐 몸도, 마음도, 영혼도 완전히 피폐해 있었는데 좋은 말씀으로 먹여 주셔서 포동포동 살찌고, 이렇게 살아라 가르쳐 주셔서 강해지고, 지금은 마치 잘 무장하고 나가는 것 같아요."

편지에서처럼 이 자매가 처음 교회에 나왔을 때는 무척이나 어둡고 힘들어 보였다. 삶이 힘들고 무거운 만큼 하나님의 은혜에 대한 사모함이 남달랐다. 예배 때마다 가장 앞자리에서 진지하게 말씀을 듣는 자매의 얼굴과 분위기는 시간이 지날수록 점점 달라져 갔다. 얼굴의 변화에서 그 속사람이 점점 더 강건해지고 밝아짐을 직감할 수 있었다. 자매는 지금도 여전히 당면한 힘든 문제들과 씨름한다. 그러나 이전처럼 문제에 압도되기보다 문제를 뛰어넘어 하나님과 동행하며 그 기쁨과 행복에 동참함으로써 문제들을 정면돌파해 나간다.

자매가 자신의 비전을 향해 가는 중에 교회를 떠나게 되었지만 하나님의 말씀으로 성도를 섬기는 목회자로서 이런 편지를 받는 것은 더 없는 위로요, 보람이다. 정말이지 그 자매는 하나님의 말씀으로 많이 강건해지고 씩씩해진 것 같다. 물론 앞으로 헤쳐 나가야 할 인생의 많은 과제를 가지고 있겠지만 잘 이겨내리라는 든든한 자신감이 있다. 나는 떠나는 자매에게 이런 말을 해주었다.

"음, 왠지 잘될 것 같은 불길한(?) 예감이 드는데!"

그동안 수많은 성도를 지켜보면서 체득된 일종의 영적인 직관과 같은 말이다. 정말 잘되기를 바란다. 하나님의 뜻 안에서 어그러지고 뒤틀어진 세상 속에서 빛의 자녀답게 밝게 빛나기를 소망한다. 최고의 복인 하나님을 추구하는 일생을 살아감으로 자매의 삶에 복의 순환 역사가 끊임없이 확대 재생산되기를 기도한다.

마태복음 25장 21절에는 착하고 충성된 종에게 주시는 하나님의 복이 소개된다. "그 주인이 이르되 잘하였도다 착하고 충성된 종아 네가 적은 일에 충성하였으매 내가 많은 것을 네게 맡기리니 네 주인의 즐거움에 참여할지어다." 위안이 되지 않는가? 크신 하나님이 우리의 큰일 행한 것을 보시는 것이 아니라 적은 일에 충성한 것을 본다고 한다. 그리고 그 적은 일에 충성한 것으로 많은 것을 맡겨 주신다고 한다. 이 많은 것에는 물질과 건강과 장수와 명예와 권력과 교회 성장과 온갖 좋은 것들이 포함되는 복임에 분명하다. 약속에 신실하신 하나님은 우리가 적은 일이라도 한결같이 충성할 때 많은 복을 맡겨 주신다.

그러나 그 복이 다가 아니다. 솔로몬을 보라! 그는 전도서 1장 1절에서 이 세상 온갖 복을 다 맛보았으면서도 "헛되고 헛되며 헛되고 헛되니 모든 것이 헛되다"고 반복하며 절규한다. 한마디로 "루이비통 지갑 안에는 복이 없다." 그 안에는 다 채우지 못한 욕망, "조금만 더"a little more가 있을 뿐이다. 세상 최고의 것을 누린 솔로몬이 정작 가져야 할 최고의 복은 상실했다는 안타까운 고백이다. 하나님께서는 우리에게 '주인의 즐거움에 참여'하는 복을 주고자 하셨다. 이 복은 아무리 비싼 루이비통 지갑이라도 비교할 수 없다. NIV성경은 마태복음 25장 21절에서 "Come and share your master's happiness"로 하나님이 부르시는 복의 초청을 번역했다. 최고의 복은 와서 하나님의 행복을 함께 나누는 것이다.

창세기 15장 1절에는 조카 롯을 구하고 돌아오는 아브라함이 나온다. 아브라함은 그 승리의 전리품 중 10분의 1을 하나님의 대제사장에게 바치고 나머지는 소돔 왕에게 고스란히 돌려준다. 그때 하나님이 말씀하신다. "아브람아 두려워하지 말라 나는 네 방패요 너의 지극히 큰 상급이니라." 전리품이라는 세상의 복에 집착하지 않았던 아브람에게 하나님은 자신이야말로 지극히 큰 상급이라고 말씀하신다.

성도가 가질 수 있는 최고의 복은 오직 하나님 한 분이다. 우리가 마음과 생명을 다해 하나님을 사랑할 때 우리의 심령에 최고의 복, 하나님을 소유할 수 있다. 성경이 일러 준 하나님 사랑에 대한 명령은 사실 우리에게 최고의 복인 하나님을 얻는 비밀을 알려 준다. 하나님 사랑의 복은 결코 빼앗길 수 없는 최고의 복이다.

이 비밀을 안 사도 바울도 빌립보서 3장 7-8절에서 이렇게 증거한다. "그러나 무엇이든지 내게 유익하던 것을 내가 그리스도를 위하여 다 해로 여길 뿐더러 또한 모든 것을 해로 여김은 내 주 그리스도 예수를 아는 지식이 가장 고상하기 때문이라 내가 그를 위하여 모든 것을 잃어버리고 배설물로 여김은 그리스도를 얻고." 바울은 가장 고상한 복을 그리스도 예수를 아는 지식 곧, 그를 아는 사랑의 지식이라고 했다. 그는 그리스도를 사랑함으로 그리스도를 온전히 얻는 최고의 복을 추구했다. 이 최고의 복을 맛보고 추구하는 자는 당연히 하나님 나라와 의를 구하는 삶을 살게 된다. 요한 3서 2절에서 사도 요한이 최고의 복인 하나님을 추구했던 가이오를 축복한 것처럼 영혼이 잘되는 축복을 통하여 범사가 잘되고 강건하게 되는 복의 선순환이 일어나게 된다.

앞에서 말한 그 자매의 모습은 내 어린시절에 오버랩 된다. 불신가정에서 처음 예수를 믿고 교회에 나오면서 얼마나 많은 믿음의 시련과 시험을 통과했던가. 승리와 성취, 크고 작은 시행착오와 실수, 그럴 때마다 하나님께서는 도와줄 성도와 영적 스승을 보내 주셨다. 그리고 어느덧 믿음이 자라 교회를 이끌며 성도를 섬기는 목회자가 되었다. 그리고 주님을 사랑하는 것이 최고의 복임을 체득하게 되었다. 물론 지금도 여전히 부족함을 느끼며 솔직히 그런 내가 싫다. 그러나 포기하지 않는 하나님의 사랑과 섭리 때문에 한없이 부족한 나를 긍정하고 사랑할 수 있게 되었다.

신앙생활이란 그저 열심히만 한다고 되지 않는다. 하나님 앞에선 때로 우리의 열정조차 우상이 될 수 있다. 먼저 하나님의 말씀과 뜻을 분별하는 것이 중요하다. 그래서 잘 배우고 훈련받아야 한다. 좋은 코치와 멘토가 필요하다. 물론 그 진리를 터득하고 일상의 삶에 효과적으로 적용하기까지는 많은 시행착오를 거칠 것이다. 할 수만 있다면 시행착오는 적게 하는 것이 좋다. 그러나 생각보다 많은 성도들이 비슷한 종류의 시행착오를 반복하는 것 같다. 조금만 가르침 받고, 도움 받으면 피할 수 있고, 극복할 수 있는 문제들이 심각한 양상으로 반복되는 것이 정말 안타깝다. 이 안타까움이 바로 목자의 마음이라고 생각한다.

이 책은 기쁨의교회에서 설교한 빌립보서 강해 내용을 정리한 것이다. 처음에는 그저 기쁨의교회 성도들에게 책으로 정리된 설교집 한 편을 읽히고 싶은 소박하고 가벼운 마음으로 시작했다. 그러나 출판사측과 협의하며 원고를 수정하고 보완하는 과정에서 부담감이 가중된 것이 사실이다. 그러나 이런 부담감이 책의 내용을 좀 더 충실하게 만들어 주는 계기가 되었다고 생각한다. 이 책의 제목인 『받은 복을 세어 보아라』는 최초에 내가 생각했던 제목과는 많이 달라졌다. 처음에 생각했던 제목은 '절대 행복자, 바울'이었다. 어떤 상황에서도 하나님의 기쁨을 빼앗기지 않는 바울에게 초점을 맞춘 제목이었다. 그러다가 내용을 정리하고 협의하는 과정에서 '받은 복을 세어 보아라'로 제목이 정해졌다. 로마 감옥 속이라는 최악의 상황에서도 하나님의 기쁨을 빼앗기지 않는 절대 행복자 바울의 비밀은 이미 그의 심령에 예수 그리스도로 말미암은 구원의 복, 빼앗길 수 없는 천국의 복이 있었기 때문일 것이다. 바울이 깨달은 복의 비밀이야말로 자기중심적이고 세상적 가치의 복에 지나치게 집착하는 사람들에게 꼭 필요한 메시지라고 생각된다. 그래서 책의 제목이 최종적으로 선정되는 과정 속에 비록 작은 일이긴 하지만 하나님의 섭리적 뜻이 있다고 믿는다.

나는 이 책에서 세 가지 원칙을 지키려고 노력했다. 첫째는 책이 너무 가볍고 쉽기보다는 본문에 대한 약간의 주해와 신학적 해설을 넣어 이해를 돕고 그러면서도 읽기 편하게 하려고 노력했다. 둘째, 성도의 성장과 성숙에 꼭 필요한 주제를 다루려고 노력했다. 셋째는 내 자신이 겪은 삶의 이야기와 마음을 전하려고 노력했다. 내가 훌륭하게 살았기 때문이 아니라 실패와 시행착오를 겪으며 배운 것들을 말해 주고 싶었다.

첫 책을 내면서 감사하고 싶은 분들이 있다. 먼저는 설교의 좋은 청중이 되어 주었던 기쁨의교회 성도들, 가장 강력한 비평가요 후원자인 나의 아내, 처음의 원고를 정성을 다하여 정리해 준 최경인 자매, 그리고 통찰력 있는 조언과 함께 출판을 도와준 국제제자훈련원의 장병주 편집장께 감사를 드린다.

2011년 5월

기쁨의교회 박진석 목사

Philippians ⋯ ⋯

지금 여기 그대를 존재하게 한 신앙의 여정을 살펴보라.

무엇이 이만한 믿음의 자리까지 그대를 이끌어 왔는가?

사람들이 부러워하는 복만인가?

자세히 보라. 고난과 시련이 있었을 것이다.

복 속에는 부패의 독성이 숨어 있다.

오히려 인생의 시련과 고난이야말로

믿음을 더욱 순수하게 하고

하나님을 간절히 의지하게 하는 보약이다.

1부

고난조차도
그리스도의 복을 막지 못합니다

Philippians ··· ··

1 그리스도 예수의 종 바울과 디모데는
   그리스도 예수 안에서 빌립보에 사는 모든 성도와
   또한 감독들과 집사들에게 편지 하노니

2 하나님 우리 아버지와 주 예수 그리스도로부터
   은혜와 평강이 너희에게 있을지어다

3 내가 너희를 생각할 때마다 나의 하나님께 감사하며

4 간구할 때마다 너희 무리를 위하여 기쁨으로 항상 간구함은

5 너희가 첫날부터 이제까지 복음을 위한 일에 참여하고 있기 때문이라

6 너희 안에서 착한 일을 시작하신 이가
   그리스도 예수의 날까지 이루실 줄을 우리는 확신하노라

다른 사람의 가슴속에 있는 소중한 복

공원에 나가 보면 어떤 종인가와 상관없이 두 부류의 개를 본다. 한 부류는 주인과 함께 당당히 걸으며 주인의 기쁨을 함께 누리느라 정신이 없는 부류와 주인은 아랑곳없이 땅바닥에 코를 박고 세상 온갖 것에 정신이 팔려 있는 부류다. 개의 복은 좋은 주인을 만나는 일일 것이다. 그런데 개가 제 주인은 본척만척 다른 것에 정신이 팔려 있다면 어느 주인이 그 개를 예뻐하겠는가? 스스로 복을 차버리는 것과 같다.

하나님도 자신의 백성들을 사랑하신다. 자신의 기쁨을 함께 누리기 원하신다. 그러나 우리도 마찬가지로 하나님은 아랑곳없이 세상 것만 쫓아다닌다면 어떻게 하나님과 함께 기쁨을 누릴 수 있겠는가? 세상 최고의 복은 하나님의 기쁨과 행복에 동참하는 것이다. 나는 이 하나님의 기쁨에 동참하고 싶고 인생 최고의 복을 누리고 싶다. 나뿐 아니라 이 땅 모든 성도가 그 심령에 최고의 복, 하나님을 소유하기 원한다.

나는 기쁨이 없는 메마른 신앙생활의 어둔 골짜기를 거닐어 본 뼈아픈 경험을 가지고 있다. 그래서 더욱 기쁨은 내 사역과 설교의 핵심 주제요, 가장 중요한 신앙적 정서가 되었다. 빌립보서 안에는 이런 하나님의 기쁨에 동참하는 수많은 이야기들이 있다. 하나님의 복을 누린 바울과 디모데, 에바브로디도, 그리고 빌립보 성도들에게서 하나님의 참된 복을 세어 보기 원한다.

"갈수록 좋은 만남이 되기를 원합니다"

나는 빌립보서를 좋아한다. 빌립보서는 내가 가장 좋아하는 기쁨을 강조하기 때문이다. 빌립보서는 바울이 로마 감옥에 1차로 투옥되었을 때 빌립보 성도에게 보낸 편지다. 빌립보 교회는 바울이 마케도니아 지경에서 원단 사업을 하는 여성 실업가 루디아를 만나 그녀의 집에서 최초로 시작했다. 출발부터가 여성 중심의 교회였고, 여성들의 섬세한 정서가 반영되어서 인지 영적 지도자 바울에 대한 배려와 사랑의 섬김이 돋보인다.

그러나 다른 한편으로는 여성 특유의 시기와 질투심 때문인지 유오디아와 순두게라 하는 두 여성 지도자들을 중심으로 분쟁과 갈등을 겪기도 했다빌 4:2. 이렇게 힘든 중에도 빌립보 교회는 끝까지 바울을 후원하면서 오랫동안 영적 교제를 이어갔다. 바울 역시 빌립보 교회와 성도를 향한 각별한 사랑과 관심을 보였고, 그 친밀함은 편지 곳곳에서 확인할 수 있다.

바울은 네 가지 이유 때문에 빌립보서를 썼다. 첫째, 바울은 감옥에 갇힌 자신으로 인해 걱정하는 빌립보 교인들을 안심시키고자 했다. 자신이 감옥에 갇힌 것으로 인해 도리어 하나님의 복음이 전파되는 놀라운 일들을 전함으로써 이 모든 것이 하나님의 깊은 섭리임을 알려 주고 싶었다. 둘째, 바울은 자신에게 베풀어 주는 빌립보 성도들의 사랑과 배려, 그리고 섬김에 대해 감사를 표시하고 싶었다. 셋째, 바울은 빌립보 교회의 두 여성 지도자 유오디아와 순두게의 다툼으로 인한 분열의 조짐을 사전에 치유하고 바로 잡고 싶었다. 넷째, 바울은 복음을 무너뜨리려는 유대인들의 악한 선전과 잘못된 가르침을 경계하길 원했다.

현대인들의 만남은 너무 계산적이고 이기적일 때가 많다. 이런 모습은 오늘날 성도 안에서도 쉽게 발견할 수 있다. 성도의 관계에서조차 세상적인 기준으로 주판알을 튕기다 보니 갈수록 순수한 신앙적 동기의 영적 교제, 하나님의 순전한 사랑이 이끄는 만남은 점점 줄어드는 것 같다. 인터넷, 트위터, 페이스북 같은 통신 수단들이 소통의 혁명을 만들어 낸다고 연일 떠들고 있지만 정작 인간 대 인간의 따뜻하고 의미 있는 만남이나 풍성한 공동체 경험 없이 파편화된 개인으로 살아간다. 그렇게 파편화된 개인은 비록 영적인 지식과 신앙적 열심을 가졌다 하더라도 만성적인 외로움과 영적 침체를 벗어나지 못하고 이 교회, 저 교회를 떠돌아다니는 소위 '교돌뱅이' 성도가 되고 만다. 설령 신앙 안에서 순수한 만남, 귀한 만남을 가졌다 하더라도 그것을 꾸준하게 지속하지 못한다. 성도의 교제는 있지만 교제의 지속성이 부족하다. 10년, 20년씩 한결같이 좋은 만남을 유지하는 성도를 찾기가 쉽지 않다.

기쁨의교회에 부임하여 성도들과 처음 나누었던 기도제목이 "갈수록 좋은 만남이 되기를 원합니다"였다. 목회자와 성도가 기대감과 사랑으로 처음 만남을 시작하지만 얼마 못 가 실망하고 신뢰가 깨지는 경우를 나는 종종 보았다. 주 안에서 꾸준하고도 지속적인 사랑의 교제를 나눈다는 것이 쉬운 일은 아니지만 그렇다고 불가능한 일도 아니다. 이런 꾸준하고도 지속적인 만남은 정말 하나님의 큰 복이요, 선물이 아닐 수 없다. 동시에 우리의 헌신과 섬김의 열매이기도 하다.

언젠가 호주 이민 교회의 목회자 세미나에 참석했을 때 일이다. 그곳에서 사역하는 동기 목사님을 만날 수 있었는데, 신학교를 졸업하고 거의 15년 만이었다. 생각이 깊고 신앙적 소신이 뚜렷했던 그와 모처럼만에 소중한 시간을 보냈다. 그에게서 부러웠던 것은 그가 수년째 지속적으로 만나고 있는 사람들이었다. 무슨 고관대작이 아니다. 신학교 시절부터 타교단 사역자와 7년이 넘도록 매주 한 번씩 온 가족이 만나 친분을 나눴다고 한다. 지금은 모두 외국으로 나가 사역하지만 그들이야말로 인생의 가장 소중한 자산이요, 복이라고 말하는 그가 얼마나 부러웠는지 모른다. 그뿐이 아니다. 한국에서 평생을 선교하다가 은퇴한 변조은이라는 한국식 이름을 가진 선교사와 한 달에 두 번은 만나서 교제하기를 벌써 6년째 이어온다는 말을 듣고 참으로 신선하다는 느낌을 받았다. 누군가와 그렇게 지속적으로 영적인 교제를 나누는 것이 부럽고 신기해 혹시 중간에 싫증 나거나 그만두고 싶지 않았냐고 물어 봤다.

나의 우문에 그는 현답을 던졌다.

"무슨 의도가 있거나 유익을 얻으려고 만나는 것이 아닙니다. 그저 소중한 만남이요, 복된 만남이라고 생각되면 하나님께서 허락하실 때까지 그냥 꾸준히 만납니다. 그러다 보면 그저 앉아서 서로의 눈빛과 표정만 봐도 편안하고 좋습니다."

그때 내 마음에 '아, 이 사람은 지속적인 만남의 비밀, 참된 영적 교제의 복을 아는 사람이구나'라는 생각이 들었다. 마음과 마음이 서로 통하기까지는 많은 시간이 필요하다. 사람과 사람 사이도 그렇지만 하나님과 우리 사이도 시간이 필요하기는 마찬가지다. 그러니 너무 급하게 굴지 말자. 사랑이, 친밀함이 무르익는 데는 시간이 필요하다.

지금 그런 지속적인 사랑의 교제가 바울과 빌립보 성도들 사이에 이어지고 있다. "너희가 첫날부터 이제까지 복음을 위한 일에 참여하고 있기 때문이라"_{빌 1:5}. 오랜 시간이 흘렀지만 바울과 빌립보 성도들 사이에는 갈수록 좋은 만남이 지속되고 있다. 바울은 이 놀라운 만남의 복을 하나님께 감사드리고 있다.

영적 교제는 공급의 원천

바울은 빌립보서 4장 19절에서 "나의 하나님이 그리스도 예수 안에서 영광 가운데 그 풍성한 대로 너희 모든 쓸 것을 채우시리라"고 함으로써 '모든 쓸 것을 풍성하게 공급하시는 하나님'을 소개한다. 누구든지 모든 것의 공급자 되시는 하나님께 믿음으로 나아가면 실제적인 도움과 채워 주시는 은혜를 경험하게 된다. 하나님께는 부족함이 없다. 우리가 할 일은 그 하나님께 믿음으로 담대히 나아가는 일이다히 4:16.

가끔 불신자들로부터 이런 비난의 말을 듣는 경우가 있다. "예수 믿으면 돈이 나오냐, 밥이 나오냐?" 이런 말을 들을 때 우리가 분명히 기억해 둘 주님의 약속이 있다.

> "그런즉 너희는 먼저 그의 나라와 그의 의를 구하라 그리하면 이 모든 것을 너희에게 더하시리라"마 6:33.

하나님의 뜻을 먼저 구하는 자에게 이 모든 것, 즉 먹을 것, 마실 것, 입을 것을 주시겠다는 약속이다. 하나님께서는 진실로 모든 것의 공급자 되신다. 이 진리가 삶에서 구체적으로 경험될 때 우리는 비로소 먹고 살기 위한 염려와 근심에서 자유로울 수 있다. 에서처럼 팥죽 한 그릇에 신앙을 팔아먹지 않을 수 있게 된다.

이 모든 사실을 잘 알고 있던 예수님은 아무리 바쁜 중이라도 공급자 되시는 하나님과의 영적 교제를 게을리 하지 않았다. 전날 밤늦게까지 사역을 하시고도 다음날 새벽 오히려 미명에 기도하시러 한적한 곳에 가셨다막 1:35. 몹시도 피곤하셨을 테지만 예수님에게 더 중요한 일은 하나님과의 영적 교제였다.

어떤 목사님이 이런 말을 했다. "목회자가 하나님과 영적 교제를 하지 못하는 가장 큰 이유는 바쁜 교회 사역 그 자체일 것이다." 참 아이러니 하게도 이 말은 사실이다. 한 목회자의 아들은 "아빠는 나빠는 아니지만 바빠!"라 했다고 한다. 영성 신학자 유진 피터슨은 "목회자의 분주함은 자신의 위대함을 증명하는 것이 아니라 영성을 유기한 경박함의 증거"라고 지적했다. 예수님은 하나님과의 영적 교제의 문제에 있어서는 결코 타협하지 않았다. 그래서 예수님은 영적 침체나 고갈 없이 풍성한 사역을 지속했다.

우리는 흔히 너무 바빠서 하나님과 교제할 시간이 부족하다고 생각한다. 그러나 사실은 그렇지 않다. 모든 것의 공급자 되시는 하나님과 지속적인 교제를 나누다 보면 오히려 힘과 여유가 더 생겨나는 것을 경험하게 된다. 왜 그럴까? 일의 우선순위가 점점 더 분명해지고 해야 할 것과 하지 말아야 할 일들이 명료하게 정리되기 때문이다. 하나님의 지혜와 능력으로 더 많은 일들을 여유롭게 감당하게 된다. 이것은 참 신비로운 체험이다. 바른 기도는 놀라운 생산성을 갖고 있다. 종교개혁자 마틴 루터의 고백은 그가 이 비밀을 알았던 사람임을 입증한다. "나는 요즈음 너무 바쁘고 할 일이 많아서 기도 시간을 더 늘릴 수밖에 없다." 우리의 모든 공급은 하나님과의 영적 교제를 통해 주어진다. 예수님께서는 이 사실을 분명히 아시고 몸소 본을 보여 주셨다.

동시에 하나님께서는 이런 공급하심을 성령충만하고 신실한 하나님의 백성을 통해 모든 사람에게 나누어 주기를 원하신다. 그들과 교제를 나누어 보라! 잠깐의 영적 교제만으로도 놀라운 회복과 능력을 공급받는 경우들이 있다. 그것이야 말로 만남의 복이요, 신비다.

바울은 무엇 때문에 기뻐하고 감사해 하는가? 그것은 자신의 사역에 빌립보 성도들이 동참한 것과 지속적으로 그들과 맺고 있는 영적인 교제 때문이었다. 그래서 바울은 빌립보 성도들을 생각할 때마다 하나님께 감사드렸다고 말한다. 비록 감옥에 갇혀 있었지만 바울의 생각은 감사로 가득했다. 항상 기쁨으로 간구했다. 생각할 때마다 감사하고, 기도할 때마다 기쁨이 넘치는 그가 사도 바울이었다. 그는 실로 행복한 사람이었다. 절대 행복자였다. 보통 사람이었다면 감옥 안의 힘든 상황 때문에 영적 침체와 고통으로 낙심하고 말았을 것이다. 그러나 바울은 놀라울 정도로 감사와 기쁨으로 충만했다. 이렇게 하나님의 신령한 복이 가능하도록 했던 사람들이 바로 빌립보 성도들이었다. 바울에게는 빌립보 성도와의 지속적인 영적 교제야말로 참으로 소중한 하나님의 복이요, 공급의 원천이었다.

가장 소중한 것은
다른 사람의 가슴속에 있다

암에 걸려 투병 중이던 한 자매가 있었다. 돌아다닐 수가 없어 집에서 혼자 신앙생활을 했는데 그것 때문인지 자주 영적으로 눌리고 힘들 때가 많았다. 주로 메일로 신앙상담을 하던 나는 마침 그 자매와 잘 통할 것 같은 한 믿음의 친구를 소개해 줄 수 있었다. 그 후로 이 자매가 보내오는 메일의 내용은 이전과는 너무나 달랐다. 감사와 감격과 위로가 가득했다. 마치 물 만난 물고기 같았다. 홀로 외로운 믿음의 분투를 감당하다가 자신의 마음을 깊이 헤아려 주고 중보해 주는 믿음의 동역자를 만난 것이 그 자매님에게 얼마나 큰 힘이 되었는지를 짐작할 수 있었다. 이것이 바로 풍성한 영적 교제의 능력이다. 할렐루야!

하나님께서는 때로 자신과의 영적 교제를 통해 우리 심령에 직접 기쁨과 감동을 주시기도 하신다. 그러나 하나님은 더 많은 경우 다른 신실한 성도들을 사용하여 더 큰 은혜와 기쁨과 도움 주기를 즐겨 하신다. 이것이 그리스도 안에서 한몸 된 지체의 신비요, 공동체의 복이다. 하나님께서는 우리를 개별적으로 구원하시지만, 동시에 공동체 안에서 모두 한 지체로 연합하여 구원의 완성을 이루어가기 원하신다. 생각해 보라! 우리의 신앙생활에서 아니 일생에서 가장 풍성하고 행복했던 순간들이 언제였는가? 풍성하고도 복된 만남의 순간이 아니었던가? 삶의 질은 결국 만남의 질에 달려 있다. 행복은 결국 관계의 질에 달려 있다. 하나님과의 교제 그리고 성도 간의 교제의 질이 풍성한 삶을 좌우할 것이다.

"하나님 사랑, 이웃 사랑"이라고 주님께서 주신 계명은 결국 무엇에 대한 것인가? 수직적, 수평적 관계에 대한 계명이 아닌가. 결국 관계를 위해서, 다시 말하면 우리의 행복을 위해 주신 명령인 것이다. 하나님께서는 우리가 나 혼자 잘났다고, 다른 지체들을 무시하거나 소외시키지 못하도록 우리에게 가장 소중한 것들을 다른 사람의 가슴속에 묻어 두셨다. 그리고 이 소중한 것들을 교제를 통해 얻을 수 있게 하셨다.

교회에 처음 나온 새가족들을 보면 나는 다음과 같은 권면을 꼭 해준다. "영적 교제 없이, 소속감 없는 교회생활을 하는 것은 매주일 영화관에서 감동적인 영화를 보고 나오는 것과 비슷한 일일지도 모릅니다. 영화를 볼 때는 나름대로 감동과 기쁨이 있겠지만 영화관을 나서서 돌아갈 때는 여전히 나 혼자라는 공허함을 느끼게 됩니다. 이런 나 혼자 신앙을 극복하고 영혼의 고향을 만난 느낌으로 교회생활을 하려면 마음과 마음을 나누는 성도의 교제를 소홀히 여기지 말아야 합니다."

물론 새로운 만남에는 용기가 필요하다. 대가를 지불해야 한다. 하나님께서는 우리의 만남 안에서 역사하시길 기뻐하신다. 그러므로 복된 만남을 위해서 하나님의 도우심을 구해야 한다. 내가 처음 교회에 나오는 성도의 아기들을 위해 축복기도를 할 때 절대 빠뜨리지 않는 것이 만남의 복에 대한 것이다. 하나님을 인격적으로 만나고, 좋은 친구, 선배, 스승, 배우자 그리고 좋은 책을 만나도록 기도한다. 하나님께 만남의 복을 구하라! 참된 행복을 위한 가장 중요한 기도제목이 아닐 수 없다.

제2차 세계대전 기간 중에 하나님께서는 세계의 운명을 바꾸어놓을 역사적인 만남을 허락하셨다. 2차 대전을 위해 중보기도한 수많은 성도들에게 보여 주신 하나의 응답이었다. 그것은 미국 대통령 루즈벨트와 영국 수상 처칠의 만남이었다. 이들은 제2차 세계대전 동안 무려 2,000통에 달하는 서신을 교환했고, 100일 이상을 함께 보냈으며, 추수감사절과 크리스마스, 새해를 함께 축하했다. 마음속 깊은 것들을 나누는 관계가 되었음은 말할 것도 없다. 언젠가 처칠이 루즈벨트에게 보낸 편지에서 이런 말을 했다. "내가 세계의 미래를 만들어가는 사람들 가운데 한 명인 한, 우리의 우정은 세계의 미래를 만들어 가는 발판이 될 것입니다." 이 두 사람 사이에는 국경을 초월한 강한 유대감이 있었다. 두 사람은 서로의 짐을 함께 나누고 끊임없이 격려하며 결국 2차 대전을 승리로 이끌었다. 개인과 개인이 진심으로 만날 때 삶이 바뀌고, 세상을 변화시키는 진정한 능력이 생긴다.

그러나 교회 공동체 안에서 성도들 간의 교제는 지혜와 주의가 필요하다. 자칫하면 기쁨과 감사를 잃고 상처받을 수 있기 때문이다. 교회 공동체 안에서는 여러 성도가 함께 공동체로 신앙생활을 하는데 각 성도는 자신이 교제하고 있는 성도의 신앙 상태나 성숙도에 크게 영향받기 때문이다. 교회는 그리스도의 몸이다. 몸에 포함된 세포 하나하나가 건강하게 소통하고 연합되어 있을 때 몸은 평안하고 행복하다. 그러나 어느 한 부분이라도 병들고 아프면 한몸으로 연결되어 있는 아프지 않은 지체까지도 그 고통에 아파한다. 내가 아닌 다른 성도의 영적인 행복을 위해서라도 우리는 성숙하게 자라야 한다. 건강하고 복된 공동체를 위해 다 함께 노력해야 한다. 바울과 빌립보 성도들은 성숙한 모습으로 지속적인 영적 교제를 나누었다. 그 때문에 바울과 빌립보 성도들은 한몸 된 영적 교제의 행복을 풍성하게 누렸다.

나 홀로 신앙은 편하지만 외로워!

교회 안에는 주일날 예배만 드리고 가는 분들이 꽤 있다. 물론 개인적인 사정이나 분명한 이유가 있어서 공동체 안에 들어오지 못하고 예배만 드리고 가는 사람도 있다. 그러나 그저 다른 사람들을 만나 교제하는 것이 귀찮고 피곤하다거나 이전에 다른 성도로부터 상처 받았다는 이유로 나 홀로 신앙생활을 고집하는 분들이 있다. 혹시 당신이 그 주인공은 아닌가? 이제는 그만 그 마음과 생각을 바꿔야 한다고 생각하지는 않는가? 영적인 교제의 풍성함을 느껴 보고 싶지는 않는가? 기도의 제목을 나누고, 인생의 짐을 나누며 함께 걸어갈 수 있는 영적 교제를 위해 기도하기 바란다. 그런 만남을 사모하라! 간절히 바라라. 그러면 하나님께서 그런 만남의 장으로 여러분을 인도해 주실 것이다. 개인주의의 동굴에서 나와 새로운 만남에 직면할 것이다. 어쩌면 그 새로운 만남 때문에 또 다시 상처 받고 힘들어 질 수도 있다. 그러나 포기하지 말라. 하나님의 도우심을 더욱 간절히 구하라! 특별히 좋은 만남의 복과 인간관계에 대한 지혜를 구하라! 자신만의 신앙 아성에 안주하지 말라! 개인주의적인 신앙이 편할지는 모르지만 풍성한 신앙의 모습은 분명 아니다.

우리는 모두 예수 그리스도 안에서, 교회 공동체 안에서 한 가족이요, 한 지체가 되었다. 우리는 서로의 행복을 위해서라도 서로를 배려하고 풍성한 영적 교제를 이어가야 한다. 그리하여 서로를 생각하며 기도할 때마다 바울이 경험했던 그 내면의 벅찬 감격을 누려야 한다. 행복은 만남에서 나온다. 가장 소중한 것은 다른 사람의 가슴에 있다. 마음을 열어 소중한 것을 내어줄 때 하나님께서 그 모든 것을 풍성하게 채워 주실 것이다.

"갈수록 좋은 만남이 되기를 원합니다"

주 안에서 꾸준하고도 지속적인 사랑의 교제는 하나님의 큰 복이요, 선물인 동시에 우리의 헌신과 섬김의 열매다. 그리고 마음과 마음이 통하는 교제의 열매를 맺기까지는 많은 시간이 필요하다. 너무 급하게 굴지 말자. 갈수록 좋은 만남에는 시간이 필요하다.

영적 교제는 공급의 원천

유진 피터슨은 "목회자의 분주함은 자신의 위대함을 증명하는 것이 아니라 영성을 유기한 경박함의 증거"라고 지적했다. 예수님은 하나님과 영적 교제를 놓치지 않음으로써 영적 침체나 고갈 없이 풍성한 사역을 지속했다.

가장 소중한 것은 다른 사람의 가슴속에 있다

삶의 질은 만남의 질에 달려 있다. 하나님께서는 우리가 나 혼자 잘났다고, 다른 지체들을 무시하거나 소외시키지 못하도록 우리에게 가장 소중한 것들을 다른 사람의 가슴속에 묻어 두셨다. 그리고 이 소중한 것들을 교제를 통하여 얻을 수 있게 하셨다.

나 홀로 신앙은 편하지만 외로워!

하나님의 도우심을 더욱 간절히 구하라! 특별히 좋은 만남의 복과 인간관계에 대한 지혜를 구하라! 자신만의 신앙 아성에 안주하지 말라! 개인주의적인 신앙이 편할지는 모르지만 풍성한 신앙의 모습은 분명 아니다.

빌립보서 1:7-11

7 내가 너희 무리를 위하여 이와 같이 생각하는 것이 마땅하니
이는 너희가 내 마음에 있음이며 나의 매임과 복음을 변명함과 확정함에
너희가 다 나와 함께 은혜에 참여한 자가 됨이라

8 내가 예수 그리스도의 심장으로 너희 무리를 얼마나 사모하는지
하나님이 내 증인이시니라

9 내가 기도하노라 너희 사랑을 지식과 모든 총명으로 점점 더 풍성하게 하사

10 너희로 지극히 선한 것을 분별하며 또 진실하여 허물 없이 그리스도의 날까지 이르고

11 예수 그리스도로 말미암아 의의 열매가 가득하여
하나님의 영광과 찬송이 되기를 원하노라

아는 만큼 크는 사랑

클래식을 사랑하게 되는 데는 사람마다 다 다른 것 같다. 아무리 해도 가까워지지 않고 이해되지 않아서 음악회에 가기만 하면 졸아 버리는 사람도 있다. 누구는 듣자마자 감동이 오고, 누구는 태어날 때부터 모태 클래식이라 하기도 한다. 하지만 보통 사람이 클래식과 가까워지는 데는 작은 노력이 필요하다. 아마도 클래식과 가까워지려고 노력한 사람들 중에는 무턱대고 클래식 테이프나 CD를 사들인 사람이 있을 것이다. 내가 말하건데 그는 클래식을 사랑하게 되는 것이 아니라 책장에 쌓여 가는 테이프나 CD를 더욱 사랑하게 될 것이다.

내가 클래식과 가까워지는 한 가지를 소개하겠다. 먼저 자신이 가장 좋아하는 음악가의 CD를 한 장 산다. 그리고 CD가 닳아 제대로 안 나올 때까지 듣는다. 그러면 어느 날 그 음악이 주는 즐거움, 감동, 경쾌함, 신경을 타고오는 짜릿함을 경험할 날이 올 것이다. 그러면 또 다음 음악을 선택해서 들어라. 그렇게 듣다 보면 음악이 궁금해지고 그때 음악에 대한 책을 사서 읽으며 함께 들어보라. 감동이 두 배로 늘 것이다. 그렇게 한 곡, 한 곡 알아가다 보면 다음에 무슨 곡을 들어야 할지 알게 되고 클래식과 사랑에 푹 빠지고 말 것이다.

아는 만큼 사랑하게 된다. 그래서 우리는 부모님이 날 사랑하는 것보다 내가 부모님을 더 사랑할 수 없다. 나를 알고 있는 부모님보다 내가 부모님을 더 많이 알 수 없기 때문이다. 레오나르도다빈치는 "아는 것이 적으면 사랑하는 것도 적다"고 말했다.

하나님을, 예수님을 알면 알수록 사랑할 수밖에 없다. 그분의 인격, 그분의 사랑, 그분의 희생, 그분의 보살핌을 얼마나 아는가? 얼마나 사랑하는가? 바울은 빌립보 교인들이 예수님을 알기 원했다. 더 많이 알고 더 많이 사랑하길 원했다. 클래식을 알면 알수록 더욱 사랑하게 되는 것처럼 빌립보 교인들이 하나님을 아는 지식과 총명이 커질수록 그 사랑이 더욱 커지기를 바랐다.

그리고 이런 지식과 사랑은 고난이 닥쳤을 때 더 빛이 난다. 고난에 맞서고 이겨 낼 강력한 무기가 된다. 하나님을 아는 지식과 그 사랑으로 바울은 어떻게 고난을 이겨냈는가?

고난은 참사랑을 비춰주는 거울

고통과 시련은 크든 작든 겪고 있는 사람에게는 '절대적인 속성'이 있다. 아무도 알아주지 않고 외면당하는 힘든 상황 속에서 누군가의 도움이나 지원을 받으면 그 사람을 고마운 은인으로 여긴다는 것이다. 유학 시절 너무 힘들어서 학업을 계속해야 할지 말아야 할지 심각하게 고민했던 적이 있었다. 그때 지도교수님의 사랑과 격려는 고비를 넘게 해준 결정적인 힘이 되었다. 힘든 중에 받게 되는 도움은 더욱 깊이 가슴에 남는다. 지금도 그분을 생각하면 따뜻한 감사가 저절로 솟아난다.

바울 역시 힘들고 어려움 많은 선교 사역 속에서 한결같이 자신을 지지해 주고 도와주는 빌립보 성도들 때문에 큰 힘을 얻었다. 그래서 7절과 8절에서 "너희가 내 마음에 있고 예수 그리스도의 심장으로 너희를 얼마나 사모하는지 하나님이 증인이 되신다"고 고백한다. 고난 속에서도 이어지는 빌립보 성도들의 사랑과 후원이 가슴에 사무치도록 고맙고 감사했다. 고난 속에서도 계속되는 사랑이야말로 참사랑이라고 할 수 있다. 그래서 고난은 참사랑을 분별할 수 있는 기준이요, 거울이다.

바울이 사역하던 당시의 바울은 우리가 지금 생각하는 것처럼 엄청난 영향력과 인기를 누린 사역자는 아니었다. 어쩌면 처음에는 그가 가진 스펙 때문에 조금은 주목받았을지도 모르겠다. 하지만 그는 곧 대중들로부터 잊혀졌고 오랫동안 외롭고 힘든 시간을 보냈다. 그의 신학사상과 영향력은 그가 죽고 난 한참 후에야 빛을 발했다. 그가 살아서 겪은 육체적 고통은 아무나 쉽게 넘길 수 있는 수준이 아니었다. 그런 그가 로마의 감옥에서 빌립보 교회에 이 편지를 쓰고 있다. 심히 외롭고 비참할 수 있는 상황이다.

그럼에도 빌립보서 전체에 흐르는 신앙적 정서는 결코 부정적이거나 패배적이지 않다. 오히려 기쁨과 감사와 능력으로 충만하다. 영적 승리의 분위기가 빌립보서 전체에 흘러넘치고 있다. "그러나 이 모든 일에 우리를 사랑하시는 이로 말미암아 우리가 넉넉히 이기느니라." 바울은 로마서 8장 37절에서 이와 같은 승리의 선포를 한다. 믿음의 사람은 그 어떤 상황 속에서도 그리스도 예수의 사랑으로 넉넉히 이길 수 있다는 것을 바울은 자신의 삶 전체를 통해 산 증거로 보여 준다.

사랑은 고난을 이긴다. 사랑은 아는 만큼 큰다. 바울이 알았던 예수님이 어떤 분이었는지 그의 많은 서신에서 볼 수 있다. 그가 결코 고난에 굴복할 수 없는 이유다. 우리가 예수님을 알고 그 지식으로 사랑하면 이 세상 어떤 고난도 극복할 수 있다. 무섭지 않다.

지역 목회자들 모임에서 교회를 개척하고 이제 겨우 자립기반을 만드신 목사님 한 분으로부터 개척 초기의 생생한 이야기를 들을 수 있었다. 그 중에 한 권사님에 관한 이야기도 있었다. 개척 초기 다른 교회에 다니는 한 권사님이 1년 가량 그 개척교회의 반주자로 봉사하면서 묵묵히 궂은 일, 힘든 일들을 많이 감당해 주었다고 한다. 자신은 평생 그 권사님을 잊지 못할 거라며 눈물을 글썽이기까지 했다. 어려울 때 도움이 진짜 도움이다. 얼마나 고마웠으면 눈물까지 글썽였겠는가? 바울이 지금 이런 심정일 것이다. 빌립보 성도들이 너무도 고맙고 사랑스러울 것이다. 하나님이 이런 자신의 증인이라고 고백한다.

"사랑만은 않겠어요!"

언젠가 오후 시간에 근처 바닷가로 산책을 간 적이 있다. 바닷가의 경치를 음미하며 등대까지 걸어갔다. 등대의 외벽에는 빼곡하게 낙서들이 가득 들어차 있었다. 그것이 신기하기도 하고, 재미있기도 해서 하나하나 찬찬히 읽어 보았더니 거의 모든 내용들이 사랑에 관한 것들이었다. 두 사람의 이름을 큼지막하게 적어 놓고 그 사이에 하트 모양의 그림을 그려놓은 흔한 낙서 외에도 '영원히 사랑해' 식의 좀 유치해 보이는 낙서도 있었다. 아마 전 세계 어디를 가도 가장 많이 볼 수 있는 낙서의 주제는 사랑에 대한 내용일 것 같다. 사랑은 비단 낙서의 주제만이 아니다. 노래, 문학, 음악, 영화, 모든 종교도 다 사랑을 노래하고 사랑에 대해 말한다. 그러나 현실에서 겪는 사랑에 대한 진실은 생각보다 어렵다. 사랑은 쉽게 파괴적인 모습으로 변질된다. 그래서 어떤 가수는 사랑에 대해 이렇게 노래했다. "사랑만은 않겠어요", "사랑이 무어냐고 물으신다면 눈물의 씨앗이라고 말하겠어요."

사람을 살리고 갈수록 풍성해지는 사랑은 감정적이고 육체적인 사랑이 아니다. 사람들은 사랑을 너무 많이 오해한다. 사랑을 너무 모르고 서툴러 고통과 상처를 입은 패잔병들이 곳곳에 즐비하다. 사랑을 그토록 갈망함에도 정작 그 사랑 때문에 고통당한다. 사실 우리가 일생 배워야 할 주제가 있다면 성숙한 사랑, 지혜로운 사랑일 것이다. 미국의 사회심리학자 에리히 프롬은 그의 유명한 책 『사랑의 기술』에서 성숙한 사랑과 미숙한 사랑을 다음과 같이 구별한다. "성숙한 사랑이란 당신을 사랑하기 때문에 당신이 필요하다는 고백이고, 미숙한 사랑이란 당신이 필요하기 때문에 당신을 사랑한다는 고백이다.”

최고의 지식은 사랑에 관한 지식이다. 바울이 빌립보서 3장 8절에서 “내 주 그리스도 예수를 아는 지식이 가장 고상하다”고 고백했던 그 지식은 결국 무엇에 관한 지식인가? 그것은 바로 주님과 계속 동행함을 통해 깨닫게 되는 경험적인 사랑의 지식이다. 과학자 카렐 박사는 “하나님은 자신을 이해할 줄 아는 사람보다 사랑할 줄 아는 사람에게 자신의 참모습을 드러내신다”고 했다. 하나님에 관한 깨달음, 예수 그리스도에 대한 지식은 결국 사랑을 통해 얻을 수 있다는 말이다. 머리가 아닌 마음을 통해 얻는 사랑의 지식이다. 하나님은 사랑이기 때문이다. 우리는 아는 만큼 사랑할 수 있다. 그리고 그 사랑이야말로 최고의 지식이요, 지혜다.

아내를 알면 사랑은 저절로 따라 온다

우리들의 문제는 모든 것을 다 갖추기가 참 어렵다는 것이다. 얼굴이 예쁘면서 공부도 잘하고, 능력이 있으면서 인격도 훌륭하고, 대중적이면서 깊이도 있고, 믿음이 좋으면서 사회생활도 잘하고, 기도를 많이 하면서 성경 지식도 풍부하고, 물 좋고 정자 좋기는 참 어렵다. 왜냐하면 이렇게 다 갖추면서도 균형을 이루려면 많은 노력과 자기반성이 필요하기 때문이다. 고도로 긴장된 노력이 있을 때 겨우 유지되는 것이 균형이요, 성숙이다. 균형이라는 것은 마치 활시위를 팽팽하게 당길 때와 같은 긴장을 요구한다.

바울이 볼 때 빌립보 성도들의 최고 장점은 그들의 끈질기고 한결같은 사랑이었다. 바울은 수년 전에 빌립보 교회를 개척하고는 다른 선교지로 떠났고 지금은 로마 감옥에 갇혀 있다. 이미 세월이 많이 지났다. 어찌 보면 이제 그를 잊을 만도 하다. 그럼에도 잊지 않고 자신들의 지도자 에바브로디도를 로마에까지 보내 선물과 후원금을 전하고 사랑의 안부를 묻는다. 이것은 바울의 위대한 영향력을 보여 주는 것이기도 하지만 다른 한편으로는 빌립보 교회의 최대 강점인 풍성하고도 끈질긴 사랑을 보여 주는 것이기도 하다.

그러나 바울은 빌립보 성도들을 잘 알았다. 그들은 풍성한 사랑을 가지고 있었지만 지혜와 영적인 분별력은 부족했다. 그래서 바울은 빌립보 성도들에게 사랑에 지혜가 겸비되기를 기도했다. 지혜를 보완하여 더 성숙하고 더 균형 있는 신앙인이 되기를 원했다. 이렇게 사랑과 지혜가 균형을 이루며 성숙하기 위해서는 지금 자신이 잘 믿고 있다는 신앙적 독선에 빠지지 않아야 한다. 내가 지금 잘 믿고 있다는 확신을 한 번이라도 의심해 보는 성찰의 태도를 가져야 한다. 그때야 비로소 우리는 신앙을 배우고, 교정하고, 반성할 수 있게 된다. 기독교는 철저하게 배움에 기초한다. 반성과 성찰의 종교다. 성경말씀이라는 거울에 끊임없이 자신을 비추어 보고 반성하는 신앙의 객관화 과정이 반드시 필요하다. 성숙과 균형을 이루는 과정은 주관적 체험의 신앙을 넘어 말씀을 통한 객관화된 신앙의 자리로 나아가는 것을 말한다.

바울은 이처럼 빌립보 교회가 사랑과 지식에 균형을 잡고 성숙해지기를 바랐다. 그럼 바울이 그렇게 바라고 있는 사랑 위에 지식과 총명이 더해지면 어떤 일이 일어나겠는가? 신앙생활이 점점 더 풍성해질 것이다. 의의 열매가 가득해질 것이다. 신앙생활의 핵심은 사랑이지만 이 사랑이 지혜와 지식으로 잘 관리되고 조절되지 않으면 오히려 상대방을 파괴시키고 고통에 빠뜨릴 수도 있다.

에베소서 5장을 보면 세상의 남편들에게 그리스도께서 교회를 사랑한 것같이 아내를 사랑하라고 명령한다. 이 명령은 남편의 제일 덕목이 사랑이고, 가정을 이끌 가장으로서의 리더십은 사랑의 능력에 기초한다는 것을 알 수 있다. 그런데 정작 문제는 남편들에게 사랑의 실력이 부족하다는 점이다. 베드로전서 3장 7절에서는 "남편들아 이와 같이 지식을 따라 너희 아내와 동거하"라고 말씀한다.

그냥 무턱대고 사랑하라는 말이 아니다. 많은 남편들이 자기는 아내를 사랑하고 최선을 다한다고 생각한다. 그러나 아내들의 속마음은 그게 아니다. 남편의 사랑을 사랑으로 느끼지 못하고 오히려 사랑으로 위장된 욕심이거나 사랑으로 포장된 통제로 생각하는 경우가 많다. 그래서 싸운다. 사랑이라고 말하는 것에서 벗어나려고 한다. 남편은 남편대로 왜 자신의 사랑을 모르냐고 항변한다. 지식에 따른 사랑이 아니라서 그렇다. 자기만의 생각에 기초한 사랑은 도리어 아픔을 준다.

지식에 기초한 지혜로운 사랑이라야 진정 그 능력을 발휘하는 효과적인 사랑이 된다. 남편들이 알아야 할 게 한두 가지가 아니다. 아내가 어떻게 하루를 보내는지, 사랑하는 남편과 자녀를 위해 어떻게 희생하는지, 진정 아내가 원하는 것이 무엇인지 알아야 한다. 그렇게 알아 가면 알아 갈수록 아내를 더 사랑할 수밖에 없다. 그의 희생과 그의 보살핌을 알면 알수록 어떻게 더 많이 사랑하지 않을 수 있겠는가.

남편들이여, 먼저 아내 아는 지식을 얻기 위해 노력하라. 그러면 사랑은 저절로 따라 올 것이다. 이것은 남편뿐 아니라 아내도 마찬가지이며 그럴 때 서로의 사랑은 더욱 풍성해진다. 지혜로운 배려가 있어야 그 사랑이 진정한 사랑으로 받아들여지게 되며, 서로를 살리는 갈수록 풍성한 사랑이 된다.

사랑은 수많은 성품을 포괄한다

베드로 사도는 베드로후서 1장 4절에서 성도에 대하여 '신의 성품에 참예하는 자' 라고 말했다. 베드로후서 1장 5-7절에서는 "그러므로 너희가 더욱 힘써 너희 믿음에 덕을, 덕에 지식을, 지식에 절제를, 절제에 인내를, 인내에 경건을, 경건에 형제 우애를, 형제 우애에 사랑을 더하라"고 말하기도 했다.

하나님을 닮아가는 성품으로 신앙이 균형 있게 성장하고 성숙하려면 여러 가지 신앙의 덕목들이 필요하다. 이 성품의 덕목들을 거꾸로 살펴보면 사랑에 형제 우애가 필요하고, 거기에 경건과 인내와 절제와 지식과 덕과 믿음이 더해지는 것이다. 그저 단순하고도 맹목적인 사랑으로만 되는 것이 아니라 여러 가지 요소들을 골고루 갖춰야 하는 것이다. 사도 요한은 하나님의 본질을 사랑이라고 말한다. 그 하나님의 사랑은 맹목적이지 않고 고도로 지혜롭고 성숙하다. 사랑은 이와 같이 수많은 아름다운 성품의 요소들을 포괄하고 있는 상위적 개념이다. 만약 하나님의 사랑이 지혜롭지 못한 사랑이었다면 우리는 하나님의 사랑 때문에 많이 망가지고 부서지고 파괴되었을 것이다.

많은 자녀들이 부모의 맹목적인 사랑, 자식에게 집착하는 과도한 사랑 때문에 억압받고 괴로워한다. 사랑이라는 이름으로 저질러지는 파괴다. 부모의 편애가 자녀의 삶을 곤경에 빠뜨린다. 아들 요셉을 향한 아버지 야곱의 편애가 요셉에게 어떤 일을 일어나게 했는가? 그 편애 때문에 죽을 뻔했다. 편애는 사랑받지 못한 자의 보복을 불러올 뿐이다.

네로 황제의 어머니 아그리피나는 자식에 대한 사랑이 지극했다. 그녀는 아들을 너무나 사랑한 나머지 남편을 독살하고, 아들 네로를 제위에 올렸다. 그러나 황제가 된 네로는 점점 잔인하고 포악한 성격을 드러내어 백성을 탄압했고 로마 시를 불태우고 말았다. 마침내는 자신을 그토록 아끼던 어머니마저 살해하고 만다. 어머니의 빗나간 맹목적인 사랑이 빚어낸 비극이다. 사랑은 강력하다. 그러나 강력한 만큼 파괴적일 수도 있다.

감사하게도 우리를 향한 하나님의 사랑은 참으로 지혜롭다. 고도로 절제된 사랑이며 생명을 살리는 사랑이다. 하나님의 사랑은 우리를 성장하게 하고 성숙하게 하는 능력이 된다. 그 지혜로운 하나님 사랑의 절정은 예수님이 지신 십자가에서 나타났다. 하나님은 외아들 예수님을 너무도 사랑하셨다. 그러나 하나님께서는 그 못지않게 죄인 된 인간도 사랑하셨기에 기꺼이 외아들을 내어주셨다. 만약 아들 예수님만 집착한 사랑이었다면 그렇게 못하셨을 것이다. 더 놀라운 지혜, 더 깊은 지혜에 기초한 사랑이었기에 자식을 십자가에 못 박는 자리까지 내어 주실 수 있었다. 하나님의 그런 사랑이 예수님께는 냉정하고 매몰차게 보였을지 몰라도 여기에는 우리가 감히 상상할 수 없는 놀라운 사랑의 스케일과 사연이 숨어 있다. 그 십자가 사건을 통해 모든 죄인들에게 구원의 길을 열어 주셨다. 마침내 더 놀랍도록 지혜로운 하나님 사랑의 능력이 나타난 것이다. 그래서 바울은 에베소서 3장 18-19절 이하에 서 이렇게 말했다.

"능히 모든 성도와 함께 지식에 넘치는 그리스도의 사랑을 알고 그 너비와 길이와 높이와 깊이가 어떠함을 깨달아 하나님의 모든 충만하신 것으로 너희에게 충만하게 하시기를 구하노라."

지식에 넘치는 그리스도의 사랑은 그저 감정만이 아니다. 지혜가 필요하고, 분별력이 필요하다. 그래서 성경을 공부하고, 배우고, 훈련하고, 깨달아야 한다. 처음 믿을 때는 어떤 감정이나 의지적인 결단으로 시작하지만 성경을 더 깊이 깨닫고 알아 갈수록 성경 전체에서 입체적으로 계시되는 하나님의 사랑을 더 온전하게 발견하게 된다. 그래서 지식을 따라, 지혜를 따라 사랑이 점점 더 풍성하게 자라게 되는 것이다.

하나님과 가족과 이웃을 더 사랑하기 원하는가? 그렇다면 지혜가 겸비된 사랑을 하라. 어떻게 하는 것이 진정으로 하나님을 사랑하는 것일까? 어떻게 하는 것이 가족을 진정으로 사랑하는 것일까? 어떻게 하는 것이 진정으로 이웃을 사랑하는 일일까? 이런 질문과 고민들이 먼저 있어야 한다. 그리고 이 질문에 대해 하나님이 주시는 지혜의 대답을 찾아야 한다. 맹목적인 자기중심의 사랑이 아닌 분별력 있는 성숙한 사랑으로 사랑할 수 있어야 한다. 결국 아는 만큼 사랑할 수 있다. 바울은 빌립보 성도들이 더욱 성숙하고 균형 잡힌 풍성한 신앙생활을 하기 원했다. 그래서 그들의 강점인 순수한 사랑에 지혜가 더하여지기를 간절히 기도했던 것이다.

고난은 참사랑을 비춰주는 거울

고통과 시련은 어려움 중에 있을 때 도운 사람을 은인으로 여기는 '절대적인 속성'이 있다. 고난 중에 받는 사랑이야말로 참사랑이며 절대적으로 필요하다. 고난은 참사랑을 분별할 수 있는 기준이요, 거울이다.

"사랑만은 않겠어요!"

사랑은 쉽게 파괴적인 모습으로 변질될 수 있다. 그래서 어떤 가수는 "사랑이 무어냐고 물으신다면 눈물의 씨앗이라고 말하겠어요"라고 노래했다. 우리는 아는 만큼 사랑할 수 있다. 그리고 그 사랑이야말로 최고의 지식이요, 지혜다.

아내를 알면 사랑은 저절로 따라 온다

남편들이여, 먼저 아내 아는 지식을 얻기 위해 노력하라. 그러면 사랑은 저절로 따라 올 것이다. 지혜로운 배려를 가지라. 그 사랑이 진정한 사랑으로 받아들여지게 되면 서로를 살리는 갈수록 풍성한 사랑이 된다.

사랑은 수많은 성품을 포괄한다

하나님의 사랑은 맹목적이 아니라 지혜롭고 성숙하다. 고도로 절제된 사랑이며 생명을 살리는 사랑이다. 하나님의 사랑은 우리를 성장하게 하고 성숙하게 하는 효과적인 능력이다. 사랑은 수많은 아름다운 성품의 요소들을 포괄한다.

Philippians ·· ··· ··

12 형제들아 내가 당한 일이 도리어
복음 전파에 진전이 된 줄을 너희가 알기를 원하노라

13 이러므로 나의 매임이 그리스도 안에서
모든 시위대 안과 그 밖의 모든 사람에게 나타났으니

14 형제 중 다수가 나의 매임으로 말미암아 주 안에서 신뢰함으로
겁 없이 하나님의 말씀을 더욱 담대히 전하게 되었느니라

15 어떤 이들은 투기와 분쟁으로, 어떤 이들은 착한 뜻으로 그리스도를 전파하나니

16 이들은 내가 복음을 변증하기 위하여 세우심을 받은 줄 알고 사랑으로 하나

17 그들은 나의 매임에 괴로움을 더하게 할 줄로 생각하여
순수하지 못하게 다툼으로 그리스도를 전파하느니라

18 그러면 무엇이냐 겉치레로 하나 참으로 하나 무슨 방도로 하든지
전파되는 것은 그리스도니 이로써 나는 기뻐하고 또한 기뻐하리라

인간을 깊이 있게 만드는 스승

얼마 전 교회 한 집사님 가정에 힘든 일이 생겼다. 집사님의 남편이 억울한 사정으로 감옥에 갈 처지에 놓이고 말았다. 일이 잘 해결되어 감옥에 가지 않길 기도했지만 일은 더욱 얽혀 결국 옥살이까지 하게 되었다. 나는 "무조건 빨리 석방시켜 달라고 매달리지 마시고, 지금 비록 힘들지라도 하나님께서 남편에게 어떤 일을 하시든지 그 하시고자 하는 일을 충분히 행하시도록 기도합시다"라고 권면했다. 빨리 석방되는 것만이 능사가 아니라는 말이었다.

사실 집사님은 그 상황을 인내하며 잘 감당했다. 문제는 정작 주변 사람들에게서 나왔다. 남편은 옥살이 하는데 부인이 이렇게 태평해서 되겠느냐는 쓸데없는 입방아였다. 애써 하나님을 신뢰하며 인내하는 집사님에게 이런 말들은 참기 힘든 상처가 되었다. 누가 더 성숙한 성도인지 모르겠다. 꼭 울고불고 모든 것이 끝장난 것처럼 야단법석을 떨어야만 좋은 아내인지 우리가 생각해 보았으면 좋겠다. 결국 그 남편은 6개월 만에 나왔다. 옥살이를 마친 남편이 나를 찾아와 이렇게 말했다. "목사님, 지난 6개월간의 옥살이가 제 삶을 완전히 바꾸어 놓았습니다. 이제부터는 제대로 신앙생활 하면서 하나님께서 기뻐하시는 삶을 살겠습니다."

할렐루야! 고난이 위대한 신앙의 스승이 된 것이다.

집사님이나 그 남편에게 옥살이는 힘든 고난이었다. 하지만 이 고난은 그 집사님 부부를 하나님에게서 떠나게 하지 못했다. 고난은 집사님에게 더욱 성숙한 신앙을 보여 주게 했고 남편에게는 하나님 앞에 온전히 나올 기회를 만들어 주었다. 고난은 이 부부를 더 깊이 있게 만드는 스승이 되었다.

여기 감옥에 갇힌 또 한 사람이 있다. 바울이다. 여기서도 하나님은 일하셨다. 고난 중에 있는 바울을 통해 복음이 전파되는 모습을 볼 수 있다. 세상 어떤 고난도 하나님의 복음을 묶지 못한다. 고난은 복음을 묶지 못할 뿐 아니라 인간을 더욱 깊이 있게 만든다.

기회는 믿음의 눈으로만 보인다

일반적으로 빌립보서는 바울이 로마 감옥에 투옥되어 있던 AD 60–63

년경에 기록된 것으로 알려져 있다. 빌립보서 1장 12절에서부터 18절까지에는 옥중에 있음을 의미하는 '매임'이라는 단어가 세 번 나온다. '매임'이라는 헬라어 '데스모이스'는 문자 그대로 '쇠고랑' 혹은 '감금된 상태'를 뜻한다.

바울이 로마에 도착한 처음 2년간은 자기 셋집에 머물렀다. 이것은 로마 황제의 재판 대기자로서 자기가 세를 내고 머무는 집에 가택연금되었다는 것을 의미한다. 사도행전 28장 30-31절의 증거에 의하면 바울은 거기서 비교적 자유롭게 사람들을 만나고 하나님 나라의 복음을 거침없이 전할 수 있었던 것 같다.

그가 그렇게까지 비교적 자유로운 가택연금 상태로 지낼 수 있었던 이유는 직접적으로는 황제의 재판까지 대기 시간이 길어졌기 때문이었다. 더구나 바울을 로마로 압송하던 백부장 율리오는 바울로 인해 생명을 건진 은혜를 입었기 때문에 그가 단순한 범죄자가 아님을 알고 있었다. 그래서 율리오를 포함해 함께 항해하면서 생명을 구한 많은 사람들이 로마에 도착했을 때 바울에 대해 호의적인 발언을 해주었을 것이다. 이런 여러 가지 복합적인 요인들 덕분에 바울은 가택연금 상태에서도 비교적 자유롭게 재판을 기다릴 수 있었다.

그러다가 재판이 임박해졌을 무렵 예수 믿는 사람들에 대한 문제가 로마 정부에 점점 중요한 문제로 부각되면서 바울은 갑자기 시위대 감옥으로 이감되었다. 이전의 가택연금과는 달리 완전히 쇠고랑에 매여 힘든 환경 속에서 시위대 군인들과 함께해야만 했다.

일반적으로 시위대 감옥은 중범죄자들을 가두는 곳으로 바울과 같은 중요한 죄수일 경우, 죄인을 지키는 병사와 죄수를 한 쇠고랑에 24시간 내내 같이 묶어 두었다고 한다. 그러니 어쩔 수 없이 바울은 매일같이 시위대 군인 몇 명과 교대로 같이 묶여 있어야 했다. 당연히 바울은 이런 절호의 기회를 놓치지 않았다. 비록 힘들고 고달픈 상황이었지만 바울은 시위대 병사들에게 복음을 증거했고 그들 중에 예수 믿는 사람들이 나타나기 시작했다.

반면, 빌립보를 포함하여 많은 이방인 교회의 성도들은 바울이 시위대 감옥에 갇혔다는 소식을 듣고 이제 바울에 대한 뭔가 심각한 재판이 진행될 것이라고 생각했다. 그들은 바울의 석방과 자유를 위해 더욱 간절히 기도했지만 하나님께서는 그들의 기도대로 응답하지 않으시고 오히려 바울을 더 깊은 곳으로 가두셨다. 이로 인해 빌립보와 이방인 교회의 많은 성도들은 하나님에 대한 의심과 실망, 그리고 바울에 대한 근심과 염려, 두려움 등에 빠졌다.

바로 이때 바울이 보낸 편지가 빛을 발한다. 자신이 갇히게 된 것 때문에 오히려 복음이 전파된 것을 너희가 알기를 원한다는 편지를 보냈다. 다시 말하면 자신이 감옥에 갇혀 묶이게 된 것은 그저 슬퍼하기만 할 일이 아니라 하나님의 놀라운 일하심을 볼 기회이니 패배의식이나 슬픔에 눌려 있지 말라는 것이다. 만왕의 왕 되시는 하나님께서 제한 없이 일하고 계심을 보라는 것이다. 승리의식을 가지고 믿음으로 기뻐하라는 것이다.

바울은 하나님께서 주신 높은 차원의 믿음으로 더 멀리 바라보며 이 상황을 하나님의 승리로 해석한다. 이와 같이 하나님의 기회는 오직 믿음의 눈으로만 볼 수 있다. 바울의 신앙 내공이 유감없이 발휘되는 순간이다.

인간을 깊이 있게 만드는 스승

1957년, 독일 나치에게 학살당한 600만 유대인을 추모하는 '야드 바쉠'Yad Vashem 이라는 추모 박물관이 세워졌다. '야드 바쉠'이라는 이 이름은 이사야 56장 5절에 나오는 단어로 '손바닥과 이름'이라는 뜻이다. 자기 선조들이 당한 고통과 고난의 역사를 절대로 잊지 않겠다는 다짐을 의미한다. 올바른 생각을 갖는다는 것, 올바른 역사의식을 갖는다는 것은 무엇을 의미하는가? 마땅히 잊어야 할 것은 잊고 절대로 잊지 말아야 할 것은 반드시 기억한다는 것을 의미하는 것이 아닐까! 하지만 현실은 그래 보이지 않는다. 잊어야 할 것은 마음속 칼날에 새겨 두고 결코 잊어서 안 될 것은 너무 쉽게 망각하고 만다.

구약성경 전체에서 이스라엘 백성들이 결코 잊지 않는 두 가지 역사적 사실이 있다. 하나는 모세를 통한 출애굽 사건이고, 또 하나는 '제2의 출애굽'이라고 하는 바벨론 포로생활에서의 귀환이다. 70년 만에 돌아왔다. BC 586년 남유다 백성들은 하나님을 향한 민족적 범죄 때문에 70년간 바벨론 제국의 포로생활을 했다. 70년 동안 겪은 고난의 세월로 인해 이스라엘 백성은 회개의 시간을 갖게 된다. 하나님을 더 사모하게 되는 회복의 시간을 가졌던 것이다. 고난을 통과함으로써 그들은 정화되었다. 그 고난 속에서 결코 잊어서는 안 될 신앙적, 역사적 교훈을 얻었다.

고난만큼 인간을 깊이 있게 만드는 스승은 없는 것 같다. 고난만큼 우리의 신앙을 순수하게 만드는 스승 역시 없는 것 같다. 그러나 고난의 학교에는 입학생만 있을 뿐 졸업생은 없다. 물론 고난이 고통스럽고 회피하고 싶은 경험이지만 고난 속에는 분명 영적인 유익이 있다. 고난 속에 감추어 두신 하나님의 은혜와 복이 있다. 그래서 고난은 하나님의 신비이기도 하다. 신비이기에 우리가 다 알 수 없다. 어떤 지혜자는 이런 말을 했다. "우리가 고통으로 울부짖을 때, 우리의 영혼은 환희의 춤을 춘다." 참으로 공감 가는 말이다. 복보다는 고난이 용서받은 죄인으로 죄 많은 세상을 살아가는 우리에게 더 보편적인 신앙의 주제요, 경험이다.

시편 119편 67절에 이런 말씀이 나온다.

"고난당하기 전에는 내가 그릇 행하였더니 이제는 주의 말씀을 지키나이다."

고난 때문에 순종을 배운 것이다. 시편 119편 71절에는 "고난당한 것이 내게 유익이라 이로 말미암아 내가 주의 율례들을 배우게 되었나이다"라고 했다. 고난을 통해 하나님 말씀의 법을 깨닫게 된 것이다.

지금 여기 그대를 존재하게 한 신앙의 여정을 살펴보라. 무엇이 이만한 믿음의 자리까지 그대를 이끌어 왔는가? 사람들이 부러워하는 복만인가? 자세히 보라. 고난과 시련이 있었을 것이다. 복 속에는 부패의 독성이 숨어 있다. 오히려 인생의 시련과 고난이야말로 믿음을 더욱 순수하게 하고 하나님을 간절히 의지하게 하는 보약이다.

성숙은 고난을 다루는 능력

한국이 낳은 세계적인 과학자 정근모 박사가 쓴 『나는 위대한 과학자보다 신실한 크리스천이고 싶다』라는 책에는 이런 간증이 나온다. 그는 아들 진우가 신장염으로 고통당하는 것을 보며 늘 괴로워했다. 그리고 마침내 자신의 신장을 아들에게 이식한다. 아버지가 아들에게 보여줄 수 있는 지고지순의 사랑이었다. 그러나 그 후에도 아들의 병고는 계속되었고 이로 인해 함께 고통하며 싸웠다. 그러던 1982년 3월 어느 주일날, 예배드리는 중에 주의 음성을 들었다.

"작은 십자가를 지고 가는 네 아들에게 감사해 본 일이 있느냐!"

이 음성을 들은 정근모 박사는 하나님 앞에서 울고 또 울었다. 아들의 아픔이 곧 아버지 자신의 아픔이었고, 그것은 또한 하나님 아버지의 아픔이었다. 그는 아들 때문에 자신과 함께 아파하시는 아버지 하나님을 만났던 것이다. 고난 속에서 우리와 함께 고난받으시는 하나님을 깨닫는 것이 성숙한 신앙의 기초가 된다. 이런 과정으로 성숙해진 성도는 고난이나 고통으로 인해 쉽게 절망하거나 흔들리지 않는다. 오히려 그 고난 가운데 일하시는 하나님을 신뢰함으로 힘있게 믿음의 싸움을 시작한다.

이처럼 신앙 성숙을 한마디로 말하라면 '고난을 다루는 능력'이다. 이런 점에서 빌립보서 전체에 나타나고 있는 바울의 신앙은 충분히 성숙한 모습을 보여 준다. 고난에는 분명히 영적인 유익과 복이 있지만 그럼에도 불구하고 고난에 대한 우리의 일반적인 인식과 이해는 다분히 부정적이다. 이것은 거의 본능적이요, 자연스러운 반응이다. 그래서 고난을 '재수 없는 일, 피해야 할 일, 있어서는 안 되는 일, 저주받은 상태, 하나님의 도움과 축복을 받지 못한 상태' 등으로 이해하기도 한다. 물론 고난 중에는 우리의 어리석음과 죄로 인해 당하는 부정적인 의미의 고난도 있다. 이런 고난은 당연히 피해야 한다. 그러나 복음을 전하다가, 사랑을 실천하다가 주님 때문에 당하는 고난이 있다. 이런 고난은 하나님 나라를 위한 긍정적인 의미의 고난이다.

신앙의 성숙도는 고난에 처한 성도의 모습을 살펴보면 어느 정도 짐작할 수 있다. 고난에 처하게 되면 누구나 하나님을 향해 절박한 질문을 던진다. 이 질문은 때로 하나님을 향한 실망과 원망으로까지 이어진다. 구약의 선지자들도 그랬다. 그러나 그들은 고난 속에서 이런 솔직한 내면의 질문들과 씨름하면서 하나님을 더 깊이 신뢰하게 된다. 일본의 신학자 키타모리 가죠는 고난 속에서 발견하게 되는 하나님의 본질을 '아픔'으로 정의한다. "하나님께서는 하나님 자신의 아픔을 가지고 우리 인간들의 아픔을 해결해 주시는 분이다. 예수 그리스도는 당신의 상처로써 우리 인간들의 상처를 고쳐 주시는 분이시다."

우리가 고난 가운데 일하시는 하나님을 믿는다면 인내할 줄 알아야 한다. "하나님, 나를 버리셨나요? 하나님, 왜 역사하지 않으십니까?"

라고 조르면서 조급해하면 안 된다. 나의 경우에도 믿지 않는 가족들을 교회로 이끌기까지 10년 이상 눈물로 기도하는 시간이 필요했다. 처음에는 며칠간 금식하고 부르짖어 기도하면 다 들어주실 줄 알았다. 하지만 아니다. 10년 걸렸다. 하지만 돌아보면 이 오랜 인내의 시간은 가족들뿐 아니라 나의 모난 부분까지 다듬고 훈련시키신 시간이었다. 요나의 물고기 뱃속처럼, 누에고치가 고치를 찢고 나오는 것처럼 하나님은 자신의 일을 이루어 가시는 타이밍을 가지고 계시다. 우리가 세운 시간이 아닌 하나님이 직접 세우신 타이밍이다. 우리의 유익을 위해 시련과 고난조차도 끝까지 지켜보시며 함께 인내하시는 터프하고도 지혜로운 사랑이다.

하나님이 사라진 것 같은 이유

고난을 다룰 때는 문제로 다루기보다 의미로 접근하는 것이 더 지혜롭다. 고난을 대하는 우리의 태도와 생각, 감정 또한 성숙해질 필요가 있다. 결국 고난은 의미에 대한 해석의 문제다.

고난에 대해 바르게 해석하려면 하나님의 은혜에 대한 바른 인식을 전제로 한다. 우리는 '은혜' 하면 자연스럽게 행복하고 기분 좋은 상태, 눈물이 쏙 빠지는 감동 정도로 생각하는 경향이 있다. 하나님께서 뜨겁게 역사하셔서 소원성취 하는 것을 은혜의 전부로 이해한다. 물론 하나님의 은혜에는 이런 요소들이 포함된다. 그러나 하나님의 은혜는 훨씬 더 깊고 넓은 차원을 포함한다.

하나님의 은혜는 사실 받아들이는 자의 깨달음에 기초한다. 해석이 중요하다는 말이다. 비록 힘들고 부정적이고 고통스러운 경험이라 할지라도 그것으로 주님을 더욱 닮아가고 그 가운데 하나님의 역사가 더 크게 나타난다면 그 부정적인 경험조차도 은혜로 해석할 수 있다. 그러므로 성숙한 신앙을 가진 성도에게는 인생의 모든 사건이 은혜일 수 있지만, 신앙이 어리고 미숙한 성도에게는 오직 소원성취, 만사형통만이 은혜로 여겨진다. 이와 같이 신앙의 성숙과 깨달음의 정도에 따라서 은혜의 범위와 정도가 다 다르다. "모든 것이 은혜입니다." 이렇게 고백할 수 있는 성도는 진정으로 성숙한 신앙의 사람이다. 그는 항상 기뻐하며 범사에 감사할 수 있는 절대 행복자의 삶을 산다.

고난의 때, 시련과 고통의 한가운데를 건널 때에도 신앙인다운 합당한 자세와 태도를 지키는 것은 매우 중요하다. 그것은 우리의 삶에서 역사하시는 하나님의 무대를 만드는 것이며, 그분의 승리를 볼 수 있는 전망대가 되기 때문이다. 그저 허둥대며 흔들리는 사람에게서는 절대로 하나님의 감추어진 역사가 보이지 않는다. 하나님께서 사라지신 것 같고, 나를 버리신 것 같은 절망감만 있을 뿐이다. 왜 그럴까? 너무 낮은 신앙의 차원에서 놀기 때문이다. 한마디로 노는 수준이 다르다. 하나님의 승리는 우리가 성령의 도우심으로 하나님의 높은 차원까지 올라갔을 때 비로소 환하게 보이기 시작한다. 성령충만은 우리를 더 높이, 더 멀리 보게 해서 고난을 감당케 할 힘을 공급해 준다.

바울은 시위대 감옥으로 이감됨으로써 더 열악한 상황에 처했다. 그 상황으로 인해 마음이 눌리고 큰 절망감에 빠질 수도 있었다. 기대와 소망이 무너지는 암담한 어둠을 보았을지도 모르겠다. 그러나 바울은 영적으로 잘 훈련된 사람이었다. 바울은 상황을 극복해 가면서 천천히 하나님의 뜻을 살피기 시작했다. 그 상황으로 인도하신 하나님을 신뢰하며 믿음의 기도를 드리기 시작했다. 그러자 성령께서 바울의 생각을 하나님의 높은 차원으로 이끌어 주셨다. 그의 영안을 열어 놀랍게 일하시는 하나님의 크신 역사를 볼 수 있게 하셨다.

이로 인해 바울은 자신의 상황을 부정적인 패배로 보지 않고 오히려 복음 전파의 진전이 나타난 승리의 순간으로 해석했다. 거기에는 세 가지 이유가 있었다.

첫째로 그의 매임의 소식이 시위대 안과 그 밖의 모든 사람에게 나타났다. 바울이 예수 그리스도로 인해 옥에 갇혔다는 것이 널리 알려졌다는 말이다. 이로 인해 예수님을 더 널리 알릴 기회가 생긴 것이고 실제로 바울은 시위대를 중심으로 로마의 핵심 세력들에게 복음을 전했다.

둘째로 14절에 나타나듯 형제 중 다수가 바울의 구속으로 말미암아 더욱 담대히 하나님의 말씀을 증거했다. 바울을 따르던 성도들이 실의에 빠져 위축된 것이 아니라 바울을 본받아 고난과 핍박 중에도 더욱 담대히 복음을 증거했다.

셋째로 바울과 경쟁하며 시기하던 사람들로 인해 더욱 복음이 전파되었다. 바울과 경쟁하며 복음을 전파하던 사람들이 이 기회를 이용하여 이방인 교회에 자신들의 영향력을 확장하려고 복음 전파에 열심을 내었다. 바울도 처음에는 이런 모습에 기분이 상했을지도 모른다. 그러

나 곰곰이 생각해 보니 어떤 식으로든지 전해지는 것은 예수 그리스도
니 결코 손해 볼 일이 아니었다. 바울이 감옥에 갇혀 있는 동안에도 복
음은 맹렬히 전파되었다.

이런 세 가지 이유 때문에 바울은 지금의 상황을 비참한 패배로 보기
보다 하나님이 일하시는 놀라운 은혜의 시간으로 보았다. 만약 바울이
하나님을 신뢰하지 못하고 모든 것을 자기중심적으로 해석했다면 결코
기뻐할 수 없었을 것이다. 그러나 바울은 재빨리 하나님의 관점으로 고
난의 상황을 재해석했다. 생각이나 감정에 게으르지 않았다. 패배의식
과 부정적인 생각을 물리치고 하나님께서 주시는 승리와 기쁨으로 충
만하게 채웠다. 예수님 중심으로, 하나님 중심으로 모든 상황을 볼 줄
알았다.

신앙의 손익계산서

이와 같이 바울이 고난의 때를 하나님의 승리로 바라볼 수 있었던 것은
과거의 경험을 통한 훈련의 결과였다. 그는 빌립보서 4장 12절에서 이
렇게 고백한다.

> "나는 비천에 처할 줄도 알고 풍부에 처할 줄도 알아 모든 일 곧 배부름
> 과 풍부와 궁핍에도 처할 줄 아는 일체의 비결을 배웠노라."

이런 성숙은 저절로 된 것이 아니다. 배운 것이다. 단련으로 훈련된 것이다. 바울은 모든 것이 형통하고 풍성한 상황에 처하는 방법도 배웠다. 풍성한 환경 속에서 나태하지 않고 타락하지 않는 것도 중요한 훈련이다. 또한 그는 고통 중에도 하나님을 온전히 신뢰하는 믿음의 태도도 제대로 훈련받았다. 바울은 고난의 때에 오히려 하나님께서 더 놀랍게 일하시는 것을 그의 신앙 여정에서 여러 번 경험했다.

예를 들면, 사도행전 16장에 등장하는 바울과 실라 이야기다. 그 절망의 순간에도 하나님의 일하심은 바울의 가슴속에 비석처럼 새겨졌을 것이다. 수많은 매질과 깊은 감옥 차꼬에 매여 있는 상황에서조차 하나님께서는 그들의 믿음을 무대로 삼아 강력하게 일하셨다. 놀라운 복음의 역사를 일으키셨다. 바울은 이런 수많은 경험을 통해 고난 속에서도 결코 제한받지 않으시는 하나님을 신뢰하게 된 것이다. 이런 경험들은 바울로 하여금 고난을 이길 수 있게 하는 든든한 믿음의 자산이 되었다.

바울은 감옥에서 차분하게 신앙의 손익계산서를 작성했다. 아무 손해도 없다. 오히려 수익이 나고 있다. 감옥에 갇혀 개인적으로 좀 불편하고 힘들긴 하지만 이것으로 주님과 더 가까워 졌다. 바울은 로마 감옥 기도원에서 특별 신앙수련회를 하고 있었던 것이다. 복음이 로마의 핵심 계층인 시위대 군사들에게까지 전파되었고, 또 감옥 바깥에 있는 이방인 교회의 성도들이 분발하여 담대히 복음을 전하고 있었다. 생각해 보니 오히려 하나님의 관점, 복음의 관점에서는 진보였던 것이다. 손해가 아니라 남는 장사였다. 그래서 그는 기뻐했고, 승리의식으로 충만할 수 있었다.

한동대학교 초창기에 김영길 총장이 구속된 일이 있었다. 그때 교수, 학생을 포함해 학교를 아끼는 많은 사람들이 기도했다. 이 사건은 학생들과 교수, 교회가 뜨겁게 기도하는 기회가 되었다. 모두 하나 되는 위대한 영적 유산이 되었다. 어떤 분이 "총장님, 총장님께서 그때 별을 하나 달아서 이렇게 귀하게 쓰임 받는 것입니다"라며 우스갯소리를 했다. 하나님께서 고난scar으로 하나님의 영광을 드러낼 별star이 되게 하신 것이다.

2,000년 전 예수님은 십자가에 못 박혀 죽으셨다. 사람들은 모든 것이 끝났다고 절망과 슬픔에 잠겼다. 그러나 하나님은 그것으로 끝내지 않으셨다. 하나님은 죽음에 메이지 않으신다. 하나님은 사망의 권세에 묶여 있던 예수님을 풀어주시고 음부의 권세에서 자유케 하셨다. 만민을 위한 구원의 문을 활짝 열어주셨다. 그 누구도 하나님을 묶어두거나 제한할 수 없다. 하나님의 구원 역사는 계속해서 승리하며 전진하고 있다.

수년 전부터 교회를 신축하려고 기도하며 준비하고 있었다. 부지를 마련하려고 교회 근처의 집 여러 채를 매입했다. 그런데 새롭게 마련한 부지 한복판에 여리고 성처럼 알박이집 한 채가 떡 버티고 서 있었다. 집주인은 터무니없는 집값을 요구하면서 계속 교회를 괴롭혔다. 그러나 전혀 뜻하지 않게 그 알박이집 때문에 구입해 놓은 터에서 차로 7-8분 가야 하는 곳에 새롭게 터를 마련할 수 있었다. 그 터는 새롭게 들어서는 신도시의 한복판쯤 되는 곳에 위치한 더 크고 더 많은 가능성을 가진 부지였다. 만약 그 알박이집을 교회가 원하는 대로 빨리 구입했다면 지금의 새 성전 부지는 결코 응답받을 수 없었을 것이다.

사실 하나님께서 약속의 말씀만 주시고 기다리라고만 하실 때는 담임목사로서 답답했고 낙심과 의심이 밀려오기도 했다. 그러나 그때까지 나는 삶에서 수없이 역사하신 하나님을 경험했기에 신뢰할 수 있었다. 그래서 성도들에게 담대히 선포했다.

"분명히 하나님의 어떤 뜻이 있을 것입니다. 끝까지 하나님을 신뢰합시다. 하나님은 그 알박이집 때문에 묶이시는 분이 아닙니다. 나중에 우리는 하나님께 더 큰 감사를 드리게 될 것입니다."

그리고 우리는 위대한 하나님의 역사를 보았다. 이 역사에 기도로 동참했던 한 장로님은 "하나님께서 걸림돌을 디딤돌 되게 역사하셨습니다"라고 고백했다. 하나님은 사람이나 상황에 묶이지 않는 분임을 우리는 다시 한 번 확인했다. 이 경험은 내 영혼의 창고에 또 하나의 소중한 믿음의 자원으로 더해졌다.

로마서 8장 28절에 이런 말씀이 있다.

"우리가 알거니와 하나님을 사랑하는 자 곧 그의 뜻대로 부르심을 입은 자들에게는 모든 것이 합력하여 선을 이루느니라."

우리가 처한 상황이 아무리 어렵고 힘들지라도 하나님은 그 모든 상황을 초월하여 스스로 승리를 이루어 가시는 분이다. 하늘이 무너져도 솟아날 구멍이 있다. 왜 그런가? 하늘 아래에 세상이 다가 아니기 때문이다. 하나님께서는 이 세상을 초월하여 하늘 위에 계신다. 누구도 하나님을 가두거나 묶어둘 수 없다.

혹여 자신이 상황에 묶이거나 갇혀 있다고 생각된다면 인간의 모든 상황을 초월하여 일하시는 하나님을 바라보라. 그리고 하나님의 관점에서 천천히 신앙의 손익계산서를 작성해 보라. 그러면 금방 영적으로는 잃은 것이 없다는 사실을 발견하게 될 것이다. 오히려 하나님의 관점에서는 유익한 것이 더 많았음을 깨닫게 될 것이다. 어떤 순간에도 심지어 고난의 때에도 우리는 충만한 하나님의 은혜 안에 거하고 있다. 그 하나님을 신뢰함으로 언제나 은혜의식, 승리의식 가운데 살아갈 수 있기를 소망한다.

기회는 믿음의 눈으로만 보인다

패배의식이나 슬픔에 눌리지 말고 만왕의 왕 되시는 하나님께서 제한 없이 일하고 계심을 보라. 하나님께서 주신 높은 차원의 믿음으로 더 멀리 바라보며 하나님의 승리로 해석하라. 하나님의 기회는 오직 믿음의 눈으로만 볼 수 있다.

인간을 깊이 있게 만드는 스승

고난만큼 인간을 깊이 있게 만들고 신앙을 순수하게 만드는 스승은 없다. 고난 속에는 감추어 두신 하나님의 은혜와 복이 있다. 고난은 하나님의 신비다. 어떤 지혜자는 "우리가 고통으로 울부짖을 때, 우리의 영혼은 환희의 춤을 춘다"고 말했다.

성숙은 고난을 다루는 능력

고난 속에서 우리와 함께 고난받으시는 하나님을 깨닫는 것이 성숙한 신앙의 기초다. 이런 과정으로 성숙해진 성도는 고난이나 고통으로 인해 쉽게 절망하거나 흔들리지 않는다. 오히려 그 고난 가운데 일하시는 하나님을 신뢰함으로 힘있게 믿음의 싸움을 시작한다.

하나님이 사라진 것 같은 이유

고난의 때, 시련과 고통의 한가운데를 건널 때에도 신앙인다운 합당한 자세와 태도를 지키라. 그것은 우리의 삶에서 역사하시는 하나님의 무대, 그분의 승리를 보는 전망대가 된다. 성령충만은 우리를 더 높이, 더 멀리에서 하나님을 보게 하며 고난을 감당할 힘을 준다.

신앙의 손익계산서

바울은 감옥에서 차분하게 신앙의 손익계산서를 작성했다. 아무 손해 없다. 오히려 수익이다. 좀 불편하고 힘들긴 하지만 하나님은 그 모든 상황을 초월하여 스스로 승리를 이루어 가신다. 누구도 하나님을 가두거나 묶어둘 수 없다.

Philippians … ..

빌립보서 1:19-26

19 이것이 너희의 간구와 예수 그리스도의 성령의 도우심으로
   나를 구원에 이르게 할 줄 아는 고로

20 나의 간절한 기대와 소망을 따라 아무 일에든지 부끄러워하지 아니하고
   지금도 전과 같이 온전히 담대하여 살든지 죽든지
   내 몸에서 그리스도가 존귀하게 되게 하려 하나니

21 이는 내게 사는 것이 그리스도니 죽는 것도 유익함이라

22 그러나 만일 육신으로 사는 이것이 내 일의 열매일진대
   무엇을 택해야 할는지 나는 알지 못하노라

23 내가 그 둘 사이에 끼었으니 차라리 세상을 떠나서 그리스도와 함께 있는 것이
   훨씬 더 좋은 일이라 그렇게 하고 싶으나

24 내가 육신으로 있는 것이 너희를 위하여 더 유익하리라

25 내가 살 것과 너희 믿음의 진보와 기쁨을 위하여
   너희 무리와 함께 거할 이것을 확실히 아노니

26 내가 다시 너희와 같이 있음으로 그리스도 예수 안에서 너희 자랑이
   나로 말미암아 풍성하게 하려 함이라

삶을 향한 크고 위대한 용기

얼마 전 〈127시간〉이라는 영화가 개봉되었다. "삶에 대한 의지보다 더 강한 것은 없다"라는 카피를 전면에 내세워 광고했다. 줄거리도 단순하다. 한 남자가 홀로 산악 모험을 하던 중 암벽에 팔이 끼어 고립되면서 127시간, 5일을 버텨 '그 남자가 살아남는 법'을 그린 영화다. 가진 것이라고는 산악 로프와 물 500ml, 칼뿐이 없는 상황에서 5일을 버티다 결국 암벽에 낀 팔을 스스로 잘라내고 생명을 구한다.

이 영화는 실화다. 그래서 아무것도 없는 스토리에도 많은 관객들이 몰렸다. 인간이 어떤 불가항력적인 위험에 맞서 이겨내려는 '사투'는 정말 진한 감동을 준다. 일본의 대진에서 9일 만에 할머니와 손녀가 구출되는 장면은 아무런 스토리 없이 그 자체로 눈물을 자아내게 만드는 감동이다. 마지막 5일째 되는 때 결국 자신의 팔을 잘라내면서까지 보여 주는 삶에 대한 집념은 나라면 어떻게 했을까를 생각하게 만든다. 지금 당장 내 팔을 잘라낼 것인가? 이대로 기다리면서 조금씩 죽음을 맞이할 것인가? 삶을 향한 강렬한 용기를 발휘할 것인가, 아니면 모든 것을 내려놓고 포기할 것인가.

요즘 매스컴을 통해 들려오는 수많은 자살 소식이 내 마음을 아프게 한다. 삶이 얼마나 힘들었으면 생명을 포기했을까 싶기도 하지만 진정 자살할 정도의 용기가 있다면 생명을 선택하라고 말하고 싶다. 우리처럼 평범한 사람은 도저히 가질 수도 없는 어마어마한 재산을 가진 사람도, 평생 노력해도 오르지 못할 자리에 오른 사람도, 죽어라 공부해서 남들 다 부러워하는 대학에 들어간 청년도 왜 그 부러운 목숨을 끊는지, 생명을 구해야 하는 목사로서 나는 가슴을 치며 통탄할 수밖에 없다. 삶을 향한 용기는 죽음보다 크고 위대하다. 죽지 말고 살자. 사는 데 최고의 용기를 발휘해 보자.

삶은 자살보다 더 큰 용기가 필요하다

바울은 지금 지하 감옥에 갇혀 있다. 로마 황제의 재판을 기다리고 있지만 죽을지 살지 알 수 없다. 로마 황제 네로는 기독교에 대해 매우 적대적이었고 그래서 로마 정부의 태도도 당연히 적대적이었다. 바울에게 어떤 판결이 떨어질지 아무도 예측할 수 없었다. 이런 상황에서 요즘 사람이라면 어쩌면 하지 않아야 할 선택을 할지도 모르겠다. 현실 자체가 무서운 것이 아니라 알 수 없는 미래에 대한 불안이 늘 문제다. 어쨌든 본문을 통해 이 판결에 임하는 바울의 솔직한 마음을 엿볼 수 있다.

이런 상황에 처하면 영적 지도자들이라도 간혹 범할 수 있는 위선이 있다. 말하고 가르친 것과 실제로 자신이 처신한 것이 다를 수 있다는 말이다. 인생의 연약함 때문에 생겨나는 일이다. 그러나 바울은 이런 불확실하고 힘든 상황에서도 놀라운 자유함과 담대함을 보여 준다. 빌립보서 전체를 잘 살펴보면 이것이 위선이 아닌 내적인 진실에 기초함을 알 수 있다. 바울은 자신의 안위에 관심을 두기보다는 하나님의 뜻, 하나님의 사명에 온전히 집중한다. 이런 바울의 모습은 모든 성도들에게 아름다운 믿음의 본이 되기에 충분하다.

바울은 재판을 기다리면서 23절에 나타난 바와 같이 개인적으로는 죽어 천국에 가서 주님과 함께하고 싶은 열망이 더 크다고 고백한다. 이것은 단지 현실이 힘드니까 죽고 싶다는 자포자기 상태에서 현실도 피를 말하는 소원이 아니다. 그것은 분명한 천국의 소망, 즉 주님과 함께한다는 것이 얼마나 좋은지를 체험적으로 알기 때문에 나온 간절한 바람이다. 그러나 24절에 나타난 바와 같이 빌립보 성도들과 여러 이방인 교회의 성도를 위해 아직은 자신이 이 땅에 살아 있는 것이 더 필요하다고 생각했다. 바울은 지금 개인적으로는 죽어서 천국에 가고 싶지만, 이 땅의 교회와 성도를 위해서는 계속 살아서 사역해야 한다는 두가지 소원 사이에서 갈등하고 있다. 23절에서 바울은 이 둘 사이에 끼어 있다고 표현한다. 하지만 바울은 자기 마음대로 인생을 결정하지 않고 오직 자신의 미래에 대한 하나님의 주권을 철저하게 인정했다.

2009년 6월경에 76세 한 할머니의 삶과 죽음에 온 국민들의 관심이 집중된 적이 있다. 연세대 세브란스 병원 중환자실에서 1년 넘게 산소 호흡기에 의지하여 생명을 유지해왔던 할머니를 위해 가족들이 합의하여 평안하게 숨을 거둘 수 있도록 산소 호흡기를 떼기로 했기 때문이다. 할머니의 평안하고 아름답게 죽을 수 있는 법적 권리를 주장하며 가족들이 선택한 행동이다. 병원 측에서는 산소 호흡기를 떼면 3시간 내로 숨질 것으로 예상했지만 여러 날이 지나도록 할머니는 스스로 얕게 호흡하며 생명의 줄을 끝까지 붙잡고 있었다. 결국 의료진의 예상보다 한참 후에 숨을 거두었다. 만약 여러분 자신이 이 할머니의 가족이라면 어떤 선택을 했을 것 같은가? 이것은 죽음에 대해 스스로 얼마나 준비되어 있는지, 그리고 죽음을 어떻게 이해하는지와 관련된 문제다. 아무튼 존엄사를 허락하기로 한 가족들의 이 결정은 이후로 많은 사회적인 논란을 불러 일으켰다.

사람은 누구나 끝까지 살아 남으려는 본능이 있다. 이 생존 본능은 하나님께서 주신 본능이 분명하다. 살겠다고 마음먹었을 때 자신의 팔조차 자를 수 있었다. 요즘 많은 사람들이 자살을 하지만 이 자살을 거꾸로 하면 '살자'다. 지금 내 삶이 아무리 힘들고 어렵더라도 '살자!'라고 삶을 향해 결단하는 용기는 스스로 죽음을 선택하는 용기보다 훨씬 더 크고 위대하다. 우리가 하나님을 믿는 성도라면 삶과 죽음의 문제, 이 본질적인 인생의 주제에 대해 분명한 가치관을 정립해 놓아야 한다. 삶 못지않게 죽음도 우리 인생에 확실히 존재하는 매우 실재적이고도 중요한 문제다. 성도라면 생사관이 명확히 정리되어 있어야 한다. 바울이 자신의 생명을 하나님의 주권에 맡긴 것처럼 우리도 우리의 생과 사를 하나님의 주권에 맡겨야 한다. 성도는 지금 삶뿐 아니라 죽음 저 너머의 천국도 소망해야 한다. 천국에 대한 소망과 확신이야말로 기독교 신앙의 가장 원초적 능력이 된다. 이 소망 안에서 성도는 삶의 순간순간을 용기 있게 대면할 수 있다.

갈망이 삶의 방향성을 결정한다

본문 19절에서 바울은 빌립보 성도들의 간구와 성령의 도우심으로 구원에 이를 줄을 안다고 말한다. 본문을 바르게 이해하기 위해서는 여기서 말하는 구원에 대한 이해가 먼저 필요하다. 이때의 구원은 일차적으로는 재판이 잘되어서 바울이 석방되는 것을 의미한다. 본문 25-26절을 보면 그것이 석방과 관계 된 것임을 짐작할 수 있다.

> "내가 살 것과 너희 믿음의 진보와 기쁨을 위하여 너희 무리와 함께 거할 이것을 확실히 아노니 내가 다시 너희와 같이 있음으로 그리스도 예수 안에서 너희 자랑이 나로 말미암아 풍성하게 하려함이라"빌 1:25-26.

동시에 이 구원이라는 말은 영적인 의미에서 천국의 구원을 뜻하기도 한다. 22-23절에서 보듯 바울은 재판의 결과를 기다리면서 삶과 죽음의 소원 사이에 끼어 있다고 말한다. 그러므로 이 구원은 실제의 상황이 호전되어 바울이 석방되는 것일 수도 있고 또는 바울이 처형당해 죽음을 맞이함으로써 천국에 가는 것일 수도 있다. 바울은 이 두 가지 의미의 구원을 동시에 바라보고 있다. 석방되어 살아 남든, 처형당하여 순교당하든 양쪽 모두 바울에게는 구원이었다.

하지만, 우리는 대개의 경우 이 땅에서의 일이 잘 풀리고 소원대로 되는 것만을 구원으로 이해하려 한다. 그래서 내 소원대로 되지 않거나 죽음에 직면하게 되면 그것을 실패한 것, 패배한 것으로 간주한다. 그러나 구원을 이 땅의 관점으로만 바라보면 안 된다. 하나님의 관점, 저 천국의 관점으로 구원을 바라볼 수 있어야 한다. 그럴 때 죽음조차 전혀 다른 모습으로 보이기 시작하고 설령 내 뜻대로 상황이 전개되지 않아도 그 상황을 다르게 해석할 수 있다.

몇 년 전 일이다. 암에서 치유받은 한 여 집사님이 있었다. 그분의 간증을 듣고 모든 성도가 함께 기뻐했다. 집사님은 이후에 정말 감사와 기쁨으로 봉사하며 많은 사람들에게 복음을 전했다. 그런데 그로부터 2년쯤 지난 후, 암이 재발했다. 집사님은 그때에도 늘 밝고 성령충만한 모습을 보여 주었다. 얼마나 힘들고 어려웠겠는가. 성도들과 함께 간절히 중보기도했지만 안타깝게도 집사님은 하나님의 부르심을 받았다. 마지막 순간까지 밝고 성령충만했던 집사님을 위해 기도했던 모든 성도의 마음이 어땠겠는가. 인간적인 실망감과 함께 겉으로는 드러내기 힘든 어떤 의문과 패배의식이 있었을 것이다.

사실 목회자인 나는 성도들보다 더 많이 이런 상황을 경험한다. 더 많이 좌절하고 목회자가 기도하지 않아서 이런 일이 생긴 게 아닌가 가슴 치고 울 때도 한두 번이 아니다. 그러나 오늘 말씀에서처럼 바울이 이해하고 있는 구원의 관점으로 보면 실상은 신앙적으로 패배한 것도 아니고, 낙심할 이유도 없다. 물론 인간적인 정으로 생각하면 너무도 가슴 아프고 힘든 일이지만 우리의 구원을 하나님의 차원, 저 영원한 천국의 차원으로 확장해서 생각하면 실패한 것도 패배한 것도 아니다. 치유가 일어나든 죽어 천국에 가든 모두 하나님의 구원 역사로 볼 수 있기 때문이다. 이처럼 구원에 대한 차원 높은 이해를 가질 때 비로소 우리는 현실의 모든 절망을 뛰어넘을 수 있다.

어떤 의미에서 성도에게 죽음은 완전한 치유요, 온전한 구원일 수 있다. 왜 그런가? 성도에게는 죽음 저 너머에 구원의 완성이 있고, 죄의 권세가 다가올 수 없는 온전한 자유와 안식이 있기 때문이다. 요한계시록 21장 4절에 이런 말씀이 있다. "모든 눈물을 그 눈에서 닦아주시니 다시는 사망이 없고 애통하는 것이나 곡하는 것이나 아픈 것이 다시 있지 아니하리니 처음 것들이 다 지나갔음이러라." 말씀에서처럼 성도는 이 땅에서 죽음을 맛본 후에야 영원히 죽는 둘째 사망에서 자유로울 수 있다. 가끔 성도들에게 농담처럼 하는 말이 있다. "예수 믿는 것이 얼마나 좋은지 확인해 보려면 한번 죽어봐야 합니다." 죽음 이후에 구원받은 자가 누리게 될 영광의 풍성함은 그 누구도 이 땅에서 온전하게 깨닫기는 어렵다. 분명 죽고 나서야 온전히 알게 될 것이다.

바울은 죽음이 끝이 아니라는 것을 아주 잘 알고 있었다. 고린도후서 12장 2절에는 바울이 셋째 하늘, 즉 천국 세계에 다녀온 신비한 체험을 이야기한다. 그가 천국에서 주님과 교제한 것은 막연한 의식이나 종교적 관념이 아니라 살아 있는 체험이요, 생생한 실재였다. 그래서 바울은 23절 말씀처럼 이 세상을 떠나 천국에서 그리스도와 함께 사는 삶이 훨씬 더 좋다고 고백한다. 바울에게 죽음은 단지 이 세상과 육신의 장막에서 떠나는 것일 뿐이었다. 그에게 죽음은 피해야 할 두려움의 대상도 아니었고, 실패나 절망의 종착점도 아니었다. 죽음은 그에게 단지 새로운 세계로 인도하는 문이었고, 새로운 차원으로 안내하는 여행이었다.

바울은 이처럼 죽음의 문제에 있어서 평소에 잘 준비되어 있었다. 동시에 그는 삶의 문제에 있어서도 잘 준비하고 있었다. 생사관 즉, 삶과 죽음에 대한 관점이 분명했던 것이다. 20절에 언급한 바와 같이 바울이 간절히 소원한 것은 살든지 죽든지 자신의 몸을 통해 항상 그리스도가 존귀하게 되는 것이었다.

바울은 소원이 분명한 사람이었다. 그 소원은 어떤 경우든지 자신을 통하여 그리스도가 존귀하게 되는 것이요, 주님께서 영광 받으시는 것이었다. 바울은 이 일을 위해 살았고, 이 일을 위해 죽을 각오가 되어 있었다. 이 소원이 바울의 삶을 움직인 원동력이었다. 그러나 나 자신을 포함하여 성도의 신앙생활을 관찰해 보면 바울과는 다른 것 같다. 우리의 삶을 인도하는 본질이 주님의 존귀와 영광이 아니라 우리의 욕구인 것 같다. 지식이나 감정이 아니다. '무엇을 간절히 갈망하는가'라는 근원적인 욕구가 우리 삶의 방향성을 결정짓는다.

갈라디아서 5장 17절에 이런 말씀이 있다.

“육체의 소욕은 성령을 거스르고 성령은 육체를 거스르나니 이 둘이 서로 대적함으로 너희가 원하는 것을 하지 못하게 하려 함이라.”

육체의 욕구를 따르느냐, 성령의 욕구를 따르느냐? 결국 이 문제에 의하여 삶의 결론적 모습이 결정된다. ‘예수를 믿는다는 것’은 결국 소원이 바뀌는 것이요, 욕망이 바뀌는 것이요, 사랑의 대상이 바뀌는 것을 의미한다. 소원과 욕망까지도 거듭나야 진정한 성도라고 할 수 있다. 바울의 소원은 사나 죽으나 자신을 통해 그리스도가 존귀하게 되는 것이었다. 이것은 그저 입에 발린 말이 아니다. 그는 실제로 그렇게 믿고 소원하며 살았다. 이것이 바울을 사로잡은 인생의 소원이요, 동력이었다. 그는 예수 안에서 욕구까지도 거듭났던 사람이었다.

민족 지도자 김구 선생이 1947년에 쓴 『나의 소원』이라는 책에 보면 이런 내용이 나온다.

“네 소원이 무엇이냐고 하나님께서 내게 물으신다면 나는 서슴지 않고 ‘내 소원은 대한독립이요’ 하고 대답할 것이다. 또 다음 소원은 무엇이냐 하면 나는 또 ‘우리나라의 독립이요’ 할 것이요, 또 그 다음 소원이 무엇이냐 하고 세 번째 물어도 나는 더욱 소리를 높여서 ‘나의 소원은 우리나라 대한의 완전한 자주독립이요’ 할 것이다.”

그는 소원이 분명한 사람이었다. 대한독립이라는 소원에 사로잡힌 사람이었다. 그 소원이 그의 삶을 이끌었고, 그의 삶을 만들어 갔다. 빌립보서 2장 13절에서 하나님은 그 자녀들에게 기쁘신 뜻을 이루기 위하여 소원을 두고 행하게 하신다고 했다. 당신의 소원은 무엇인가? 참으로 능력 있는 성도는 하나님께서 기뻐하시는 소원에 사로잡혀 살아가는 사람이다. 사람은 무엇인가에 사로잡히고 마는 존재다. 본질에 사로잡힐 때 비본질이 우리를 사로잡지 못할 것이다. 결국 무엇에 사로잡히는가가 그의 인생을 결정짓는다. 거룩한 소원, 성령의 소욕에 사로잡힌 성도는 결국 그의 삶을 통해 하나님의 뜻을 이룬다.

하루를 살아도 담대함과 자유함으로

독일의 존경받는 신학자 본회퍼 목사님은 『옥중서신』이란 유명한 책을 남겼다. 그는 독일의 젊은 신학자로서 얼마든지 미국에서 교수 생활하며 평안히 지낼 수 있었지만 그 생활을 포기하고 조국으로 건너갔다. 그는 조국에서 히틀러의 교회 공격에 대항하여 '독일 교회 투쟁'에 가담했고 1941년 히틀러 암살 계획을 실행하다 체포되어 처형되었다. 감옥에서 그는 "내가 인간의 손에 있는 것이 아니라 하나님의 손에 있음을 확실히 알아주기 바랍니다"라고 편지를 써서 보냈다.

그는 자신의 삶과 죽음이 히틀러의 손이 아니라 하나님의 손에 있음을 믿었기에 나치의 감옥 안에서도 위축되거나 두려움에 떨지 않았다. 사형 집행이 있던 날 본능적으로 마지막이라는 것을 직감하고 본회퍼는 함께 수감하던 동료 죄수들에게 "친구들이여, 잘 있게나. 나는 영원으로 향하는 새로운 여행을 해야 한다네"라는 마지막 인사를 남기고 담담히 죽음을 맞이했다. 히틀러 앞에 무릎 꿇었던 독일 교회의 부끄러운 모습과 달리 본회퍼의 삶은 독일 교회의 자존심을 지켜주었다. 그의 모습은 죽음과 삶의 문제를 초월한 성도의 온전한 담대함과 자유함을 보여 준다.

우리가 영원까지 함께 동행해야 할 분은 오직 예수 그리스도뿐이다. 바울은 예수 그리스도의 귀중함을 알았고 그래서 이런 소원을 말했다.

> "나의 간절한 기대와 소망을 따라 아무 일에든지 부끄러워하지 아니하고 지금도 전과 같이 온전히 담대하여 살든지 죽든지 내 몸에서 그리스도가 존귀하게 되게 하려 하나니 이는 내게 사는 것이 그리스도니 죽는 것도 유익함이라" 빌 1:20-21

이와 같이 예수 그리스도 안에서 바른 소원, 죽음 저 너머 영원까지 이어질 소원을 가진 사람은 죽음을 두려워하지 않는다. 심지어 죽는 것도 유익하다고 고백한다. 바울이 이렇게 온전히 담대할 수 있었던 이유는 무엇인가? 바울은 자신이 석방되든 혹은 사형당하든 모든 일이 예수 그리스도 안에서 진행될 것임을 믿고 있었다. 자신이 죽든 살든 그것이 주님께 영광이 된다면 그것으로 본분을 다한 것이라는 투철한 사명의식을 가지고 있었다.

그래서 바울은 그런 불확실함 속에서도 담대함과 자유함을 온전히 누릴 수 있었다. 이것을 바울 같은 몇몇 성도만이 누릴 수 있는 믿음의 경지로 생각하지 말라. 이것은 원칙적으로 모든 성도가 누려야 할 모습이다. 온전한 담대함과 자유함, 이 두 가지 덕목이야 말로 정상적인 하나님의 자녀들이 가져야 할 삶의 핵심 요소다. 이를 위해 우리의 생사관, 인생관에 혁명을 일으켜야 한다. 누군가가 당신에게 어떤 인생을 살고 싶으냐고 묻는다면 "살든지 죽든지 내 몸에서 그리스도가 존귀하게 되기를 소원합니다. 이것이 내 일평생의 간절한 소원입니다"라고 대답하길 원한다. 이 소원이 다른 모든 소원을 압도하고 정복하길 바란다. 이 소원이 우리를 사로잡길 간절히 소원한다. 그렇게 살기만 하면 하나님께서 주시는 온전한 담대함과 자유함을 누릴 수 있을 것이다.

세계적인 첼리스트 파블로 카잘스가 아흔다섯 살이었을 때 기자가 그에게 물었다. "선생님께서는 역사상 가장 위대한 첼리스트로 손꼽히는 분이십니다. 그런 선생님께서 아직도 하루에 6시간씩 연습하시는 이유가 무엇입니까?" 카잘스는 활을 내려놓으며 이렇게 대답했다. "왜냐하면 아직도 제가 조금씩 더 발전하고 있기 때문입니다."

이런 열정이 주님을 따르는 우리에게도 필요하지 않겠는가? 생명이 있는 한 우리는 계속 전진해야 한다. 안간힘을 다해 달려가는 삶보다는 걷는 것이 더 쉽다. 걷는 것보다는 멈춰 서는 것이 더 쉽다. 서 있는 것보다는 앉는 것이 더 쉽다. 앉아 있는 것보다는 누워 있는 것이 더 쉽다. 누워 있는 것보다 더 쉽고 편한 것은 죽음뿐이다.

조금 더 쉬운 삶, 편안한 삶이 우리의 궁극적 목표가 아니지 않는가? 우리에게 죽음이 끝이 아니라면, 죽음 저 너머 소망의 세계를 바라볼 믿음이 있다면 이제 우리는 어떤 삶을 살아야 하겠는가?

삶은 자살보다 더 큰 용기가 필요하다

지금 내 삶이 아무리 힘들고 어렵더라도 '살자!'라고 삶을 향해 결단하는 용기는 스스로 죽음을 선택하는 용기보다 훨씬 더 크고 위대하다. 천국에 대한 소망과 확신 안에서 성도는 삶의 순간순간을 용기 있게 대면할 수 있다.

갈망이 삶의 방향성을 결정한다

우리가 '무엇을 간절히 갈망하는가'라는 근원적인 욕구가 우리 삶의 방향성을 결정짓는다. '예수를 믿는다는 것'은 결국 소원이 바뀌는 것이요, 욕망이 바뀌는 것이요, 사랑의 대상이 바뀌는 것을 의미한다. 소원과 욕망까지도 거듭나야 진정한 성도다.

하루를 살아도 담대함과 자유함으로

조금 더 쉬운 삶, 편안한 삶이 우리의 궁극적 목표가 아니다. 우리에게 죽음이 끝이 아니라면, 죽음 저 너머 소망의 세계를 바라볼 믿음이 있다면 우리는 생사관, 인생관에 혁명을 일으켜야 한다. 온전한 담대함과 자유함, 이 두 가지 덕목이 우리 인생의 핵심 요소가 되어야 한다.

Philippians ‥‥ ‥

27 오직 너희는 그리스도의 복음에 합당하게 생활하라
이는 내가 너희에게 가 보나 떠나 있으나
너희가 한마음으로 서서 한뜻으로 복음의 신앙을 위하여 협력하는 것과

28 무슨 일에든지 대적하는 자들 때문에 두려워하지 아니하는 이 일을 듣고자 함이라
이것이 그들에게는 멸망의 증거요 너희에게는 구원의 증거니
이는 하나님께로부터 난 것이라

29 그리스도를 위하여 너희에게 은혜를 주신 것은
다만 그를 믿을 뿐 아니라 또한 그를 위하여 고난도 받게 하려 하심이라

30 너희에게도 그와 같은 싸움이 있으니
너희가 내 안에서 본 바요 이제도 내 안에서 듣는 바니라

그리스도인의 자존감은
성도의 영적 DNA

전 세계 1억 4천만 명의 애청자들을 거느린 이 시대 가장 막강한 영향력을 가진 여성이 있다. 흑인 여성 앵커 오프라 윈프리다. 그녀의 놀라운 성공과 영향력은 훌륭한 부모나 교육, 유복한 가정환경 때문이 아니었다. 도리어 그녀의 과거는 어둡고 암울했다. 인종차별이 극심한 미시시피 주의 가난한 흑인 여성으로 그것도 사생아로 출생했다. 6살까지는 외가에서, 13살까지는 밀워키에서 파출부로 일하는 편모슬하에서, 19살까지는 다른 여자와 살고 있는 아버지 밑에서 살았다. 그녀는 마약에 손을 대기도 했고, 문란한 성생활로 미혼모가 되기도 했으며, 감호소를 제집 드나들듯 했다. 그런 그녀가 책을 통해, 특별히 성경을 통해 변했다. "나도 할 수 있다. 나도 하나님의 형상을 가진 사랑받는 하나님의 자녀다"라는 강력한 믿음과 소망을 가지면서 그녀의 인생은 새롭게 태어났다. 물론 어느 날 갑자기 램프의 요정이 나타나 그렇게 만들어 준 것은 결코 아니다. 계속되는 좌절과 인생의 크고 작은 장애물도 힘겹게 넘었다. 그러나 모든 것의 시작은 스스로에 대한 정체성을 바꾸고 이전과는 다른 인생을 살겠다는 강한 신념, 자존심의 변화였다.

우리가 이 땅에서 크리스천으로 당당하게 살아가려면 하나님의 자녀라는 자존심이 있어야 한다. 나는 크리스천으로서 하나님 앞에 이렇게 살거야라고 당당히 결단하고 실천할 수 있어야 한다. 그것이 자존심이다. "하나님이 우리 아버지 되시는데 내가 무엇을 못해." "하나님의 기쁨에 동참하는데 세상 유혹과 더러움에 어떻게 한눈 팔 수 있겠어"라고 도도한 자존심을 지킬 수 있어야 한다.

고난 앞에서, 감옥 안에서 당당히 자존심을 지키는 바울을 바라보자.

나는 하나님의 사랑받는 자녀다

빌립보는 에게 해에서 내륙으로 약 16킬로미터 떨어진 곳에 있다. 이 도시의 원래 이름은 '작은 우물'이라는 뜻인 '크레니데스'Krenides 였다. 그러나 BC 356년 마케도니아 왕인 필립 2세가 그곳에 사람들을 이주시키고 도시를 확장, 증축하고는 자신의 이름을 따서 빌립보라 개명했다. 이후 빌립보는 로마의 식민지가 되었고 로마의 옥타비아누스 황제는 전쟁에서 승리해 공을 세운 퇴역 군인들을 이곳에 이주시키고 시민들에게는 로마 시민권을 주었다. 자연히 그들은 당시 세계 최강국 로마 시민으로서의 모든 권리를 누렸다. 빌립보 사람들은 자신들이 받은 로마 시민권을 매우 자랑스럽게 여겼다. 로마 시민의 옷차림에 라틴어를 사용했고, 로마의 행정과 정치 제도를 그대로 따랐으며 로마 시민으로서의 모든 의무를 다했다. 그들은 로마 시민으로서 자부심이 대단했으며, 그래서 로마 시민이면서 특권만 누리고 의무를 다하지 않는 사람들을 경멸했다.

당시 폭군 네로 황제 때문에 로마제국 내의 모든 성도는 불안과 공포에 휩싸여 있었다. 성도에 대한 네로의 핍박은 잔인하고도 집요했고, 설상가상으로 유대인의 공격과 이방인의 박해도 그칠 줄 몰랐다. 따라서 바울의 편지를 받을 당시 빌립보 성도들은 여러모로 신앙을 지켜내기 힘든 복합적인 유혹과 핍박 가운데 있었다.

일본 작가 시오노 나나미는 『로마인 이야기』라는 방대한 책에서 끊임없이 한 가지 중요한 질문을 던진다. "무엇이 로마 제국을 그토록 강대하게 만들었는가?" 지성적인 면은 그리스인들보다 못했고, 체력에서는 켈트족이나 게르만족보다 뒤떨어졌으며, 경제에서는 카르타고인보다 뒤처졌던 로마인들이 오래도록 번영을 누리며 세계의 패자가 될 수 있었던 원인은 무엇인가. 그녀는 이렇게 결론을 내린다.

"그것은 바로 그들이 로마 시민다운 삶을 살았기 때문이다. 법과 질서를 지키고, 원칙을 지키며, 로마 시민 됨을 자랑스러워하고 기뻐한 정신이 바로 로마제국 승리의 원동력이었다."

사람은 다 자기 잘난 맛에 산다. 우리는 이것을 가리켜서 자존심이라고 한다. 사람이 결코 잃어서는 안 되는 것 중 하나가 자존심이요, 다른 것은 다 건드려도 절대 건드려서는 안 되는 것이 자존심이다. 당시 최강국의 시민이었던 로마인들은 이 '로마 시민'이라는 자존심이 대단해서 로마인 외의 민족은 하등민족으로 여겼다. 그들은 자신들이 누리는 많은 특권을 당연하게 여겼고, 주변의 많은 사람들은 로마 시민이 되고 싶어 했다. 돈을 주고 사기도 하고 군인생활을 하거나 전쟁에 나가 공을 세워 시민권을 받기도 했다. 요즘 세계적인 경제 대국으로 급부상하고 있는 중국 사람들도 자신들을 세계의 중심, 진짜 문명인이라는 뜻으로 '중화'中華라 부르며 민족적 자부심을 자랑하고 있다. 유대인들은 자신들만이 하나님께서 택하신 민족이라 여기며 그 외 이방인들은 사람 취급도 하지 않았다. 작은 나라이면서 대단한 자존심을 가지고 있었다. 당신은 한국인이라는 사실에 얼마나 자부심을 가지고 있는가? 또한, 당신이 성도라는 사실에 얼마나 자긍심을 가지고 있는가?

"나는 하나님의 사랑받는 자녀다. 나는 천국 시민이다. 나는 왕 같은 제사장이다." 이렇게 고백할 수 있는가? 이 땅에서 당당하게 살 크리스천으로서 자존심을 가지고 있는가? 이런 정체성에 대한 자존심이 성도의 지울 수 없는 '영적 DNA'가 되어야 한다. 성도의 자존심은 피와 같이 그의 영혼 전체에 흘러야 한다.

하지만 안타깝게도 이런 자존심을 버린 성도들이 많다. 자존심이 밥 먹여 주느냐는 것이다. 물론 버려야 할 부정적인 자존심도 있다. 독불장군 식의 독선적 고집이나 교만으로서의 자존심은 반드시 버려야 할 것들이다. 예수 믿는다고 다른 사람들을 정죄하고 나만 의인입네 하면서 자신만의 종교적 아성을 쌓는 식의 자존심은 버려야 한다. 그러나 버려서는 안 될 긍정적인 자존심이 있다. 자신의 정체성을 지켜주는 자존심이다. 이런 긍정적 자존심은 우리가 살아갈 힘을 공급해 주는 참된 자존심이다.

앞에서 이야기했듯이 빌립보 성도들이 처해 있는 상황은 결코 호의적이지 않았다. 전반적인 빌립보의 환경과 문화가 신앙에 적대적인 분위기였고, 유혹과 핍박이 많았다. 이런 속에서 빌립보 성도들은 종교적 소수자로서 주변부로 밀려난 이방인처럼 위축될 여지가 많았다. 이것을 이기고 나아갈 만한 성도로서의 자부심에 많은 도전을 받고 있었다. 그들에게는 버려서는 안 될 성도의 마지막 자존심을 버리고 세상과 타협하라는 압력이 계속해서 억누르고 있었다.

보편적 신앙의 능력은
인격의 능력이다

바울은 27절에서 먼저 그리스도의 복음에 합당하게 생활하라고 권면한다. 이 '생활하라'의 헬라어는 '폴리테우에스데'이다. 빌립보서 3장 20절에도 '폴리테우마'라는 용어를 쓴다. 둘 다 '폴리'라는 어근을 가지고 있다. '폴리'는 도시, '폴리테우마'는 시민권, '폴리테우에스데'는 도시 공동체 생활을 말한다. 그러니 복음에 합당한 생활을 하라는 말은 빌립보 사람들이 로마 시민답게 살려고 노력하는 것처럼, 천국 시민다운 자부심을 갖고 살라는 말을 의미한다.

빌립보 성도들은 기독교에 호의적이지 않은 상황에서 자주 핍박과 소외를 경험했다. 그러다 보니 자연스럽게 위축될 수밖에 없었을 것이다. 이런 빌립보 성도에게 절실하게 필요했던 것은 무엇이었을까? 그것은 외부 자극에 관계없이 성도 됨의 정체성을 지킬 수 있는 내적인 자부심이었을 것이다. 그래서 바울은 빌립보 성도들에게 하나님의 자녀라는 자존심, 천국 시민이 되었다는 자부심을 먼저 상기시켜 준다. "너는 사랑받는 하나님의 자녀야, 너는 천국의 일등 시민이야, 너는 왕 되신 하나님의 왕자야, 공주야!" 아무리 힘들고 어려워도 이런 건강한 자존심을 그 마음속에 간직할 수만 있다면 얼마든지 이길 수 있을 것이다.

또한 바울은 그동안의 수많은 체험을 통해 성도가 고립되어 홀로 되면 그리스도인으로서의 정체성이 점점 약해진다는 것을 잘 알고 있었다. 그래서 복음의 신앙을 위하여 한마음, 한뜻으로 협력하라고 말한다. 유혹이 많고, 시험과 고난이 많을 때일수록 함께 모여서 협력하고 교제하는 것이 중요하다. 히브리서 10장 25절에는 이런 말씀이 있다.

> "모이기를 폐하는 어떤 사람들의 습관과 같이 하지 말고 오직 권하여 그 날이 가까움을 볼수록 더욱 그리하자."

그래서 바울은 빌립보 성도들에게 서로 돕고 격려하는 일을 계속하라고 권면했던 것이다.

마지막으로 바울은 28절에서 대적하는 자를 인하여 두려워하지 말라고 한다. 이런 능력, 즉 복음에 합당하게 생활하고, 복음을 위해 함께 협력하면서 대적하는 자들을 두려워하지 않을 수 있는 능력은 전적으로 하나님께로부터 온다. 만약 빌립보 성도들이 힘들고 어려운 여건 속에서도 담대하고 능력 있는 삶을 계속해서 살 수 있다면, 그것 자체가 신앙을 무너뜨리려는 자들에게는 하나님께서 살아 역사하시는 또 다른 증거가 된다. 교회와 성도를 향한 핍박과 반대는 지금도 살아서 역사하시는 하나님을 대적하는 행위이며, 동시에 믿음을 지키는 빌립보 성도들에게는 하나님께서 성도와 교회를 지키시려고 강력하게 역사하시는 증거가 된다.

하나님께서는 우리가 이 세상을 살 때에 천국 시민이자 하나님의 자녀로 자존심을 지키며 살 수 있도록 실제적인 능력을 부어 주신다. 물론 이 능력은 물리적, 기적적인 능력이라기보다 주로 인격적인 능력을 의미한다. 하나님의 사랑받는 자녀라는 건강한 자존심을 지킬 수 있도록 생각과 마음을 붙들어 주시고, 한마음으로 협력하며 섬길 수 있는 힘과 두려움을 이겨낼 담대함을 공급해 주신다. 하나님께서는 이 모든 능력을 고난받는 자신의 백성들에게 부어 주신다. 그 실질적인 증거가 바울에게 역사하신 하나님의 능력이었다. 바울은 감옥에 갇혀 있었지만 놀라운 자부심과 담대함으로 빌립보 성도들이 행할 바를 몸소 보여 주고 있다. 너희들도 이렇게 하라, 나를 본받으라는 것이다. 바울이 가진 영적 권위의 원천은 하나님의 능력을 따라 사는 삶의 본을 보여 주는 데 있었다.

어떤 힘든 상황에 처하더라도 우리 스스로 포기하고 내어 주기 전에

는 그 누구도 우리의 내적인 자존감과 자유를 빼앗을 수 없다. 빅터 프
랭클이라는 세계적인 정신과 의사는 과거에 유대인 포로수용소에 갇혔
던 자신의 경험을 통해 이 진리를 설득력 있게 설명한 바 있다. 모두가
절망할 수밖에 없는 포로수용소라는 극한의 상황 속에서 어떤 사람들
은 자기 자신만 위하는 짐승 같은 모습으로 스스로의 자존감과 인간 됨
의 가치를 포기한 반면, 어떤 사람은 끝까지 자존감과 인간 됨을 포기
하지 아니하고 더 찬란하게 빛을 내기도 했다. 이런 모습을 본 후 그가
내린 결론은 그 어떤 환경도 스스로 인간으로서의 가치와 자존감을 포
기하지 않는 이상 누구도 그 가치와 자존감을 빼앗아갈 수 없다는 것이
었다. 이 깨달음에 기초하여 그는 '로고 테라피, 의미 요법'이라는 새
로운 정신 치료의 원리를 제시했다.

예수님의 약혼 선물

이런 면에서 바울의 현재 모습은 이 진리에 대한 분명한 하나의 증거다.
그는 감옥에 갇혀 있는 힘겨운 상황에서도 하나님의 사도로서 품위와
자존감을 조금도 흐트러뜨리지 않았다. 바울은 대적자들의 위협과 압력
앞에서도 전혀 위축되거나 두려워하지 않았을 뿐만 아니라, 심지어 죽
음조차 그에게는 아무런 문제도 되지 않았다. 바울의 이런 능력은 그리
스도 예수 안에 있는 바울을 향한 하나님의 사랑이었다. 하나님의 능력
이 고난 가운데 있는 바울의 삶 속에 계속하여 나타난 것이다. 이것은

오직 하나님의 것이었고, 하나님께서 부어주신 은혜의 능력이었다.

또한 바울은 자신의 수많은 고난 중에 더욱 사무치게 부어주시는 하나님의 사랑을 경험하면서 로마서 8장 35-39절에서 이렇게 고백한다.

> "누가 우리를 그리스도의 사랑에서 끊으리요 환난이나 곤고나 박해나 기근이나 적신이나 위험이나 칼이랴 기록된 바 우리가 종일 주를 위하여 죽임을 당하게 되며 도살당할 양 같이 여김을 받았나이다 함과 같으니라 그러나 이 모든 일에 우리를 사랑하시는 이로 말미암아 우리가 넉넉히 이기느니라 내가 확신하노니 사망이나 생명이나 천사들이나 권세자들이나 현재 일이나 장래 일이나 능력이나 높음이나 깊음이나 다른 어떤 피조물이라도 우리를 우리 주 그리스도 예수 안에 있는 하나님의 사랑에서 끊을 수 없으리라."

1948년, 범브란트 목사는 루마니아가 공산주의 국가가 될 때 체포되어 14년 동안이나 옥고를 치렀다. 그는 고통스러울 때마다 예수님의 십자가와 바울이 감옥에서 고생한 것을 생각하며 고통을 참고 견뎠다고 한다. 마지막 3년은 햇빛이 전혀 들어오지 않는 독방에서 말 못할 고초를 겪었는데, 그는 그곳에서 수백 번씩 성경을 읽다가 "두려워하지 말라"는 말씀이 성경 곳곳에 있는 것을 확인했다.

그래서 그는 "두려워하지 말라"는 말씀이 성경에 몇 번이나 나와 있는지 샅샅이 헤아려 보기로 했다. 그는 자그마치 365번의 "두려워하지 말라"는 말씀을 발견했다. 그는 이것을 '1년 365일, 매일 두려워하지 말라'는 하나님의 음성으로 받아들였다.

그는 이 하나님의 음성에 순종함으로 시시각각 밀려오는 절망과 두려움을 이겨내었다. 그 후 많은 사람들의 도움으로 석방된 그는 주위로부터 자유세계로 망명하라는 권유를 받았지만 계속 루마니아에 남아 담대히 복음 전하는 삶을 살았다. 하나님께서는 범브란트 목사에게 고난을 이길 힘을 주셨던 것이다.

교회 지도자 빈센트는 "고난은 성도가 그리스도와 약혼할 때 받는 선물"이라고 했다. 예수를 믿는다는 것은 신랑 되신 주님과 결혼하는 것이다. 그 결혼을 통하여 받는 예물에는 축복과 평안만이 있는 것은 아니다. 때로는 주님 때문에 받는 고난과 핍박이 있을 수도 있다. 고난 또한 주님의 신부 된 성도에게 주는 약혼 예물 중 하나라는 사실을 알아야 한다. 예수 믿는 사실 때문에 받는 고난이나 핍박이야말로 우리가 주님의 신부요, 천국 시민이라는 증거다. 그렇기 때문에 성도가 겪는 고난은 선물이자 특권이다.

사도행전 5장 41절에는 불과 얼마 전까지도 연약하기 짝이 없던 사도들이 성령의 능력을 힘입어 담대히 복음을 증거하다가 공회에 끌려가 채찍질당하고 핍박받는 장면이 나온다. 그때 사도들의 반응을 이렇게 기록한다.

> "사도들은 그 이름을 위하여 능욕받는 일에 합당한 자로 여기심을 기뻐하면서 공회 앞을 떠나니라."

사도들은 두려워하기보다 예수님 때문에 고난당하고 핍박받는 것을 특권으로, 복으로 여기면서 기뻐했다. 놀라운 변화다. 불과 얼마 전까지만 해도 모두 주님을 부인하고 도망갔던 사도들이었다. 그들의 믿음이 이렇게 높은 차원으로 변화된 것이다. 하나님 능력의 역사다. 고난을 능히 이길 수 있는 인격적 능력의 역사다.

예수님은 마태복음 5장에 나오는 8복 중에서 고난으로 인해 받게 될 복을 유난히 강조했다. 마태복음 5장 11-12절에서는 이렇게 말씀한다.

"나로 말미암아 너희를 욕하고 박해하고 거짓으로 너희를 거슬러 모든 악한 말을 할 때에는 너희에게 복이 있나니 기뻐하고 즐거워하라 하늘에서 너희의 상이 큼이라 너희 전에 있던 선지자들도 이같이 박해하였느니라."

기뻐하고 즐거워하라! 이 말씀 속에는 그리 할 수 있는 능력을 주시겠다는 의미가 포함되어 있다. 처음에는 의지를 드려서 기뻐하고 즐거워해야 한다. 그리하면 이 믿음의 순종을 따라 하나님의 능력이 더하여지기 시작한다. 로마서 8장 17절에 이런 말씀이 있다.

"자녀이면 또한 상속자 곧 하나님의 상속자요 그리스도와 함께한 상속자니 우리가 그와 함께 영광을 받기 위하여 고난도 함께 받아야 할 것이니라."

고난 없이는 영광도 없다. 예수님께서도 십자가를 통하여 부활에 이르셨다. 바울도 지금 담대하게 믿음의 싸움을 싸우고 있다. 30절에서는 빌립보 성도들에게도 자신과 동일한 싸움이 있다고 말한다. 그러니 너희도 하나님의 자녀답게 이 믿음의 싸움을 잘 싸우라고 권면한다. 하나님께서 우리에게 은혜를 주시는 목적은 그저 복 받고 평안하게 잘 살라는 의미만은 아니다. 하나님께서는 우리의 신앙에 대해 결코 호의적이지 않은 이 세상에서 복음에 합당한 모습으로 담대하게 살 수 있도록 은혜를 부어 주신다. 결국 우리 믿는 자들이 진정한 은혜, 값진 은혜를 받았다는 증거는 고난 속에서도 당당하게 사명을 붙들고 살아가는 것이다.

우리가 처한 환경이 힘들고 어렵다고 해서 성도로서의 자부심과 믿음의 가치마저 포기하면 안 된다. 이 세상의 그 어떤 것도 우리로부터 하나님의 자녀라는 가치와 자부심을 빼앗아 갈 수 없다. 우리가 스스로 포기하고 내어주기 전에는 마귀조차 절대 빼앗을 수 없다. 좋으신 하나님께서는 우리가 하나님의 자녀로서의 가치와 자존감을 끝까지 지키고자 결단할 때 넉넉히 이길 수 있도록 능력의 은혜를 부어 주실 것이다.

나는 하나님의 사랑받는 자녀다

"나는 하나님의 사랑받는 자녀다. 나는 천국 시민이다. 나는 왕 같은 제사장이다." 이 땅에서 당당하게 살 크리스천으로서의 자존심을 가지고 있는가? 이런 정체성에 대한 자존심이 성도의 지울 수 없는 '영적 DNA'가 되어야 한다.

보편적 신앙의 능력은 인격의 능력이다

하나님께서는 우리가 천국 시민이자 하나님의 자녀로 자존심을 지키며 살 수 있도록 인격적 능력을 주신다. 물리적, 기적적인 능력이라기보다 인격적인 능력이다. 어떤 힘든 상황에서도 우리 스스로 포기하기 전에 이 능력을 빼앗아 갈 수 없다.

예수님의 약혼 선물

"고난은 성도가 그리스도와 약혼할 때 받는 선물이다." 예수를 믿는다는 것은 신랑 되신 주님과 결혼하는 것이다. 그 결혼예물로 축복과 평안뿐 아니라 고난 또한 신부 된 성도에게 주어진다는 사실을 알아야 한다.

Philippians ... ..

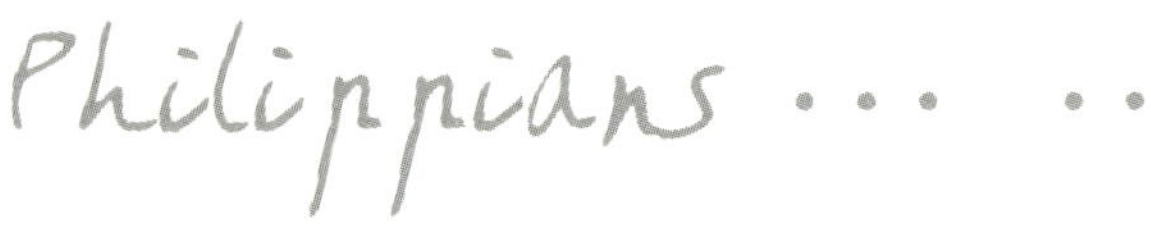

영적 성장과 성숙을 그저 교회에서
훈련받고 직분자로 세워져 나 하나 잘 믿고,
잘 섬기고, 봉사하는 것으로만 생각하지 말라.
그것은 기본 중의 기본이다.
결국 세상에서 어떤 믿음의 모습으로
살아갈 것인가가 중요하다.
영적 성장이란 결국 나를 뛰어넘어
타인과 세상을 섬기는 자리로 나아가는 것을 말한다.

2부

그리스도인의 복은
성숙한 인격으로 드러납니다

Philippians ··· ··

빌립보서 2:1-4

1 그러므로 그리스도 안에 무슨 권면이나 사랑의 무슨 위로나
  성령의 무슨 교제나 긍휼이나 자비가 있거든

2 마음을 같이하여 같은 사랑을 가지고 뜻을 합하며 한마음을 품어

3 아무 일에든지 다툼이나 허영으로 하지 말고
  오직 겸손한 마음으로 각각 자기보다 남을 낫게 여기고

4 각각 자기 일을 돌볼뿐더러
  또한 각각 다른 사람들의 일을 돌보아 나의 기쁨을 충만하게 하라

갈등을 푸는 해법

요즘 매스컴에서 연일 대서특필되는 것은 일본의 쓰나미다. 2011년 3월 11일 금요일, 오후 2시 46분 일본 동북부 바다 속에서 규모 9.0의 강진으로 발생한 최대 23미터의 쓰나미가 시속 600킬로미터의 속도로 육지를 덮쳤다. 수십만 명의 이재민이 생겼고 상상할 수 없는 재산 피해와 2만 여 명이 사망 및 실종되었다. 게다가 전기 공급이 끊긴 원자력 발전소의 사고로 방사능물질에 의한 피해가 확산되고 있다.

바로 우리 옆집이었다. 그동안 옆집과는 역사적 과제들이 해결되지 않아 우리나라 사람들 마음에는 그들에 대한 미움이 앙금처럼 쌓여 있었다. 그래서 나는 혹시 이런 참사에도 나 몰라라 하지 않을까 걱정했는데 아니었다. 모두들 발 벗고 나서서 돕고 있었다. 참으로 따뜻한 마음이다. 어쩌면 이런 일은 교회가 앞장 서야 한다. 우상의 나라에 내린 하나님의 심판이니 이런 말은 하지 말고 오직 예수님의 사랑으로, 섬김으로 앞장서야 한다. 그러고 난 후에 왜 당신들이 이렇게 돕냐고 물으면 그때에야 예수님의 사랑으로 섬긴다고 말하면 그뿐이다.

이렇게 서로 미워하다가도 어려운 일을 당해서는 마음이 풀어지고 돕는 데 앞장서는데 지금 빌립보 교회에서는 갈등이 빚어지고 있다. 정확히 무슨 일인지는 말하지 않지만 바울은 강력하게 빌립보 교인들에게 한마음 될 것을 요구한다. 세상 사람들도 어려움 앞에서는 마음을 모으는데 왜 교회의 마음을 하나로 모으지 못하겠는가. 바울은 갈등을 풀고 한마음 되는 해법을 제시한다.

갈등을 푸는 해법

빌립보 교회의 핵심 문제는 하나 됨에 대한 것이었다. 사도 바울이 빌립보 교회에 편지를 쓰게 된 중요한 이유 중 하나도 빌립보 교회 안에 존재하는 갈등과 분열의 문제를 해소해 보려는 의도였다. 그러나 빌립보서에는 그 갈등의 이유가 명백하게 언급되지 않는다. 아마도 그리 심각한 문제는 아니었는지 교회의 덕을 위해 밝히지 않은 것 같다. 빌립보서 4장 2절에서 "내가 유오디아를 권하고 순두게를 권하노니 주 안에서 같은 마음을 품으라"고 한 말씀을 참고할 때 빌립보 교회의 두 여성 지도자 유오디아와 순두게 사이에 어떤 갈등이 있었던 것으로 추정

된다. 여성 중심의 교회에서 생길 수 있는 독특한 갈등이었을 것이다. 바울은 이미 빌립보서 1장 27절에서 "너희가 한마음으로 서서 한뜻으로 복음의 신앙을 위하여 협력"할 것을 권면한 바 있다. 그리고 빌립보서 2장 2절에서 "마음을 같이하여 같은 사랑을 가지고 뜻을 합하며 한마음을 품어"라고 말함으로써 다시금 하나 될 것을 촉구한다.

빌립보서 2장 1–4절까지의 본문은 각각 독립된 네 개의 문장 같지만 헬라어 원문으로 보면 한 문장이다. 이 전체 문장에서 가장 중요한 구절은 4절 마지막에 나오는 "나의 기쁨을 충만케 하라"다. 빌립보 교회의 영적 아버지로서 사도 바울은 빌립보 교회가 하나 됨을 통해 그리스도 안에서 충만한 기쁨을 맛보기 원했다. 본문은 이 하나 됨의 기쁨을 이루기 위해 구체적으로 어떤 노력을 해야 할지에 대한 지침이다.

서울의 한 지하철 안에서 있었던 이야기다. 어떤 젊은이들이 지하철 안에서 큰소리로 말다툼을 하니까 한 중년 남자가 대뜸 이렇게 말했다. "이보게 젊은이들, 왜 소리 지르고 싸워? 여기가 국회야, 교회야?" 아마도 이 사람은 한국에서 가장 시끄럽게 다투는 두 곳이 국회와 교회라고 생각했던 것 같다. 인정하기 싫지만 한국 교회 안에는 여전히 분쟁하고 갈등하는 교회가 제법 있는 것 같다. 교회는 성도들이 모인 공동체다. 성도는 하나님이 의롭다고 인정해 주신 '칭의인'일 뿐이지 여전히 죄성을 가진 존재다. 이런 용서받은 죄인들이 모인 교회 공동체에 어찌 문제가 없겠는가? 문제는 칭의인으로서 화평하고 거룩한 공동체를 이룰 수 있는 영적인 성숙도일 것이다.

부모의 마음을 가장 아프게 하는 것이 있다면 자녀들이 갈라져 서로 싸우는 모습일 것이다. 고린도전서 4장 15절에서 바울은 "그리스도 안에서 일만 스승이 있으되 아비는 많지 아니하니 그리스도 예수 안에서 내가 복음으로써 너희를 낳았음이라"고 말한다. 바울이 영적인 아비의 심정으로 그가 세운 교회와 성도를 돌보았다는 것을 알 수 있다. 빌립보 교회의 영적 아비 된 바울은 빌립보 교회가 갈등하고 분쟁한다는 소식을 접했을 때 매우 힘들고 고통스러웠을 것이다. 왜 그럴까? 부모의 심정을 가졌기 때문이다.

바울은 지금 부모의 심정으로 빌립보 성도들에게 촉구한다. 하나 되어 나의 기쁨을 충만케 하라! 이때 바울이 원했던 기쁨은 자신의 정서적 만족이 아니었다. 하나님의 교회가 회복되고 복음의 영광과 승리가 드러나는 소식을 빌립보 교회를 통해 듣길 원했다. 그럼으로써 신령한 기쁨, 하나님의 기쁨을 누리고 싶었다. 바울은 빌립보 교회가 하나로 회복됨을 통해 성령의 기쁨이 충만케 되기를 간절히 소원했다.

한마음 되기 위한 세 가지 노력

빌립보 교회가 하나 되는 일은 순전히 빌립보 성도 자신들의 노력과 힘만으로 되는 것이 아니다. 2장 1절에 "그러므로 그리스도 안에 무슨 권면이나 사랑의 무슨 위로나 성령의 무슨 교제나 긍휼이나 자비가 있거든"이라는 말씀이 나온다. 이 말씀을 원문에 충실하게 다시 번역하면 이런 내용이다. "여러분에게 그리스도로부터 권면이 주어지고 있기 때문에, 여러분에게 하나님의 사랑으로부터 위로가 주어지고 있기 때문에, 여러분에게 성령으로부터 교제가 주어지고 있기 때문에, 그리고 여러분에게 긍휼과 자비가 주어지고 있기 때문에."

이렇게 번역하고 나면 뜻이 더욱 명백해진다. 하나님께서 빌립보 교회가 권면, 위로, 교제, 긍휼과 자비를 통해 하나 되도록 이미 일하고 계신다는 의미다. 그러므로 성도들의 연합을 위한 이런 하나님의 주도적 역사에 빌립보 성도들이 순종하여 2-4절에 나타나는 세 가지의 일들을 구체적으로 실천하라는 말이다.

그렇다면 이제 빌립보 교회가 하나 되기 위해 구체적으로 실천해야 할 사항들에 대해서 살펴보자. 이것은 지금 이 세상에서 분쟁하고 있는 수많은 교회 공동체에 적용할 수 있는 훌륭한 지침이 된다.

첫째, 마음을 같이하여 한마음을 품으라

2절에는 여러 행동지침들을 장황하게 표현하지만 다 한마음을 의미한다. 진정한 하나 됨은 제도나 정치를 통해 이뤄지지 않는다. 마음이 하나 되는 것이 더 중요하다.

프로야구팀 두산에 왈론드라는 외국인 투수가 있었다. 큰 경기를 앞둔 어느 날 그가 라커룸에서 같은 팀 투수들을 일일이 찾아다니며 조그만 쇳덩이를 하나씩 선물했다. 등산장비의 하나인 '카라비너'였다. D자 형으로 생긴 철제 고리로 장비끼리 연결해서 추락을 방지하는 안전장치다. 왈론드는 이 카라비너를 각자의 가방에 걸도록 당부했다. 난데없는 등산장비 선물에 동료들은 당연히 궁금해 했다. 야구 선수들, 특히 투수들에게는 전혀 쓸 데도 없고 멋으로 달고 다닐 만한 액세서리는 더더욱 아니었기 때문이다. 왈론드는 그런 동료들에게 이렇게 말했다.

"암벽 등반을 할 때 카라비너는 대원들을 하나로 연결해 주는 매개체야. 한 가닥의 생명줄에 다같이 매달려 있게 해주는 것이지. 한 명이라도 미끄러지면 다 함께 위기에 처하게 될 거고 그러면 나머지 동료들이 함께 힘을 모아 위기에서 벗어나야 해. 카라비너는 우리 모두가 연결되어 있음을 알려주는 도구야."

선발과 중간계투, 마무리투수 그리고 모든 선수들이 공동 운명체로 서로 도와야 한다는 메시지를 이보다 더 잘 전달할 수는 없었을 것이다. 동료들은 모두 고개를 끄덕이지 않을 수 없었고, 누구랄 것도 없이 알아서 카라비너를 가방에 걸었다. 모든 선수들의 마음이 하나로 모아지는 순간이었다.

교회의 하나 됨도 마찬가지다. 먼저 마음으로부터 하나가 되어야 한다. 이를 위해서는 교회의 사명과 비전이 분명해야 한다. 교회 지도자와 성도가 한마음으로 같은 방향을 바라보아야 한다.

유명한 교회 성장학자 원 안이 미국에 있는 약 1,000개 교회의 성도들과 목사들을 대상으로 교회에 대한 이해도를 조사한 적이 있다. 목사들의 약 90퍼센트는 그리스도의 지상명령 성취라는 교회적 비전을 갖고 있었고, 10퍼센트 만이 성도를 돌보고 영적인 필요를 채워주는 교회상을 가지고 있었다. 그러나 이 질문에 대해 성도들은 정반대의 입장을 취했다. 90퍼센트의 성도들은 그들의 필요를 채워주고 보살펴주는 교회를 이상적인 교회상으로 생각하는 반면, 약 10퍼센트 만이 그리스도의 지상명령 성취를 이상적인 교회상으로 생각했다. 즉, 교회의 지도자와 성도들 간에 교회의 비전과 방향에서 심각한 불일치를 보이고 있다는 말이다. 그러니 교회 안에 갈등과 불만족이 생기는 것은 어쩌면 당연하다.

수년 전 기쁨의교회에 담임목사로 부임하면서 제일 먼저 교회의 사명과 비전을 분명히 했다. 6개월 동안 부교역자를 포함한 교회의 핵심 평신도 지도자들과 책을 읽고 토론하며 공통의 비전을 준비했다. 그리고 그 결과물을 사명선언문Mission Statement으로 작성했다. 그렇게 만들어진 '기쁨의교회 사명선언문'이 "사랑 안에서 사람들을 살리고 계발하여 세상을 섬기는 제자의 공동체"였다. 단순하지만 이 속에는 교회의 장기적인 비전의 방향이 압축되어 있다. 좀 더 단순하게 말한다면 '교회 갱신의 롤 모델이 되자'는 것이다. 이와 같은 교회의 방향성을 지속적이고도 끈질기게 성도들과 나누었기 때문에 마음을 하나로 모을 수 있었다. 65년의 역사를 가진 교회에서 성도들마다 가진 생각과 견해가 다양할 수밖에 없겠지만 교회 공통의 사명과 비전이 성도들의 마음과 생각을 하나로 모으는 기준이 되어 주었다. 교회의 방향성에 대한 높은 수준의 하나 된 마음이 다양한 혁신과 변화를 기꺼이 수용할 수 있는 밑거름이 되었다고 생각한다.

둘째, 겸손한 마음으로 남을 낮게 여기라

어떤 성도들은 교회를 위한 봉사와 헌신을 자신의 유익이나 자기를 높이는 수단으로 삼기도 한다. 경건을 이익의 재료로 생각하는 것이다.

이런 이기심과 탐욕의 본성은 우리가 하나님의 일을 감당할 때조차 기회를 틈타 나타난다. 소위 하나님의 일이라고 해서 다 하나님을 기쁘게 해드리는 일이 아닐 수 있다는 것이다. 하나님의 일이 그렇게 되는 데는 그 일을 감당하는 사람의 연약함 때문이다.

하나님의 일에 대한 당위적인 목표와 방향뿐만 아니라 그 동기와 방법도 옳아야 한다. 사도행전 5장에 나오는 아나니아와 삽비라 부부의 경우를 보라. 하나님께서 그들의 잘못된 동기를 드러내 책망하시고 징벌하지 않으셨는가? 빌립보서 1장 15절을 보면 감옥에 갇힌 바울을 괴롭게 하려고 투기와 분쟁의 동기로 전도 사역에 몰두했던 사람들이 있었다. 목표는 좋았지만 동기에 문제가 있었다. 그리스도의 영광을 위해 일한다고 했지만 실상은 자기 영광을 추구했다. 그렇기 때문에 우리는 이런 다툼이나 허영을 이기기 위해 겸손을 배워야 한다.

일생 가난한 자들을 섬기며 헌신했던 테레사 수녀가 마침 한 병든 어린아이의 고름을 짜고 있을 때 함께 거들던 성도가 물었다. "수녀님, 수녀님은 높은 자리에서 편안히 사는 사람을 볼 때 부러운 마음이 들지 않나요? 이런 삶에 만족하세요?" 질문을 받은 테레사 수녀는 이런 유명한 대답을 했다. "허리를 굽히고 섬기는 사람에게는 위를 쳐다볼 시간이 없답니다."

겸손의 훈련이 잘된 교회는 대체로 평안하고 화평하다. 높아지기 위한 시기와 질투가 없기 때문이다. 본문 말씀에는 겸손의 구체적인 정의가 나온다. 한마디로 말하자면 겸손은 자신보다 남을 낮게 여기는 마음이다. 자기보다 남을 낮게 여기려면 자신을 낮출 줄 알아야 한다. 그런데 이것이 생각보다 쉽지 않다. 사람은 다 자기를 높이려 하고 제 잘난 맛으로 살고 싶기 때문이다. 하지만 이렇게 제 잘난 맛에 살다 보면 필연적으로 교만의 섬에 외따로 떨어져 살게 된다. 사람들은 자신만 높이고 잘난 체하는 사람을 원초적으로 거부하기 때문이다. 명심하라! 교만하면 외롭게 된다. 교만에 대한 하나님의 심판은 외로움이다.

겸손은 잘 훈련된 마음이다. 훈련되지 않은 마음은 스스로를 높이려 하지만 훈련된 마음은 자세를 낮춘다. 나보다 남을 낮게 여긴다. 겸손humble, humility은 본래 땅을 나타내는 라틴어 'humus'에서 파생되었다. 그래서 안토니 블룸이란 영성가는 "겸손은 땅과 같다"고 말하면서 겸손에 대해 이렇게 설명했다.

"땅은 조용히 모든 것을 용납하는 곳이다. 그리고 기적적인 방법으로 온갖 쓰레기로부터 새로운 풍요를 만들어 낸다. 썩은 것을 변화시켜 생명력과 새로운 창조의 가능성을 만들어 낸다. 햇빛을 받고 비를 맞으며 우리가 뿌리는 씨를 받아들여 30배, 60배, 100배의 결실을 맺는다. 풍성한 결실을 맺는 옥토는 겸손으로 예비된 심령이다. 하나님 말씀의 씨앗에는 문제가 없다. 열매는 겸손한 토양인가 아닌가에 달려 있다."

셋째, 자기 일을 돌아볼 뿐 아니라 다른 사람들의 일을 돌아보라

교회는 그리스도의 몸이다. 몸은 각 지체가 하나 되어 조화를 이룰 때 건강하다. 그러나 각 지체가 분열과 갈등을 겪기 시작하면 몸은 병들고 만다. 우리가 건강할 때는 몸의 어느 한 부분도 의식하지 않는다. 건강하게 잘 작동하니까 신경 쓸 필요가 없다. 그런데 만약 폐렴에 걸렸다면 어떻게 될까? 모든 의식이 온통 폐로 집중될 것이다. 손톱 사이에 가시가 낀다면 역시 모든 신경이 손가락 끝으로 쏠릴 것이다. 아픈 곳을 집중적으로 의식하게 되는 것이 정상적인 몸의 반응이다. 아픈 곳, 문제 있는 부분에 특별히 신경 써 달라는 몸의 사인이 통증이다.

마찬가지로 건강한 교회 공동체는 별로 신경 쓰거나 의식하지 않아도 잘 유지되고 발전한다. 하나 되어 조화를 이루고 있기 때문이다. 그러나 교회가 분열과 갈등으로 병들게 되면 그때부터는 병든 부분에 집중적인 관심이 모아진다. 계속하여 의식하며 함께 고통을 느끼게 된다. 이것이 몸의 신비다. 몸 된 공동체에 문제가 생기면 자연스럽게 병들고 문제 난 부분에 치유의 노력이 집중된다. 병들고 상처 난 교회 공동체일수록 하나 됨의 회복을 위해서 자신의 일뿐 아니라 다른 사람들의 일도 돌아보고 섬기는 적극적인 관심이 필요하다.

세상을 향한 교회의 차별화된 경쟁력

교회와 세상의 차이가 있다면 자기 중심성을 뛰어 넘어 다른 연약한 지체들을 돌보고 섬긴다는 것이다. 이것이야말로 이 세상을 향한 교회의 차별화된 경쟁력이요, 교회의 핵심역량이다. 교회는 이 경쟁력을 강화하고 발전시키기 위해 노력해야 한다. 그럴 때 교회는 세상을 변화시키는 건강한 영향력을 발휘하게 된다. 도움이 필요한 다른 지체들을 돌아볼 줄 아는 사회야말로 건강하고 선진화된 사회다. 사도행전 2장 32절

이하에 나타나는 '새롭게 탄생한 초대교회 공동체'의 가장 중요한 특징은 한마음과 한뜻으로 서로의 자원을 통용하며 다른 사람들의 필요를 채워 주는 것이었다. 이기심으로 똘똘 뭉친 사람들의 공동체가 아니라 다른 지체들을 배려하고 돌보는 사랑과 섬김의 공동체가 되었다는 말이다. 이것이 원형적 교회prototype church 의 모습이다.

미국의 뉴욕 시장을 지냈던 줄리아니는 9·11테러의 위기를 잘 극복해낸 노련한 지도자로 명성이 높다. 그는 미국 타임지가 선정한 2001년 올해의 인물로 선정되기도 했다. 그런 줄리아니가 스승처럼 생각한 사람이 있었는데 바로 구아르디아라고 하는 판사 출신의 시장이다. 이 구아르디아 판사는 재임 시절 담당했던 한 재판으로 유명해졌다. 그 재판의 내용은 이렇다.

어느 날, 빵을 훔친 혐의로 한 노인이 끌려왔다. 그 노인은 떨면서 가족이 굶주리고 있다고 말했다. 판사 구아르디아는 10달러의 벌금형을 내렸다. 빵을 훔친 죄로 그에 상응하는 벌을 내린 것이다. 법에는 예외가 없다는 것이 그의 지론이었다. 그리고는 자기의 주머니를 뒤져 10달러를 꺼내더니 "자, 여기 이 노인의 벌금 10달러를 내가 내겠소"라고 말했다. 그리고 나서 10달러짜리 지폐를 자신의 모자 속에 집어넣고 다시 말했다. "거기에 덧붙여 이 법정에 있는 모든 사람들에게 1달러씩의 벌금을 부과합니다. 굶주린 사람이 먹을 빵이 없어 도둑질하게 한 방조의 책임으로 1달러씩 벌금을 내기 바랍니다." 재판정에 있는 모든 사람들에게 모자가 돌려졌다. 사람들은 눈시울이 뜨거워졌고 그 노인은 94달러라는 돈을 손에 들고 믿기지 않는 표정으로 재판정을 떠났다. 솔로몬의 재판만큼이나 유명한 재판이었다. 구아르디아는 그 후 어려운 사람을 돌보는 판사로 유명해 지면서 뉴욕 시장 자리에까지 올랐다. 멋지지 않는가? 성경의 정신이 제대로 살아 있는 재판이 아닌가! 주님께서 마태복음 25장 40절에서 이런 말씀을 하셨다. "너희가 여기 내 형제 중에 지극히 작은 자 하나에게 한 것이 곧 내게 한 것이니라."

교회가 하나 되기 위해 구체적으로 먼저 할 일은 한마음, 한뜻이 되는 것이다. 겸손하여 나보다 남을 낫게 여기며, 다른 사람들의 일을 돌아보고 섬기는 것이다. 이런 구체적인 노력들이 계속해서 생겨날 때 그 교회 공동체는 세상과 차별화된 더욱 능력 있는 공동체가 될 것이다.

지나친 의인이 되지 말라

당신은 주님을 사랑하는가? 사도행전 20장 28절에 의하면 하나님께서 피로 값 주고 교회를 사셨다고 한다. 교회는 하나님께 그토록 소중한 곳이다. 교회는 주님의 몸이라고 하지 않는가? 교회를 하나 되게 하는 데 힘을 보태지는 못할망정 주님의 몸에 상처를 내고 그 몸을 찢는 성도들이 가끔 있다. 솔직히 그런 성도를 볼 때 격한 분노가 치밀기도 한다. 만약 누군가가 칼로 내 자녀의 몸에 상처를 내고, 귀와 손가락을 자른다면 가만히 있겠는가? 울부짖고 고통스러워할 것이다. 당장 뛰어들어 말릴 것이다. 막을 것이다. 성도의 가슴속에 이런 애통과 의분이 살아 있어야 한다.

우리는 그리스도의 몸 된 교회를 분열시키고 상처 내는 일에 결코 가담해서는 안 된다. 우리의 탐욕 때문에 교회가 어려워지기도 하지만 때로는 마귀가 그럴듯한 '공의'의 이름으로 다가와 우리를 속이려 하는 경우도 있다. 의를 붙들기는 하지만 지나치게 의인 되게 충동질한다. 그리하여 최고 재판장 되시는 하나님의 자리에까지 올라 다른 사람들을 정죄하고 심판한다. 많은 열심 있는 성도들이 공의의 이름으로 비판과 비난을 일삼다가 지나치게 의인 되는 교만의 오류를 범하고 만다. 교회가 소위 하나님의 영광을 위한다고 하면서 화해 없이 끝없는 소모적인 전투를 벌이고 있다면 분명 이 오류에 빠져 있는 것이다.

과거 민주화 운동의 시기에 활동했던 김민기 씨의 노래 "작은 연못"의 가사를 소개한다.

> 깊은 산 오솔길 옆, 자그마한 연못엔
> 지금은 더러운 물만 고이고 아무것도 살지 않지만
> 먼 옛날 이 연못엔 예쁜 붕어 두 마리 살고 있었다고 전해지지요,
> 깊은 산 작은 연못.
>
> 어느 맑은 여름날 연못 속에 붕어 두 마리
> 서로 싸워 한 마리는 물 위에 떠오르고,
> 그놈 살이 썩어 들어가 물도 따라 썩어 들어가
> 연못 속에선 아무것도 살 수 없게 되었죠.
> 깊은 산 오솔길 옆, 자그마한 연못엔

지금은 더러운 물만 고이고 아무것도 살지 않죠.

교회 공동체가 상처를 입고 분열하면 그 아픔과 고통이 교회에 속한 모든 지체들에게 고스란히 전달된다. 이런 고통은 중직자일수록 더욱 심하게 겪는다. 나와는 무관하다고 말하지 말라. 모두 똑같이 아픔을 겪는다. 그러므로 우리 각자의 신앙 행복을 위해서라도 우리의 신앙 공동체가 온전히 하나 되도록 잘 가꾸어야 한다.

전도서 7장 16절에 이런 말씀이 있다.

"지나치게 의인이 되지도 말며 지나치게 지혜자도 되지 말라 어찌하여 스스로 패망하게 하겠느냐."

지나친 의, 지나친 지혜란 무엇인가? 하나님의 의와 지혜를 스스로 독점하는 것을 말한다. 하나님의 자리에 서는 것이다. 이것은 신앙적 독선이요, 영적인 교만이다. 이 지나친 의와 지혜 가운데 패망하고 마는 것이다. 그러므로 성도는 공의를 추구할 때도 겸손해야 한다. 하나님의 자리, 하나님께서 판단하시고 행하실 영역을 침범해서는 안 된다. 한계가 있다. 의를 추구할 때 교만의 오류를 삭제해야 한다. 그리할 때 지나친 의로 인하여 교회 공동체가 분열되지 않을 것이다.

갈등을 푸는 해법

교회는 여전히 용서받은 성도들이 모인 공동체다. 단지 '칭의인'일 뿐이지 여전히 죄성을 가진 존재들이다. 그런 교회 공동체가 어찌 문제가 없겠는가? 갈등을 푸는 해법은 화평하고 거룩한 공동체를 이룰 영적인 성숙도다.

한마음 되기 위한 세 가지 노력

첫째, 마음을 같이하여 한마음을 품으라. 교회의 하나 됨은 먼저 마음부터 하나가 되어야 한다. 교회의 사명과 비전이 분명해야 한다. 한마음으로 같은 방향을 바라보아야 한다.

둘째, 겸손한 마음으로 남을 낮게 여기라. 교만하면 외롭다. 교만한 사람은 스스로 외로움의 감옥에 들어간 꼴이다. 교만에 대한 하나님의 심판은 외로움이다.

셋째, 자기 일을 돌아볼 뿐만 아니라 남의 일을 돌아보라. 병들고 상처 난 교회 공동체일수록 자신의 일뿐 아니라 다른 사람들도 돌보고 섬기는 적극적인 관심이 필요하다.

세상을 향한 교회의 차별화된 경쟁력

교회의 차별화된 경쟁력이요, 핵심역량은 자기 중심성을 뛰어 넘어 다른 연약한 지체들을 돌보고 섬기는 것이다. 그럴 때 교회는 세상을 변화시키는 건강한 영향력을 발휘하게 된다.

지나친 의인이 되지 말라

열심 있는 많은 성도들이 공의의 이름으로 비판과 비난을 일삼다가 지나치게 의인 되는 교만의 오류를 범한다. 지나친 의, 지나친 지혜란 하나님의 의와 지혜를 독점하는 것이다. 이것은 신앙적 독선이요, 영적인 교만이다. 의를 추구할 때 교만의 오류를 삭제하라.

Philippians ....

빌립보서 2:5-11

5 너희 안에 이 마음을 품으라 곧 그리스도 예수의 마음이니

6 그는 근본 하나님의 본체시나
   하나님과 동등됨을 취할 것으로 여기지 아니하시고

7 오히려 자기를 비워 종의 형체를 가지사 사람들과 같이 되셨고

8 사람의 모양으로 나타나사 자기를 낮추시고 죽기까지 복종하셨으니
   곧 십자가에 죽으심이라

9 이러므로 하나님이 그를 지극히 높여 모든 이름 위에 뛰어난 이름을 주사

10 하늘에 있는 자들과 땅에 있는 자들과 땅 아래에 있는 자들로
    모든 무릎을 예수의 이름에 꿇게 하시고

11 모든 입으로 예수 그리스도를 주라 시인하여
    하나님 아버지께 영광을 돌리게 하셨느니라

바보라 불려도 좋다!

사람의 능력을 측정하는 지표에는 여러 가지가 있다. 그중에 대표적인 것이 지적인 능력을 측정하는 IQ다. 최근에는 EQ 감성지수가 부각되면서 정서적 성숙과 감정적 대응능력의 중요성이 강조되기도 했다. 이외에도 여러 가지 지수가 있고 한 가지 기준만으로 그 사람의 능력을 다 측정할 수는 없다며 다중지능이론이 많은 지지를 받고 있다. 최근 이런 측면에서 강조되는 지수가 바로 NQ다. 'Network Quotient'—함께 어울려 살아가는 능력을 측정하는 것으로 '공존 共存 지수'라 한다.

우리나라 사람들의 경우 물론 상대적이기는 하지만 연합하는 부분에서는 좀 약한 것 같다. 특히 한국 교회의 역사는 부끄럽게도 분열의 역사라 해도 과언이 아니다. 아마도 한국 교회의 지도자들과 성도들을 대상으로 공존지수를 측정해 보면 그리 높지 않으리라 생각된다. 그러나 교회는 천국의 삶을 이 땅에서 훈련해가는 대표적인 기관이다. 그 훈련의 핵심 목표는 하나님을 믿는 믿음 안에서, 사랑 안에서 하나 되는 것이다. 이 공동체 안에서 하나 됨을 가능케 하는 것이 겸손과 섬김이다. 교만하고, 방자하고, 받으려고만 하고, 제멋대로인 사람은 하나 됨의 자리에 들어올 수 없다. 그냥 자기 혼자 하나 되고 만다. 교회에 와서 많은 성도들과 함께 예배드리면서도 혼자라는 고독을 느끼게 된다.

하나 됨의 핵심은
예수 그리스도의 마음

본문의 말씀은 초대교회의 그리스도인들이 예수님을 찬양하고 찬미하는 그리스도 찬송시다. 당시의 예배 때 불렸던 일종의 찬송가 가사라고 할 수 있다. 말씀을 잘 보면 바울은 주님이 살았던 삶의 모습과 정신을 정확히 꿰뚫고 있다. 아마도 초대교회 성도들은 이 찬송시를 반복하여 읊조리면서 예수님의 삶을 묵상하고 본받으려 했을 것이다.

바울은 또한 이 말씀을 통해 빌립보 교회의 분쟁을 해결하려 한다. 그 핵심이 5절에 나타나고 있다.

"너희 안에 이 마음을 품으라 곧 그리스도 예수의 마음이니."

교회는 예수 그리스도의 몸이다. 그러나 성도가 함께 교회 공동체를 이루었다고 해도 온전히 한몸 되는 것은 아니다. 진정으로 한몸 되려면 한마음을 가져야 한다. 이런 하나 됨은 획일적인 강압과 통제가 아닌 내적이고 자발적인 하나 됨을 의미한다. 이 세상에는 하나 된 것처럼 보이는 공동체들이 있다. 같은 옷을 입고 같은 질서 안에서 질서정연하게 움직인다고 모두 하나 되었다고 말할 수 없다. 언뜻 보기에는 일사불란하게 움직이니 하나 된 듯 보일 수도 있지만 내적인 하나 됨 없이는 진정으로 하나 된 것이 아니다.

하나님은 언제나 하나 됨의 역사를 주관하신다. 마귀는 언제나 이간질과 분열의 역사를 조장한다. 에베소서 1장 10절에는 "하늘에 있는 것이나 땅에 있는 것이 다 그리스도 안에서 통일되게 하려 하심이라"는 말씀이 있다. 모든 것을 그리스도 안에서 하나 되게 하시는 하나님의 섭리에 대한 말씀이다. 하지만 이 그리스도 안에서의 통일은 강압적인 통일이 아니다. 하나님의 나라와 그리스도의 통치는 그리스도의 마음이 사람들 안에서 소통되고 나누어짐으로 이루어지는 내적이고 영적인 하나 됨이요, 자발적인 일치다. 이 하나 됨의 핵심 축에 바로 예수 그리스도의 마음이 위치하고 있다. 이 마음을 모두가 본받고 간직할 수만 있다면 하나 될 수 있다는 말이다.

오늘날 현대 사회의 화두는 공생이다. 다양성이 증대된 세상에서 함께 살아가는 '공존'이 중요한 시대가 되었다. 두말할 나위 없이 교회도 함께 잘살 수 있는 공동체가 되어야 한다.

『아프니까 청춘이다』라는 베스트셀러의 저자 김난도는 "좋은 인간

관계는 좋은 파트너를 찾는 것이 아니라 내가 먼저 좋은 파트너가 되는 것이다"라고 했다. 교회가 먼저 지역에, 믿지 않는 사람들에게 좋은 파트너가 되어야 한다. 교회가 사람을 섬기지 않고 자기들만의 잔치를 벌이는 것처럼 보인다면 누가 교회에 나오며 어떻게 이 땅에 하나님 나라가 임하겠는가? 천국은 모두가 완전하게 하나 되어 행복하게 공존하는 곳이다.

어떤 시사평론가는 우리 사회를 이렇게 묘사했다. "우리 사회의 자화상은 갈가리 찢겨져 있다." 사회통합을 책임져야 할 정치지도자들도 사분오열되어 분열과 갈등을 조장하고 심지어 그것을 즐기며 살고 있는 것이 우리의 현실이다. 사회의 각 계층간 통합을 위해 정부와 정당이 노력한다고 하지만 사실 그것은 그리 쉽지가 않다. 참으로 이런 분열의 시대에 교회가 이 사회에 보여 줄 수 있는 선한 영향력이 있다면 내적으로 하나 된 모습일 것이다. 그러나 안타까운 현실은 교회가 오히려 갈등하고, 다투고, 분열된 곳으로 이 사회에 비춰지고 있다는 사실이다.

사람은 본받는 존재요 전염되는 존재

사도 바울은 하나 되기 위해 우리가 본받아야 할 모델로서 예수님을 제시한다. 그는 5절에서 예수 그리스도의 마음을 품으라고 한다. 이때 '품는다'는 말은 단순히 마음에 간직한다는 뜻이 아니라 적극적으로 그 태도를 실행한다는 의미다. 다시 말하면 예수님이 보여 주신 삶의 태도를 적극적으로 본받으라는 말이다.

얼마 전 『그 청년 바보의사』라는 책을 읽었다. 33살의 나이에 군의관으로 복무하다 사고로 사망한 안수현이라는 내과의사에 관한 책이다. 책에는 그의 삶에 애도를 표하는 많은 글들이 실려 있었다. 그중에 안양 샘병원의 원장님은 그를 이렇게 표현했다. "수현이는 진정한 섬김이 무엇인지 온몸으로 보여 주었습니다. 그의 생은 짧았지만 누구보다 더 많은 흔적을 남기고 떠났습니다." 김동호 목사님은 이런 글을 남겼다. "살아 있을 때 사람들에게 '빛'이 되었던 수현이는 이제 '흔적'으로 남아 그의 이야기를 접하는 모든 이들에게 큰 도전이 될 것입니다." 김록권 전 국군의무사령관은 그의 삶을 이렇게 요약했다. "안수현 대위를 추억하면 예수님께서 군의관의 옷을 입고 한국 땅에 나타나셨다가 가신 것 같은 착각이 듭니다. 안 대위는 헐벗고 굶주린 자들을 위해 본인이 가진 모든 것을 내어놓았습니다."

직접 그 형제를 본 적은 없지만 그 책을 읽으면서 '참으로 그는 예수의 향기가 물씬 풍겨나는 삶을 살았구나' 하는 생각이 들었다. 명문 의과대학을 졸업한 의사였지만 참으로 다른 사람들을 섬기는 종 된 의사의 삶에 충실했던 사람이었다. 책을 덮고 나서도 한참이나 이 형제의 삶이 뇌리에 남아 가슴을 먹먹하게 했다.

이 형제의 삶이 많은 사람들의 심금을 울린 이유가 어디에 있었는가? 아마도 그것은 그가 철저하게 예수 그리스도의 삶을 본받아 살았기 때문일 것이다. 그는 예수의 마음과 삶의 태도를 철저히 본받고자 지나칠 정도로 노력했다. 근묵자흑近墨者黑이라는 말이 있다. 먹을 가까이 하는 사람은 검어지기 쉽다는 말이다. 사람은 누구를 삶의 모델로 삼아 본받느냐에 따라서 그 인생이 완전히 달라진다. 사람은 본받는 존재요, 전염되는 존재이기 때문이다.

페르시아 우화 가운데 이런 이야기가 있다. 한 여행객이 길을 가다가 점토 덩어리를 발견했다. 그런데 그 흙덩어리에서 아주 좋은 향기가 났다. 이상히 여긴 여행객이 흙에게 물었다. "이 고상하고 놀라운 향기는 어떻게 해서 나는 것이냐?" 그러자 흙이 대답했다. "그것은 내가 장미 꽃과 함께 있었기 때문입니다." 장미와 함께 있던 점토는 자연스럽게 장미의 향기를 품게 된 것이다.

당신의 마음속에는 어떤 생각과 마음이 머물고 있는가? 주님의 마음을 품고 있는가? 신앙의 여정에서 꾸준히 훈련해 가야 할 것이 있다면 나의 마음과 생각을 지속적이고 의도적으로 주님께 집중하는 일이다. 그래서 순간순간 홀로 있을 때면 "주님, 제 곁에 계시지요?", 일어나 걸을 때면 "주님, 같이 가시지요", 잠자리에 누울 때면 "주님, 저 이제 잡니다. 지켜주세요", 잠에서 깨면 "주님, 좋은 아침입니다"라고 말하곤 한다. 이런 훈련은 여러 엉뚱한 생각으로 휘둘리기 쉬운 마음을 주님께 집중할 수 있게 하는 유익이 있다.

1884년 미국에서 태어난 프랭크 루박 Frank C. Laubach 이라는 선교사는 주님의 마음을 품고 살아가는 좋은 본을 보여 준다. 그는 오랜 세월 필리핀에서 선교했던 존경받는 선교사로서 미국 우표에 얼굴이 나오는 유일한 선교사다. 그는 '어떻게 하면 언제 어디서나 주님의 마음을 품고 주님과 함께 동행하는 친밀한 삶을 살 수 있을까?'를 질문했다. 그리고 남은 생애 동안 이 질문에 답을 찾으려 노력했다. 그가 46세가 되던 1930년 1월, 이 친밀한 주님과의 동행을 위한 첫 실험을 시작했다. 다음은 그가 일기에 쓴 주님과의 동행에 대한 실험보고서의 일부분이다.

● 1930년 1월 26일

나는 매 순간 하나님을 느끼고 있다. 물론 의지의 행동이다.

● 1930년 3월 1일

보이지 않는 한 손이 내 손을 잡아 이끄시고, 또 다른 손이 앞에서 내 길을 예비하신다는 의식이 내 안에서 날마다 자라가고 있다. … 때로는 이 의식이 되살아나는 데 이른 아침 오랜 시간이 걸릴 때도 있다.

● 1930년 4월 18일

하나님과 나누는 교제의 참맛을 느끼기 시작하자 그분께 합당하지 않은 모든 일들이 역겹게 느껴졌다. 오늘 오후 나는 하나님의 임재의식에 다시금 강하게 붙들리면서 말할 수 없는 기쁨을 맛보았다. 전에는 모르던 것이었다.

● 1930년 5월 14일

매 순간 끊임없이 하나님을 만나며, 하나님을 내 생각의 주제로 삼고, 내 대화의 짝으로 삼는 것, 이것이야말로 그동안 평생 접해 보지 못한 가장 놀라운 일이다. 점점 된다. 물론 아직은 한나절도 못 간다. 그러나 언젠가는 하루 종일 그렇게 될 날이 있을 줄 믿는다.

● 1930년 5월 24일

하나님께 집중하는 마음은 갈수록 강해지는 반면 다른 모든 것은 더 이상 내게 그 집요한 힘을 잃어버렸다. 전에는 힘들게 하던 일이 지금은 별다른 노력도 없이 쉽게 잘된다. 거의 온종일 기쁨에 사로잡혀 있다. 어떤 일에도 조급한 마음이 없다. 모든 일이 잘된다. 마음속에서 하나님을 놓치는 것, 그 한 가지만 빼고는 아무것도 잘못될 수 없다.

● 1930년 6월 1일

하나님은 더 이상 낯선 분이 아니다. 주님은 온전히 내 안에 계신다. 오늘밤도 내일도 나는 주님과의 교제에 어느 때보다도 더 씨름할 것이다. 단 한 순간도 주님을 놓치지 않기 위해.

본격적으로 주님과의 친밀한 삶을 실험한 지 6개월 만에 프랭크 루박 선교사는 이전에는 결코 맛보지 못했던 친밀한 삶의 놀라운 비밀을 누리게 되었다. 주님께 마음을 고정하고 주님의 마음을 품고 살아가는 것이 그의 사역에 나타난 능력의 비밀이었고, 그의 삶을 이끈 행복 그 자체였다.

예레미야 1장 18절에서 예레미야가 백성들에게 심판의 메시지를 선

    받은 복을 세어 보아라

포하는 사명을 받았을 때 하나님께서는 그를 견고한 성읍, 쇠기둥, 놋 성벽이 되게 하시겠다고 했다. 무슨 의미인가? 하나님의 사명을 감당하는 과정에서 예레미야의 마음과 생각에 다가오는 수많은 도전과 방해들 속에서 흔들리지 않는 견고한 요새처럼 하나님께서 그의 마음을 지키시고 그의 삶을 보호하시겠다는 의미다. 주님을 마음에 견고하게 모시고 동행하는 자의 삶을 주님께서는 복 주신다. 이사야 26장 3절에서는 "주께서 심지가 견고한 자를 평강에 평강으로 지키시리니"라고 증거한다. 주님을 온전히 모시는 삶이야말로 가장 능력 있고 복된 삶인 것이다.

바보라 불려도 좋다는 각오

그렇다면 우리가 본받아야 할 예수님의 마음, 삶의 태도의 핵심은 무엇인가? 그것은 겸손이다. 본문 6-8절에서 예수님은 스스로를 하나님과 동등하게 됨을 취하지 않으셨다고 한다. 자기를 비워 종의 형체를 가지셨다고 한다. 자기를 낮추셔서 죽기까지 복종하셨다고 한다. 예수님은 근본 하나님의 본체셨다. 인간이 아니셨다. 그런데 그 예수님께서 우리를 구원하시고자 사람이 되셨다. 그것도 죄인이 되어 십자가에서 대신 죽으셨다. 결국 높고 높은 하나님의 본체셨던 예수님께서 자기를 낮추고 낮추신 것이다. 예수님의 삶은 자발적으로 자신을 낮추는 삶이었다. 예수님께서 죽기까지 자신을 낮추시는 것을 보고 겸손을 넘은 '그리스도의 자기 비하卑下'라고까지 표현하는 이들도 있다. 아무튼 예수님은 낮추심, 낮아짐의 방향으로 삶을 향하셨다. 예수님께선 스스로 자신의 삶에 대해 증언하시면서 마가복음 10장 45절에서 이렇게 말씀하신다.

> "인자가 온 것은 섬김을 받으려 함이 아니라 도리어 섬기려 하고 자기 목숨을 많은 사람의 대속물로 주려 함이니라."

겸손의 삶이자 섬김의 삶이었다. 예수님 삶의 핵심 가치 Core Value 는 겸손과 섬김이었다.

중세의 위대한 신학자 어거스틴은 예수님의 핵심 가치를 잘 이해하고 있던 사람이었다. 제자들이 그에게 물었다. "선생님, 그리스도인들이 가져야 할 최고의 덕목은 무엇입니까?" 어거스틴은 이렇게 대답했다. "첫째 겸손이다." "그럼 둘째는 무엇입니까?" "겸손이다." "셋째는 무엇입니까?" "역시 겸손이다." 그러자 그 제자가 다시 물었다. "선생님, 그러면 겸손의 반대는 무엇입니까?" "교만이다." "선생님, 교만은 무엇입니까?" "내가 겸손하다고 생각하는 것이다." 스스로 겸손하다고 생각하는 순간 그 사람은 이미 겸손을 잃어버린 것이다.

사탄이 첫 사람 아담을 유혹할 때 그의 삶의 방향은 어디를 지향하고 있었는가? 사탄은 하나님같이 될 것이다, 높은 자가 되라, 큰 자가 되라고 교만을 부추겼다. 높아지라! 높아지라! 이것이야말로 세상 임금이 아담의 후손인 우리를 유혹하는 삶의 방식이다. 그런데 하나님은 예수님을 통하여 다른 삶의 방식을 보여 준다. 낮아지라! 낮아지라! 마음을 낮추라! 예수를 믿는다는 것은 이제 우리가 아담의 후손이 아니라 둘째 아담 예수님의 후손이 된다는 의미다. 첫째 아담이 살았던 삶의 방식을 버리고 둘째 아담 예수님이 사셨던 삶의 방식을 취하겠다는 결단이 바로 믿음이다. 예수님께서는 우리에게 삶의 모범으로 말씀하고 계신다. "자신을 낮추라! 겸손하라! 섬기라!"

여전히 죄인의 체질이 짙게 남아 있는 우리들에게 이것은 그다지 매력적인 제안이 아니다. 우리에게는 "커져라! 높아져라! 위대해져라! 하나님같이 되라!"는 권면과 가치관이 더 매력적이게 다가온다. 이 세상은 온통 이런 종류의 가치관과 가르침으로 가득 차 있다. 이런 때에 시대를 역류하여 '낮아짐'의 삶을 산다는 것은 어느 정도는 바보가 될 것을 각오한다는 것을 의미한다. 어느 정도는 손해 볼 것을 각오한다는 의미다. 때로는 생명을 걸어야 할 수도 있다. 주님의 낮아짐과 순종의 모습이 더욱 귀한 것은 그것이 죽기까지의 순종이었기 때문이다. 물론 우리가 "주를 위하여 죽겠다"고 고백한다고 해서 실제로 죽는 일은 흔치 않다.

그러나 죽기까지 순종하겠다는 결심이 있는 자만이 마지막 십자가의 자리까지 주님을 따라갈 수 있는 것이다. 사도 바울은 이런 삶의 모토를 가지고 있었다.

"나는 날마다 죽노라"고전 15:31.

바울은 주님의 삶을 따라 살아 있는 순교자처럼 살았다. 영국이 낳은 위대한 중보기도의 사람 리즈 하워즈가 가진 삶의 모토 역시 '살아 있는 순교자'였다. 결정적인 순간에 믿음을 지켜 순교하는 것은 분명 귀한 일이다. 그러나 날마다 일상의 삶에서 살아 있는 순교자로 살아가는 것은 더 힘들고 귀한 일인지도 모른다.

혹, 우리의 마음에서 '예수님이니까, 바울이니까 죽기까지 순종할 수 있었지, 너는 아니야. 너는 그렇게까지 열심 있는 성도가 아니야'라는 속삭임이 들려올 수도 있다. 그러나 자신의 순종을 제한하지 말라. 언제나 가장 큰 적은 자기 자신이요, 스스로를 제한하는 것이다. 주님께서 죽기까지 순종했다면 우리도 죽기까지 온전히 순종하려는 마음을 늘 예비하는 것이 필요하다. 그때 성령께서 감당할 수 있는 능력을 부어 주신다.

일제 시대 말기에 한국의 많은 의식 있는 젊은이들이 만주로 가서 독립군에 지원했다. 그때 그들은 세 가지 질문에 자신 있게 대답해야 독립군에 합류할 수 있었다. 첫째, 총에 맞아 죽을 각오가 되어 있는가? 둘째, 굶어 죽을 각오가 되어 있는가? 셋째, 얼어 죽을 각오가 되어 있는가?

일사각오! 주님을 끝까지 따라가려는 자에게는 이런 결연한 자세가 필요하다. 예수를 믿고 교회에서 받게 되는 공적인 세례의 의미가 무엇이라고 생각하는가? '물에 온전히 잠겨 옛사람은 죽었다. 이제 예수의 능력을 덧입고 살아가는 새 삶을 살 것이다'라는 공적인 고백의 의미가 있는 것이다. 이제 나는 죽고 예수가 사는 것이 성도의 참 모습인 것이다.

하나님은 너무 큰 자를 못 쓰신다

그렇다면 주님께서 이렇게 죽기까지 자신을 낮추심으로 그의 삶이 비참하게 끝나버리고 말았는가? 결단코 아니다! 주님이 죽기까지 낮추시자 전혀 다른 차원의 움직임이 나타났다. 예수님이 자원하여 스스로를 낮추시자 하나님 아버지께서는 적극적으로 주님을 높이기 시작하신다. 이처럼 하나님 아버지께서는 하나님의 뜻 안에서 자신을 온전히 낮추는 자를 절대 그냥 두시지 않는다. 하나님께서 그를 높여 주신다. 만약 이 세상에서가 아니라면 저 영원한 천국에서라도 그를 존귀하게 세워 주실 것이다. 누가복음 14장 11절에서 주님은 이렇게 말씀하셨다.

"무릇 자기를 높이는 자는 낮아지고 자기를 낮추는 자는 높아지리라."

예수님의 삶에서 이 진리를 분명하게 확인할 수 있다. 하나님께서는 가장 많이 낮추신 예수님을 가장 크게 높이셨다. 반대로 하나님은 스스로를 가장 교만하게 높였던 사탄을 지옥 끝까지 낮추시고 심판하기로 결정하셨다. 하나님께서는 교만한 자를 대적하시고 낮추신다. 그러나 하나님의 뜻 안에서 겸손한 자는 하나님께서 높이 들어 사용하신다. 이 역전의 역사는 공의로우신 하나님께서 하시는 일이다.

그러므로 우리가 해야 할 일은 하나님 앞에서 자신을 낮추는 일이다. 그러면 하나님 아버지께서 높여 주신다. 명심하라! 하나님께서 높이시는 것만이 진정으로 높아지는 것이다. 스스로 높아져 보려고 수단방법

을 가리지 않고 안간힘을 써서 높아지는 것은 진정한 높아짐이 아닐 뿐
더러 그리 오래가지도 못한다. 하나님께서 곧 낮추실 것이기 때문이다.

헨리 나우웬이라는 세계적인 크리스천 작가가 있다. 그는 하버드 대
학교 신학과 교수로 재직했던 사람이다. 이미 학자로서 큰 명성을 남긴
인물이었다. 그런 그는 자기 인생 절정의 때에 홀연히 하버드 교수직을
내려놓았다. 캐나다 토론토의 데이 브레이크라는 공동체에서 소수의
정서 장애인들을 섬기는 사제가 되려고 결심한 것이었다. 예수님의 낮
추심을 자신의 남은 생애를 통해 실천해 보겠다는 결단이었다. 그는 장
애인을 섬기는 이 공동체에서 낮아지고 섬기는 경험으로 얻은 깊은 깨
달음을 글로 남겼다. 그의 책이 특히 귀하고 영향력 있는 것은 주님을
닮아가고자 스스로를 낮춘 삶의 고백이 묻어나기 때문일 것이다. 헨리
나우웬의 이름은 오고 가는 세대의 성도들에게 아름다운 이름으로 기
억되고 있다. 그는 주님을 따라 낮추었는데, 하나님 아버지께서 그의
이름을 높여 주신 것이다. 그가 "그리스도인의 영적 리더십"이라는 주
제로 쓴 글에 이런 말이 나온다.

그리스도인 리더십의 길은 세상이 제시하는 저 높은 곳을 향하지 않는
다. 도리어 십자가로 직결되는 저 낮은 곳을 향해 움직인다. 이 말은 매
우 자학적이고 자조적으로 들릴지 모르겠다. 그러나 그리스도의 첫 사랑
을 경험하고 그의 목소리를 따라 살기로 결심한 사람들에게는 그 길이
세상은 결코 알 수 없는 하나님의 평화와 기쁨을 향한 길이다. 이 길은
힘과 지배의 지도력이 아닌 고난받는 종, 예수가 보여 주신 스스로를 비

우고 낮추는 무력함과 겸손의 길이다. 바로 여기에 우리가 찾고 있는 참된 기독교적 지도력의 미래가 있는 것이다.

진정으로 높아지기를 구하는 자마다 먼저 예수님의 낮아짐을 배워야 할 것이다. 한국 교회의 중요한 지도자 중 한 분이며 나의 선배 되는 목사님의 은퇴식에 참석한 적이 있다. 65세에 조기 은퇴를 하고 후임자에게 담임목회 사역을 위임하는 자리였다. 은퇴 후에는 모든 재산을 기증하고 교회에서 주는 은급금으로만 살겠다고 한다. 물론 그는 얼마든지 그의 명성과 영향력으로 더 많은 것을 누릴 수 있는 분이다. 그러나 낮아짐의 길을 가겠다고 스스로 결정했다. 그리고 새로운 섬김의 사역에 도전하겠다고 도전장을 냈다.

나는 그 선배 목사님의 은퇴예배에서 큰 감동을 받았다. 아름다운 모습이었다. 본받고 싶었다. 왜일까? 바로 하나님 앞에서 자신을 낮추고자 하는 그의 삶의 모범이 주는 영향력 때문일 것이다.

기도의 사람 죠지 뮬러 목사님이 설립한 고아원의 원장 프레드 버거는 한 평생 주님을 섬기고 난 다음에 다음과 같은 유언을 남겼다. "젊은 형제들에게 가서 말해 주시오. 그들이 너무 작아서 하나님께서 못 쓰시는 것이 아니라, 너무 커서 쓰실 수 없다고 말입니다."

마지막으로 플라벨이라는 분의 시를 나누고자 한다.

하나님이 한 영혼을 채우시려 할 때는

먼저 그것을 비우십니다.

하나님이 한 영혼을 부요하게 하시려고 할 때는

먼저 그것을 가난하게 하십니다.

하나님이 한 영혼을 높이시려 할 때는

먼저 그것으로 하여금

자신의 비참과 결핍과 무無를 느끼게 하십니다.

하나 됨의 핵심은 예수 그리스도의 마음

교회가 먼저 지역에, 믿지 않는 사람들에게 좋은 파트너가 되어야 한다. 교회가 사람을 섬기지 않고 자기들만의 잔치를 벌인다면 누가 교회에 나오며 어떻게 이 땅에 하나님 나라가 임하겠는가? 천국은 모두가 완전하게 하나 되어 행복하게 공존하는 곳이다.

사람은 본받는 존재요 전염되는 존재

사람은 누구를 삶의 모델로 삼아 본받느냐에 따라서 그 인생이 완전히 달라진다. 사람은 본받는 존재요, 전염되는 존재이기 때문이다. 주님을 온전히 마음에 모시는 삶이야말로 가장 능력 있고 복된 삶이다.

바보라 불려도 좋다는 각오

"커져라! 높아져라! 위대해져라! 하나님같이 되라!"는 권면과 가치관이 판치는 이 시대에 '낮아짐'의 삶을 산다는 것은 어느 정도 바보가 될 것을 각오한다는 의미다. 때로는 생명을 걸어야 할 수도 있다. 주님의 생명을 건 낮아짐과 순종을 배우라.

하나님은 너무 큰 자를 못 쓰신다

죠지 뮬러 목사님이 설립한 고아원의 원장 프레드 버거는 "젊은 형제들에게 가서 말해 주시오. 그들이 너무 작아서 하나님께서 못 쓰시는 것이 아니라 너무 커서 쓰실 수 없다고 말입니다"라는 유언을 남겼다. 하나님께서는 가장 많이 낮추신 예수님을 가장 크게 높이셨다.

Philippians ··· ··

12 그러므로 나의 사랑하는 자들아
   너희가 나 있을 때뿐 아니라 더욱 지금 나 없을 때에도
   항상 복종하여 두렵고 떨림으로 너희 구원을 이루라

13 너희 안에서 행하시는 이는 하나님이시니
   자기의 기쁘신 뜻을 위하여 너희에게 소원을 두고 행하게 하시나니

인생의 초점은 뜨거운 열정

왜 하나님께서 성도의 삶에 복 주시는가? 그가 품고 있는 하나님의 소원 때문이다. 그 소원이 자신의 인간적인 욕망이 아닌 하나님이 기뻐하시는 뜻일 때, 하나님께서는 자신의 소원을 친히 이루시기 위해 능력으로 역사하신다. 하나님께서는 우리와 함께 자신의 소원을 이루어가기 원하신다. 어떤 사람이 하나님의 파트너가 될 수 있을까? 자신의 소원이 아닌 하나님의 소원을 품고 밤낮 그 소원에 사로잡혀 사는 사람이다.

하나님의 소원에 인생의 초점을 맞추면 열정은 저절로 나온다. 잘 아는 선배 목사님 한 분은 하루도 그냥 잠들거나 일어나지 않는다고 한다. 하나님께서 주시는 꿈과 함께 잠들고 그 꿈과 함께 일어난다고 한다. 그 선배 목사님의 삶을 한마디로 표현한다면 식지 않는 열정이다.

그 능력의 비밀, 열정의 비밀이 무엇인가? 그것은 그가 하나님의 꿈에 사로잡혀 살기 때문이다. 하나님의 꿈이 그 인생의 초점이기 때문이다. 열정은 인생의 초점에서 나온다.

구원의 과거적, 현재적, 미래적 의미

이 본문을 바르게 이해하려면 12절에 나타나는 구원이라는 개념을 좀 더 깊이 살펴봐야 한다. 구원은 단순히 예수 믿고 구원받았다는 한 순간의 신앙 이벤트가 아니다. 구원은 하나의 과정이다. 구원은 좀 더 크고 복잡한 의미를 갖는다.

먼저 개인적, 종말론적 차원의 구원이 있다. 우리가 일반적으로 말하고 쓰는 구원이 이 의미다. 그러나 앞에서 이어지는 빌립보서 전체의 문맥과 연관시켜 살펴보면 본문의 구원은 빌립보 교회 공동체의 일치와 평화 혹은 평안이라는 의미로 이해할 수 있다. 그리고 본문의 위치상 이 두 가지 의미를 다 포함하는 것으로 이해해도 무방할 것이다.

구원을 시간적 차원에서 이해할 때는 과거적, 현재적, 미래적 의미로 구분할 수 있다. 이 개념을 더 잘 이해하기 위해서는 이스라엘 백성의 출애굽 여정을 연상하면 도움이 된다. 먼저 이스라엘 백성은 모세를 통해 바로의 압제에서 벗어나 홍해 바다를 건넜다. 다시 말하면 구원의 역사가 시작된 것이다. 누군가 우리에게 "구원받았습니까?"라고 물을 때 우리가 "구원받았습니다"라고 확신으로 고백할 수 있는 이유는 분명 영적 홍해를 건넜기 때문이다. 요한복음 5장 24절의 말씀은 홍해를 건넌 구원의 사건을 잘 설명해 준다.

> "내가 진실로 진실로 너희에게 이르노니 내 말을 듣고 또 나 보내신 이를 믿는 자는 영생을 얻었고 심판에 이르지 아니하나니 사망에서 생명으로 옮겼느니라."

분명히 과거형으로 구원을 설명하고 있다. 더 이상 죄의 노예로서의 신분이 아니다. 자유인이 된 것이다. 홍해를 건넌 것과 같이 영적으로 거듭난 사건을 가리켜 과거적 의미의 구원이라고 한다. 이제 신분이 바뀐 것이다. 그래서 '구원받았다'는 과거적 사건이다. 누가 뭐라고 해도 우리는 하나님의 자녀다. 고린도후서 5장 17절의 말씀 "그런즉 누구든지 그리스도 안에 있으면 새로운 피조물이라 이전 것은 지나갔으니 보라 새 것이 되었도다"와 같이 우리는 새 것이 되었다. 구원받았다.

그러나 홍해를 건넜다고 해서 구원이 다 완성된 것은 아니다. 자유인이 되었지만 여전히 걸어가야 할 고달픈 광야의 훈련이 남아 있다. 여기에는 예외가 없다. 가나안 땅, 약속의 땅으로 나아가기 전에 광야를 통과하면서 훈련받아야 할 필요가 있다. 광야에서 성화가 일어나는 것이다. 과거적 의미에서 구원받은 성도들, 거듭난 성도들은 이제 광야학교에서 거룩한 백성답게 새롭게 빚어져야 한다. 비록 과거적 의미에서 구원받았다고 하더라도 현재적 의미의 구원은 우리에게 광야 인생에서의 훈련과 순종을 요구한다. 그래서 구원을 이루어 가야 하는 것이다.

마지막으로 미래적 의미의 구원이 있다. 이것은 광야의 훈련 이후에 약속의 땅, 가나안으로 들어가는 것을 말한다. 가나안을 정복함으로 안식을 누리고 하나님의 기업을 누리는 상태를 말한다. 구원의 완성이 이루어지는 것이다. 이것을 미래적 의미의 구원이라고 한다. 이 미래적 의미의 구원은 소위 성도가 죽어서 영원한 천국에 들어가는 것을 의미한다. 더 크게 말하자면 우주적인 교회 공동체가 완성되고, 이 세상이 완전히 새롭게 되는 완성의 때다. 모든 것이 하나님의 섭리대로 영화롭게 된다. 따라서 12절에서 말하는 구원의 개념은 개인적이고도 공동체적 차원의 구원으로, 그리고 구체적인 성화의 훈련이 일어나고 있는 현재적 의미의 구원으로 이해해야 한다.

성숙과 경건의 실력은
위기 때에 빛을 발한다

목회자들의 목회자라고 하는 유진 피터슨은 목회자들에게 성도들의 모든 문제들을 다 해결해 주려고 성도들 곁에 지나치게 머물러 있지 말라고 권면한다. 사실 나의 경우에도 목회 초년병 시절에는 성도를 도와주고 싶은 안타까운 마음에 일일이 사정을 들어주고 사사건건 개입하여 문제를 해결해 주려고 노력했었다. 그러나 점점 사역의 경험이 쌓이면서 그런 열심이 결코 성도들에게 큰 도움이 되지 못한다는 것을 깨달았다. 오히려 잘못하면 지나치게 의존적인 성도를 만들고, 목회자 자신도 은근히 그 의존성을 즐기게 되는 것 같다. 목회자는 문제의 해결자라기보다는 성도가 자신의 모든 상황에서 하나님의 은혜를 스스로 발견할 수 있도록 도와주는 안내자요, 코치의 역할을 감당하는 것이 더욱 바람직하다고 본다. 성도들이 스스로 서기 위한 노력과 시간이 필요하다. 그래서 목회자는 성도들의 문제에 개입할 때와 떨어져 있을 때를 잘 분별할 필요가 있다.

고통이나 혼란 속에서 씨름하고 있는 성도의 모습을 바라본다는 것은 무척이나 힘든 일이다. 그러나 때로는 그를 위해 중보기도하면서 지켜보는 것이 오히려 섣불리 개입하여 목회자를 지나치게 의지하게 만드는 것보다 낫다는 것을 알게 되었다. 지도자가 없는 자리에도 하나님의 임재는 계속되며 그 하나님의 임재야말로 문제를 제대로 해결하는 길이기 때문이다. 우리가 궁극적으로 바라보고 의지해야 할 분은 늘 우리 곁에 함께 계시는 임마누엘의 하나님임을 잊어서는 안 된다. 고통 가운데 있는 성도들이 더욱 하나님을 바라보고 의지할 수만 있다면 지도자의 부재가 오히려 축복이 될 수도 있다.

12절에서 바울은 빌립보 성도들에게 이렇게 권면한다.

"그러므로 나의 사랑하는 자들아 너희가 나 있을 때뿐 아니라 더욱 지금 나 없을 때에도 항상 복종하여 두렵고 떨림으로 너희 구원을 이루라."

지금 바울은 빌립보에 없다. 영적 아버지라고 할 수 있는 바울이 빌립보 교회에 부재중인 것이다. 바로 이때부터 빌립보 성도들의 신앙의 진면목이 드러나게 된다. 비록 지도자는 없지만 여전히 그들 가운데 임재하시는 하나님을 의지하며 복종하고 교회를 섬기며 덕을 세우는 모습을 보여 주어야 했다. 바울은 비록 자신이 없을지라도 빌립보 성도들이 화평과 일치 가운데 든든히 교회를 세워 가리라 믿었다. 그래서 멀리서나마 서신으로 이런 당부를 하고 있는 것이다.

미국에서 이민교회를 섬길 때 두 교회의 아주 드라마틱한 사례를 관찰한 적이 있었다. 이민교회에서 아주 소문난 핵심 교회들이었는데 두 교회 다 비슷한 시기에 담임목사가 사임했고, 두 교회 다 후임목사가 청빙되기까지 크고 작은 진통과 어려움을 겪었다. 그러나 결과는 완전히 달랐다. 이런 지도자의 공백기에 한 교회는 어려움과 갈등에도 불구하고 교회의 핵심 성도들이 교회를 잘 지키고 섬김으로 하나 됨을 유지한 반면, 다른 한 교회는 지도자가 부재했던 일 년 좀 넘는 동안 교회가 네 개 이상 나눠지고 법정 소송까지 가고 말았다. 지도자가 없는 자리에서 교회가 가진 참된 신앙의 실력이 나타난 것이다.

목회자들끼리 이런 자조적인 이야기를 나눌 때가 있다. 안식년을 가지고 싶지만 가질 수 없다는 이야기다. 그 사이에 성도들이 책상을 치워버릴 것 같아서, 교회에 문제가 생길 것 같아서 못 가진다는 것이다. 휴가 못 가는 나이든 부장처럼 한량없이 처량한 말이다. 교회의 성숙과 경건의 실력은 지도자가 부재일 때 빛을 발한다! 위기가 닥쳤을 때야말로 신앙의 참된 실력을 발휘할 기회가 된다.

구원은 이미 얻은 것임과 동시에
완성해 가는 것

앞에서 구원의 개념에 대해 자세히 설명했다. 빌립보서는 바울이 빌립보 교회 안에 존재하는 분쟁을 극복하고 하나 됨을 촉구하려고 보낸 편지다. 그래서 "너희 구원을 이루라"는 이 말씀은 개인적 차원의 구원을 넘어 빌립보 교회가 하나 되어 평안 가운데 거하는 공동체적 차원의 구원으로 해석하는 것이 더 바람직하다고 말했다. 그러나 사실 개인적 구원과 공동체적 구원은 함께 가는 것이다. 개개인이 성숙한 성도로 잘 순종하며 현재적 의미의 구원을 이루어갈 때 교회 공동체 전체도 분쟁이나 갈등 없이 하나 되는 공동체적 구원을 이루어 가게 된다.

그런데 "너희 구원을 이루라"는 이 표현만 보면 마치 구원이 우리의 노력과 열심을 통해 성취되는 것처럼 오해할 수 있다. 교회의 역사 속에는 인간의 구원과 관련하여 크게 두 가지 신학적 줄기가 흐른다. 하나는 어거스틴에서 칼빈으로 이어지는, 구원에 대해 하나님의 전적인 주권을 강조하는 신학이다. 인간은 구원에 있어서는 전적으로 무능하고 타락했다고 보는 입장이다. 다른 하나는 펠라기우스에 이어 알미니안으로 이어지는 신학적 경향으로, 인간의 노력과 성화 의지를 통해 구원을 이룰 수 있다고 보는 것이다. 구원을 위한 인간의 자유의지를 강조하는 입장이다.

교회사적으로 구원론과 관련한 신학적 대세는 어거스틴과 칼빈이 승리한 것으로 나타난다. 그러나 칼빈의 관점은 현재적 의미의 구원 현

장에서 인간의 노력과 열심을 지나치게 과소평가할 수 있다는 약점이
있다. 우리가 구원받아 거듭나는 것, 그리고 영원한 천국에 들어가는
것은 전적으로 하나님의 약속에 의한, 하나님의 주권에 속한 것이다.
우리의 행함과 노력으로 되는 것이 아니다. 그러나 그렇다고 해서 현재
적 의미의 구원을 이루는 삶의 현장에서 아무것도 안 하고 그저 믿노라
하면서 빈둥거리고만 있어도 되는 것인가? 결코 아니다. 죽도록 충성해
야 하고, 이기기를 다투는 운동선수처럼 노력하고 땀 흘려야 한다. 적
어도 현재적 의미의 구원의 자리에서는 인간의 노력과 열심이 절대적
으로 필요한 요소다. 이런 의미에서 사도 바울은 항상 복종하여 두렵고
떨림으로 너희 구원을 이루라고 한 것이다.

이 말씀만 보면 빌립보 성도들이 마치 구원받지 못한 사람처럼 보인
다. 그래서 구원받기 위해 열심히 노력하고 공덕을 쌓아가라는 것처럼
여겨지기도 한다. 그러나 이때의 구원은 거듭남의 의미인 과거적 의미
의 구원이 아닌 성화와 관련된 현재적 의미의 구원임을 알아야 한다.
설령 구원받았다 하더라고 이 현재의 삶에서 구원받은 자가 보여 주는
풍성하고 능력 있는 삶을 살기 위해서는 경건의 훈련과 노력이 반드시
필요하다. 물론 그렇다고 해서 이런 경건의 훈련과 노력이 우리를 구원
해 주는 것은 물론 아니다. 그러나 이런 모습은 구원의 여정에서 꼭 나
타나야 할 성화의 모습이다.

중국 공산당들이 주장하는 소위 '삼관개혁'이라는 것이 있다. '세
계관, 인생관, 가치관'까지도 개혁이 되어야 정치, 경제 분야의 개혁을
성공할 수 있다는 주장이다. 사실 성도야말로 두렵고 떨리는 마음으로

항상 순종하여 삼관개혁을 이루어야 할 존재가 아닐까. 온전한 복음의 인격, 성숙한 신앙의 사람으로 전인적 성화를 이뤄가야 한다. 구원받은 자다운 생각, 감정, 의지, 생활 습관을 개발해야 한다. 이와 같은 전인적 구원의 역사가 일어날 때 그 사람은 비로소 하나님의 자녀다운 성숙한 성도가 된다. 이를 위해 자발적 훈련과 노력이 필요하다.

12절에서 말하는 이런 인간적 노력과 열심의 차원을 하나님의 주권과 잘 조화시켜주는 말씀이 13절에서 이어지고 있다. "너희 안에서 행하시는 이는 하나님이시니…." 이때 '행하시는'이라는 헬라어 단어는 '에네르곤'이다. 에너지, 즉 능력으로 우리 안에서 우리의 구원을 위해 하나님께서 이미 주도적으로 행하고 계시기 때문에 성화를 위한 인간의 노력과 열심도 의미가 있다. 구원을 위한 하나님의 주권적인 '에네르곤'의 역사가 없다면 인간의 노력과 열심 그 자체로는 의미가 없다.

감사한 것은 하나님께서 우리 믿는 자들 안에서 잠시도 쉬지 않으시고 구원을 위하여 능력으로 역사하고 계시다는 사실이다. 할렐루야! 이 하나님의 열심을 확신하면서 우리의 현재적 의미의 구원이 주는 과제, 즉 성화를 위해 열심으로 노력해야 할 것이다.

사도 바울은 빌립보서 3장 12절에서 현재적 의미의 구원이 가지는 긴장감을 아주 효과적으로 설명한다.

"내가 이미 얻었다 함도 아니요 온전히 이루었다 함도 아니라 오직 내가 그리스도 예수께 잡힌 바 된 그것을 잡으려고 달려가노라."

구원은 이미 얻은 것이면서도 동시에 완성되어 가는 것이다. 구원의 시작 단계에서는 믿음의 고백이 중요하지만 구원의 완성을 위해서는 실제적인 순종이 꼭 필요하다. 이스라엘의 출애굽 1세대 백성들이 홍해 바다를 건넘으로 구원받고 자유인이 되었지만 광야에서 불순종하고 불평하다가 가나안 땅에 들어가 보지도 못하고 죽음을 맞이한 역사적 실례를 언급하면서 히브리서 3장 7절은 이렇게 경고한다.

"그러므로 성령이 이르신 바와 같이 오늘 너희가 그의 음성을 듣거든 광야에서 시험하던 날에 거역하던 것 같이 너희 마음을 완고하게 하지 말라."

또 히브리서 4장 1절에서도 경고가 주어지고 있다.

"그러므로 우리는 두려워할지니 그의 안식에 들어갈 약속이 남아 있을 지라도 너희 중에는 혹 이르지 못할 자가 있을까 함이라."

두려운 말씀이 아닐 수 없다. 우리가 교회를 다니고 직분을 갖고 있다고 해서 그 자체가 우리의 구원을 보장해 주는 것은 아니라는 말이다. 바른 믿음, 살아 있는 믿음은 행함이 있는 믿음이다. 야고보서 2장 26절은 "행함이 없는 믿음은 죽은 것"이라고 증거한다. '죽은 믿음'이라는 것은 헛된 믿음, 즉 우리를 능히 구원케 할 능력을 상실한 믿음이라는 의미다. 그러므로 우리가 과거적 의미의 구원을 이미 받았다 하더라도 항상 복종하여 두렵고 떨림으로 현재적 의미의 구원을 이루어가는 경건의 삶을 날마다 살아가야 한다.

하나님의 소원에 초점을 맞추는 사람

이런 구원의 여정에서 하나님께서는 우리에게 소원을 두고 행하게 하신다. 이에 대해 13절은 이렇게 설명한다.

> "너희 안에서 행하시는 이는 하나님이시니 자기의 기쁘신 뜻을 위하여 너희에게 소원을 두고 행하게 하시나니."

하나님은 자신의 기뻐하시는 뜻을 이루시기 위해 우리 마음에 소원을 주시고 그 소원을 따라 살게 하신다. 우리가 예수를 믿는다고 키가 한 자나 더 자라거나 수명이 몇 년 더 늘어나지 않는다. 우리 주변의 환경이 급격히 달라지거나 얼굴이 예뻐지지 않는다. 달라지는 것이 있다면 그것은 바로 우리의 내면세계다. 마음과 생각이 달라지고, 욕구가 달라지고, 소원이 달라진다. 달려가고자 하는 인생의 방향이 달라지는 것이다. 이것이 믿음을 갖고 난 후에 성도 안에서 일어나는 변화의 실상이다. 성도란 하나님의 뜻대로 소원이 달라지고, 인생의 방향이 달라진 사람이다.

나는 이전에는 아버지의 뒤를 이어 큰 사업을 하는 것이 소원이었다.

물론 어린 시절부터 받아온 아버지의 영향 때문이었다. 예수를 믿고 난 후에도 오랫동안 이 사업가의 소원을 꿈꾸며 기도하고 준비했다. 그러나 신앙이 점점 자라면서 하나님께서는 육신의 아버지가 내 마음에 심어 준 사업가의 소원을 의심하며 갈등하게 하셨다. 대신 하나님 아버지의 소원에 대해서는 관심을 갖게 하셨다. 한동안 나는 이 두 아버지의 서로 다른 소원들 사이에서 큰 갈등과 씨름을 감당해야만 했다. 무척이나 힘들고 치열한 씨름이었다. 그러나 마침내 하나님 아버지의 소원에 순복하기로 결단하면서 하나님의 소원이 내 마음에 점점 더 크게 자리 잡기 시작했다. 그것은 이전과는 분명히 다른 새로운 소원이었고, 새로운 방향이었다. 그리고 그때 하나님께서 주신 이 새로운 소원이 지금 나의 삶을 이끌어가고 있다.

하나님께서 우리의 삶을 이끄시는 일반적인 방식이 이와 같다. 우리의 손발을 직접 움직이는 것이 아니라 우리의 마음과 생각과 소원을 새롭게 하여 그 소원에 따라 자발적으로, 기쁨으로 헌신하게 하신다. 수도원과 감옥의 차이가 무엇인 줄 아는가? 한 곳은 스스로 원해서 있는 곳이고 다른 한 곳은 억지로 있는 곳이라는 것이다. 즉, 스스로 원해서 들어갔느냐 그렇지 않느냐는 것이다. 진정한 믿음이란 무엇인가? 우리를 향한 하나님의 소원, 그 기뻐하시는 뜻을 온전히 받아들이는 것이다. 그것도 기쁨으로, 감사함으로 자원해서 받아들이는 것이다. '온전히 받아들임', 이것이 참믿음의 의미다.

결국 능력 있는 성도, 열심 있는 성도는 그 마음의 소원이 분명한 사람이다. 그 소원은 다름 아닌 하나님의 소원이다. 그 하나님의 소원에 몰두하여 모든 것을 다 드려 헌신할 수 있는 성도가 능력 있는 성도다. 열정은 인생의 초점에서 나온다. 풀러 신학교의 리더십 교수인 클린턴 박사는 끝까지 사역을 잘 감당했던 지도자들의 중요한 특징으로 '초점이 있는 삶'Focused Life을 들었다. 사명을 중심으로 인생의 초점이 맞추어져 있는 성도만이 끝까지 잘 달려간다.

안타까운 것은 많은 성도들이 하나님을 믿노라 하면서도 자신의 소원을 포기하지 않는다. 하나님의 소원을 전적으로 받아들이고 신뢰하지 못한다. 왜 그런가? 자신의 소원과 하나님의 소원 사이에 충돌이 일어나기 때문이다. 육체의 소욕과 성령의 소욕 간에 싸움이 벌어져 어떤 것도 할 수 없는 상태가 되고 만다.

내가 가진 인간적인 욕심과 소원이 하나님의 소원 앞에 완전히 굴복하는 그 자리에 비로소 참된 형통의 역사가 시작된다. 성도의 형통은 하나님의 뜻이 우리의 삶을 통하여 성취되는 것이다. 세상적인 의미의 형통과는 다른 형통이다.

그러므로 우리에게 어떤 꿈과 소원이 있어 거기에 바로 몰두하기 전에 그 소원이 하나님께서 진정 기뻐하시는 소원인지를 먼저 분별해야 한다. 로마서 12장 2절에서 바울은 "하나님의 선하시고 기뻐하시고 온전하신 뜻이 무엇인지 분별하도록 하라"고 권면한다. 또 요한복음 7장 17절에서는 "사람이 하나님의 뜻을 행하려 하면 이 교훈이 하나님께로부터 왔는지 내가 스스로 말함인지 알리라"고 주님께서 말씀하셨다 결국 하나님의 뜻에 순종하겠다는 진지한 마음만 있다면 누구든지 하나님의 뜻, 하나님의 소원을 분별할 수 있다는 말이다. 하나님의 소원은 위로부터 온다. 그리고 그 동기가 순수하다.

개인의 구원이든 교회 공동체의 일치와 화평이든 하나님께서 능력으로 주도하고 계신다. 그 하나님의 주권적 역사 속에 우리의 역할이 있다. 두렵고 떨림으로 항상 주의 뜻에 순종하는 것이다. 이런 성도의 노력과 열심은 아무런 방향이 없는 것이 아니라 분명한 방향, 분명한 목표가 있다. 그래서 바울은 고린도전서 9장 26절에서 "향방 없는 것 같이 아니하고 싸우기를 허공을 치는 것 같이 아니하며"라고 한 것이다. 성도가 달려가고 헌신할 궁극적 목표, 궁극적 방향은 하나님께서 기뻐하시는 소원이다. 하나님께서는 정말 하나님의 소원을 따라 살고자 하는 성도에게 그 기뻐하시는 소원을 마음 가운데 부어 주신다. 우리가 이 하나님의 기뻐하시는 소원을 깨닫고 몰두하게 될 때 하나님께서는 우리의 심령에 능력의 불, 열정의 불을 일으키셔서 형통하게 하시는 것이다. 바울은 빌립보 성도들이 개인의 구원에 있어서나 교회 공동체가 하나 되는 공동체적 구원에 있어서 하나님께서 기뻐하시는 소원을 향하여 온전히 순종하기를 바란다.

구원의 과거적, 현재적, 미래적 의미

과거적 의미에서 구원받았다 하더라도 거듭난 성도들은 이제 광야학교에서 거룩한 백성답게 새롭게 빚어져야 한다. 현재적 의미의 구원에서 훈련과 순종을 요구한다. 그리고 미래적 의미의 구원으로 영원한 천국에 들어간다. 모든 것이 하나님의 섭리대로 영화롭게 된다.

성숙과 경건의 실력은 위기 때에 빛을 발한다

하나님의 임재야말로 문제를 제대로 해결하는 길이다. 고통 가운데 있는 성도들이 더욱 하나님을 바라보고 의지할 수만 있다면 위기가 오히려 축복이 된다. 성도의 성숙과 경건의 실력은 늘 우리 곁에 함께 계시는 임마누엘의 하나님을 의지하는 것이다.

구원은 이미 얻은 것임과 동시에 완성해 가는 것

구원의 시작 단계에서는 믿음의 고백이 중요하지만 구원의 완성 단계에서는 실제적인 순종이 꼭 필요하다. 죽도록 충성해야 하고 이기기를 다투는 운동선수처럼 노력하고 땀 흘려야 한다. 사도 바울은 항상 복종하여 두렵고 떨림으로 너희 구원을 이루라고 한다.

하나님의 소원에 초점을 맞추는 사람

성도가 달려가고 헌신할 궁극적 목표, 궁극적 방향은 하나님께서 기뻐하시는 소원이다. 우리가 이 하나님의 기뻐하시는 소원을 깨닫고 몰두하게 될 때 하나님께서는 우리의 심령에 능력의 불, 열정의 불을 일으키셔서 형통하게 하신다.

Philippians ⋯⋯ ⋯⋯

빌립보서 2:14-18

14 모든 일을 원망과 시비가 없이 하라

15 이는 너희가 흠이 없고 순전하여 어그러지고 거스르는 세대 가운데서
하나님의 흠 없는 자녀로 세상에서 그들 가운데 빛들로 나타내며

16 생명의 말씀을 밝혀
나의 달음질이 헛되지 아니하고 수고도 헛되지 아니함으로
그리스도의 날에 내가 자랑할 것이 있게 하려 함이라

17 만일 너희 믿음의 제물과 섬김 위에 내가 나를 전제로 드릴지라도
나는 기뻐하고 너희 무리와 함께 기뻐하리니

18 이와 같이 너희도 기뻐하고 나와 함께 기뻐하라

자아의 크기와 예수님의 능력은 반비례

언젠가 한 번은 남의 책상 위에 놓여져 있던 커다랗고 투명한 유리컵을 본 적이 있다. 물도 마시고, 커피도 마시고, 얼그레이 홍차를 즐기기도 했을 것 같다. 투명한 유리컵은 주인이 먹었던 흔적을 그대로 보여 주며 덩그러니 놓여 있었다. 그 컵의 흔적들을 보다 문득 어제 '나는 어떻게 살았지' 하는 질문이 떠올랐다. 끊임없이 내 의견을 주장하면서 내 생각, 내 것, 내 소욕…, 하나님의 것이 아닌 것에 연연해하지는 않았는지 그래서 저 컵에 남은 찌끼처럼 내 모습 어딘가에 그런 이기적이고 자아로 찌든 모습이 남아 있는 건 아닌지 돌아보게 했다.

세상 사람들은 내 가방끈, 내 아파트, 내 통장, 잘 생긴 자식들, 내 능력으로 이 세상 천국처럼 사는데 왜 예수님이 필요하냐고 외친다. 그러나 그들이 아무리 그런 주장을 펼친다 해도 결국 빈손으로 심판대 앞에 설 뿐임을 나는 알고 있다. 하나님은 그런 삶을 원하지 않는다. 지금 우리가 의지하는 모든 것을 버리라고 하신다. 지금 우리 안에 꽉 찬 것들을 비우라고 하신다. 그리고 그 비운 자리에 하나님께서 들어가겠다고 말씀하신다.

그 빈 자리에 예수님의 능력이 꽉 찬 사람이야 말로 세상을 변화시킨다. 그런 그들과 그대는 무엇이 다른가. 아마도 그들은 벌써 자아를 내려놓고 예수님의 능력을 덧입었다는 것이고 그대는 아직도 자아의 늪에서 빠져 나오지 않았다는 것이 아닐까. 기억하라! 그대가 그대의 자아를 내려놓는 만큼 예수님의 능력이 그 빈 자리를 채울 것임을. 그리고 그 만큼 예수님의 능력이 나타나 하나님의 일을 이루실 것임을. 바울이 자신의 생명마저 내려놓겠다고 하자 하나님께서 빌립보 교회에 어떤 일들을 이루시는지 보기 원한다.

성도의 삶은 산 제물의 삶이다

빌립보서 2장 12-13절에서 구원의 개념에 대해 자세히 살펴보았다. 이 구절에 이어지는 14-18절까지의 말씀은 더 나아가 구원받은 사람이 삶 속에서 어떻게 현재적 의미의 구원을 이루며 살아가야 하는지 구체적으로 다룬다. 소위 '성화 Sanctification 되어 가는 성도의 삶'에 대해 말씀한 것이다. 그리고 17절에서는 그런 삶을 하나님께 바쳐지는 산 제물의 삶이라고 부연한다. 바울은 빌립보 성도들의 신앙생활이 하나님께서 기쁘게 받으실 만한 산 제물로 드려질 수만 있다면 자신의 생명을 그 제물 위에 붓는 전제용 포도주처럼 남김없이 쏟아 부어도 후회함 없이 기뻐하고 기뻐할 것이라고 말한다. 자신이 주님을 위한 이와 같은 헌신을 기뻐하는 것처럼 빌립보 성도들도 자신과 함께 이런 성숙한 기쁨, 고상한 기쁨을 누리자고 권면한다. 이 본문을 더욱 생생하게 이해하려면 구약 시대 때 드려졌던 짐승 제사의 장면을 연상해 보라.

우리는 과거적 의미에서 이미 구원받은 자로서 현재를 살아야 한다. 그래서 우리는 두렵고 떨림으로 현재적 의미의 구원을 이뤄가야 한다. 이것이 현재를 살아가는 성도의 실존적인 모습이요, 과제다. 그러나 성도가 직면하는 세상이라는 신앙의 무대는 장밋빛 탄탄대로가 아니다. 성도를 기다리고 있는 신앙을 실천해야 할 곳은 14절에서 언급하는 것처럼 '어그러지고 거스르는 세대'다. '어그러지다'라는 말은 하나님을 믿지 않는 세상 사람들의 가치관이 비틀어지고 뒤틀어져 있다는 말이다. 다시 말하면 삶의 가치 기준이 하나님 보시기에 잘못되어 있다는 뜻이다. '거스르다'라는 말은 하나님의 말씀으로 교정받는 것에 대해 저항하는, 더 나아가 하나님의 뜻에 의도적으로 반항하여 악행을 일삼고 또 그런 행동을 권한다는 뜻이 있다. 매사에 생각하는 가치기준이 비틀어져 있고, 또 하나님의 뜻에 저항하고 악행을 일삼는 사람들로 가득한 세상을 말하는 것이다. 바울은 이런 불의한 세상 가운데서 너희들이 지금 신앙생활을 하는 것이라고 각성시켜 주고 있다.

세상의 이런 속성에 대해서는 주님께서 친히 마태복음 12장 39절에서 '악하고 음란한 세대'라고 말씀하셨다. 또 마태복음 17장 17절에서도 '믿음이 없고 패역한 세대'라고 하셨다. 세상은 여전히 죄의 능력이 작동하고 있는 있는 곳이다. 믿음으로 살아가려는 성도가 모인 교회 안에서의 신앙생활은 그래도 할 만하다. 문제는 성도가 교회 바깥에서 살 때 고난이 따른다는 점이다. 신앙을 지키기 위한 고생이 있다. 이런 고생은 불의한 세상 속에서 신앙을 실천하며 살아야 하는 성도가 짊어져야 할 십자가다. 그러나 성도가 이런 세상 때문에 고통당하며 힘들 수 있지만, 그럼에도 그리스도의 향기는 묶이지 아니하고 더 크고 빠르게 퍼져갈 것이다. 디모데후서 3장 12절에서 바울은 이렇게 말한다. "무릇 그리스도 예수 안에서 경건하게 살고자 하는 자는 박해를 받으리라." 각오를 하고 살아야 한다.

구원받은 성도의 세 가지 실천

첫째, 모든 일에 원망과 시비가 없이 하라

바울은 먼저 14절을 통해 이런 세상 속에서 "모든 일을 원망과 시비가 없이 하라"고 권면한다. 이 말씀은 세상 사람들과의 관계에서 생겨나는 원망과 시비라기보다는 주로 빌립보 교회 공동체 안에서 성도들 간에 원망이나 시비가 생기지 않도록 하라는 의미다. 사람들 사이에서 분쟁과 갈등이 생기는 경우를 보면 대개 갈등하는 당사자들은 모두 그럴만한 충분한 이유가 있다. 각자가 나는 옳고 너는 틀렸다는 식이다.

그러나 이런 식의 접근으로는 결코 문제를 해결하지 못한다. 그러므로 이런 갈등은 생각하는 방식의 차이로 이해할 필요가 있다. 옳고 그름이라는 흑백논리가 아니라 나와 생각이 다른 것이라고 상대방을 이해하며 접근할 때 대화의 여지가 생긴다.

사도행전 15장 36절 이하에서 바울과 바나바가 마가 요한의 문제로 다툴 때 둘 다 충분한 명분과 이유가 있었다. 바울에게는 중도에 포기하고 원칙을 저버린 마가를 다시 선교팀에 영입해서는 안 된다는 사역의 원칙이 중요했다. 다분히 일 중심적이고, 원칙 중심적이다. 그러나 바나바는 그럼에도 불구하고 마가에게 한번 더 기회를 주어야 한다는, 다분히 사람 중심적 견해를 보였다. 바울은 바나바가 그의 조카라는 이유로 마가를 그렇게 옹호한다고 비난했을 것이다. 바나바가 틀렸다고 생각했기에 심하게 다툰 것이다. 바나바는 또 사람에 대해 배려하지 못하는 바울이 틀렸다고 원망했을 것이다.

결국 바울과 바나바는 서로 심히 다투고 결별하고 말았다. 이런 흑과 백의 원망과 시비는 오늘날의 교회 안에서도 자주 일어나는 일이다. 그래서 바울은 구원받은 성도는 우선적으로 모든 일을 원망과 시비가 없이 화평하고 조화롭게 할 수 있어야 한다고 말한다.

UCLA 대학의 유명한 농구 코치였던 존 우든은 20세기의 가장 위대한 코치로 존경받는 전설적인 인물이다. 존 우든은 팀을 이끌면서 "비난하지 말라"를 훈련의 모토로 내걸었다. 그는 오랜 경험을 통해 동료 선수에 대한 비난, 언쟁, 비평 등 공격적인 태도가 팀을 약화시키는 주된 원인이라는 것을 잘 알고 있었다. 그는 선수들에게 늘 이렇게 말했다. "득점했을 때 득점을 도와준 동료에게 반드시 감사의 뜻을 전하라. 그러면 다시 좋은 패스를 받게 될 것이다. 팀을 생각한다면 결코 다른 선수를 비난하지 말라! 우리는 한 팀이다."

교회도 마찬가지다. 한 팀이다. 우리는 한 지체인 공동 운명체다. 서로 비난하면 안 된다. 그것은 누워서 자기 얼굴에 침 뱉는 격이요, 자기 몸을 스스로 상하게 하는 일이다.

둘째, 흠 없는 자녀로 세상 가운데 빛으로 나타나라

두 번째로 하나님의 구원받은 성도는 흠 없고 순전하여 세상 가운데서 빛으로 나타나야 한다고 말한다. '흠 없고 순전하다'라는 말은 앞에서 세상에 대해 언급한 '어그러지고 거스르는 세대'라는 말과 대조되는 개념이다. 사도 바울은 이 대조되는 개념을 의도적으로 쓰고 있다. '순전하다'는 말은 불순물이 섞이지 않은 100퍼센트에 가깝게 순순한 금속을 표현할 때 쓰는 말이다. 순수하고 청결하다는 의미다.

이 세상에서 성도가 자신의 마음과 생각을 흠 없고 순수하게 지킨다는 것은 사실상 쉬운 일이 아니다. 그것은 영적인 씨름을 요한다. 끊임없이 자신의 마음과 생각에 주님을 모시고 견고한 믿음을 지켜야만 변질되지 않는다. 이것은 마치 바다 물고기의 체액이 바닷물보다 농도가 진하기 때문에 바다물의 소금기가 그 몸에 침투하지 못하는 것과 같은 이치다. 물고기가 바다에서 살지만 바닷물에 동화되지는 않는다. 성도들 또한 세상을 이기는 믿음의 능력으로 무장되어 있을 때 흠 없고 순전하게 자신의 내면을 지킬 수 있다. 오염된 시대일수록 순수하고 순결한 것이 능력의 원천이요, 경쟁력의 핵심이 된다.

예를 들어 농약을 치지 않고 유기농으로 키운 농산물은 열매의 크기가 작고 못 생겼어도 농약을 뿌려 키운 농산물보다 훨씬 값이 더 나가지 않는가? 오염이 덜 되었기 때문이다. 순수한 것이 더 가치가 있다. 빛이 환할 때는 빛의 소중함을 모른다. 그러나 칠흑같이 어두운 밤길을 걸을 때야 비로소 빛의 소중함을 절감한다. 세상이 어그러지고 거스르는 모습을 보이면 보일수록 하나님의 뜻대로 온전히 순종하며 살아가는 성도의 모습은 눈부실 정도로 빛을 발한다.

셋째, 생명의 말씀을 밝혀라

구원받은 성도가 생명의 말씀을 밝혀야 한다는 것은 앞에서 말한 흠 없고 순전한 삶으로 세상 속에서 빛으로 나타나는 것보다 좀 더 적극적인 교회의 선교적 사명을 뜻한다. 교회가 원망이나 시비 없이 화평하고 또 그 성도의 삶이 순전하고 흠이 없다면 교회의 그런 존재 방식 자체만으로도 세상을 향하여 큰 영향력을 발휘할 것이다. 그러나 이것은 복음의 영광이 훼손되지 않도록 하는 가장 기본적인 조건일 뿐이다.

더 중요한 것은 이제부터라도 적극적으로 세상을 향하여 말씀을 증거해야 하는 일이다. '생명의 말씀을 밝혀'라는 표현은 어둠 속에서 횃불을 움켜잡고 앞으로 내밀어 빛을 밝히는 동작을 말한다. 다시 말하면 생명의 말씀을 단단히 붙드는 것과 그 말씀을 앞으로 내미는 것, 즉 복음의 말씀을 선포하고 증거하는 행위를 뜻한다. 빛은 싫든 좋든 퍼져나가게 되어 있다. 빛이 교회의 울타리 안에 갇혀 있어서는 안 된다. 생명의 말씀을 밝힌다는 것은 결국 하나님께서 예수 그리스도를 통하여 그의 백성을 구원하시기 위해 행하신 일, 곧 복음을 증거하는 것이다. 우리가 하나님의 영광을 위해 순결하고 착하게 살아가는 것도 중요한 일이다.

그러나 더 중요한 것은 하나님께서 죄인을 구원하시려고 무슨 일을 행하셨는지 세상 속에서 적극적으로 선포하고 자랑하는 일이다. 복음 자체에 구원과 변화의 능력이 있다. 복음은 다름 아닌 하나님께서 죄인된 인생들을 위하여 하신 일이다. 성도는 하나님께서 하신 일을 증거하는 사람이다. 그러므로 구원받은 자에게 복음 선포의 사명이 주어지는 것은 당연한 일이다.

성장은 자아를 넘어
섬김의 자리로 나아가는 것

구원받은 자가 영적으로 성숙하고 성장한다는 것은 결국 자기중심적인 성장이 아니다. 즉, 교회 안에서만 적용되는 성장이 아니라는 말이다. 영적 성장과 성숙을 그저 교회에서 훈련받고 직분자로 세워져 나 하나 잘 믿고, 잘 섬기고, 봉사하는 것으로만 생각하지 말라는 것이다. 그것은 기본 중의 기본이다. 결국 세상에서 어떤 믿음의 모습으로 살아갈 것인가가 중요하다. 영적 성장이란 결국 나를 뛰어넘어 타인과 세상을 섬기는 자리로 나아가는 것을 말한다.

오해하지 말고 들었으면 한다. 좀 강하게 말하자면 교회 안에서의 주인공은 목사가 해도 충분하다. 다들 교회 안에서 너무 주인공이 되려 하지 말라는 것이다. 교회만을 신앙의 무대로 삼으려 하지 말라는 것이다. 오히려 믿음의 실력을 가지고 세상에서 신앙의 주인공이 되라고 말하고 싶다. 그렇기에 목회자의 사명은 궁극적으로 성도가 교회를 중심으로 세상을 잘 섬기는 제자로 세우는 것이라고 할 수 있다.

사람마다 자랑하는 바가 다 다르다. 그 사람의 자랑거리를 보면 그의 가치관과 인격이 어떠한지 알 수 있다. 본문 16절에는 바울의 자랑이 무엇인지 나타난다. 바울은 그리스도의 날에 자랑할 것이 있기를 원했다. 그것은 갈수록 어두워져만 가는 세상에서 원망과 시비가 없고, 순전하여 담대히 복음의 빛을 나타내는 빌립보 교회와 성도들이었다. 빌립보서 4장 1절에는 "나의 기쁨이요 면류관인 사랑하는 자들"이란 표현이 나온다. 또 데살로니가전서 2장 19-20절에는 "우리의 소망이나 기쁨이나 자랑의 면류관이 무엇이냐 그가 강림하실 때 우리 주 예수 앞에 너희가 아니냐 너희는 우리의 영광이요 기쁨이니라"고 말씀한다. 결국 사도 바울이 자랑하는 것은 바울의 사역을 통해 믿음이 자라난 신실한 주님의 제자들, 바로 하나님의 사람들이었다. 바울은 빌립보 성도들이 이런 성숙한 모습으로 주님 앞에 자랑거리로 드러나기를 소원했다. 혹시라도 그들의 믿음이 변질되고 타락하여 자신의 모든 사역의 수고가 헛되지 않기를 간절히 원했던 것이다.

이 세상에 영원한 것이 세 가지 있다. 하나님께서 영원하시고, 하나님의 말씀이 영원하고, 하나님의 뜻을 행하는 사람이 영원하다. 요한일서 2장 17절에 이런 말씀이 나온다. "이 세상도, 그 정욕도 지나가되 오직 하나님의 뜻을 행하는 자는 영원히 거하느니라." 자랑하려면 영원까지 이어지는 것을 자랑하되 그것은 나를 통하여 세워진 신실한 하나님의 사람들이 될 것이다. 이것이야 말로 우리의 영원한 자랑이다. 다니엘서 12장 3절에 이런 말씀이 있다. "지혜 있는 자는 궁창의 빛과 같이 빛날 것이요 많은 사람을 옳은 데로 돌아오게 한 자는 별과 같이 영원토록 빛나리라." 하늘의 별과 같이 영원히 빛나는 자랑은 하나님의 사람들을 남기는 일이다. 하나님 앞에 서는 그날, 바울과 같은 종말론적 자랑, 영원까지 이어지는 자랑을 할 수 있기를 바란다.

육신적 자아와
예수님의 능력은 반비례

17절에서 바울은 사역자로서 자신의 비장한 결심을 빌립보 성도들에게 밝힌다. "너희 믿음의 제물과 섬김 위에." 이것은 빌립보 성도들의 신실한 믿음의 삶을 구약 시대의 짐승 제사에 비유해 설명한 것이다. 빌립보 성도의 아름다운 신앙의 모습이 마치 하나님께 바치기 위해 제단에 드려진 흠 없는 짐승 제물과 같다는 말이다. 바울은 로마서 12장에서도 이와 같은 비유의 권면을 한 적이 있다. "너희 몸을 하나님이 기뻐하시는 거룩한 산 제물로 드리라 이는 너희가 드릴 영적 예배니라." 진정한 헌신과 순종의 삶은 하나님께 드려지는 제물의 삶이다. 하나님께

드리는 모든 짐승 제물은 죽여서 드린다. 우리가 드리는 진정한 순종과 헌신은 자기 부인 곧 자기 자아에 대한 죽음에서 시작한다. 사도 바울은 스스로가 매 순간 산 제물의 삶을 살아왔다고 고린도전서 15장 31절에서 고백한다. "너희에 대한 나의 자랑을 두고 단언하노니 나는 날마다 죽노라." 이렇게 우리가 죽어서 제물로 드려질 때 그리스도의 능력이 우리를 통해 나타난다. 우리의 자아가 죽고 얼마나 작아지느냐에 따라 예수님의 능력은 더욱 크게 더 많이 나타난다. 우리의 육신적 자아와 예수님의 능력은 반비례 관계에 있음을 명심하라.

구약 시대 제사에서는 그 번제물이 한참 불에 타서 하나님께 드려지는 향기로운 향이 되고 있을 때 이를 더 아름답고 더 완전하게 하기 위해 마지막에 포도주를 붓는다. 이 포도주가 바로 '전제'다. 바울은 빌립보 성도들이 하나님께서 받으실 만한 신실한 신앙의 사람이 되게 하는 이 본질적인 사명을 위해서라면 자기 자신의 생명을 전제용 포도주처럼 남김없이 쏟아 부어도 기뻐할 것이라고 말한다.

"만일 너희 믿음의 제물과 섬김 위에 내가 나를 전제로 드릴지라도 나는 기뻐하고 너희 무리와 함께 기뻐하리니"빌 2:17.

일본의 조직폭력배 야쿠자의 세계에는 '히트 맨'hit man이라는 것이 있다고 한다. 상대방 조직의 부담스러운 상대를 칼이나 총으로 쏘아 죽이고 감옥에 들어가기를 자원하는 사람이다. 누구를 위해 '히트 맨'이 되는가? 누구를 위한 충성이며 희생인가? 그는 자기 조직의 보스를 위해서 그렇게 한다. 멋져 보이는가? 그렇다면 그것은 중요한 문제를 간과한 것이다. 우리가 생각해야 할 것은 그것이 얼마나 의미 있는 희생인가를 따져보라는 말이다. 그 대의명분이 얼마나 크고 귀하냐에 따라 그 희생도 달라질 것이기 때문이다.

영국에는 고든1833-1885 이라는 유명한 장군이 있었다. 그는 중국에서 '태평천국의 난'1850-64을 진압하는 등 큰 공을 세웠다. 영국 정부는 고든 장군에게 큰 재산과 높은 지위를 주려고 했다. 하지만 고든 장군은 모든 것을 거부했다. 그러나 정부의 끈질긴 노력으로 그의 전적을 새긴 금메달 하나는 받아들였다. 그것은 그가 가장 소중히 여긴 명예로운 소유물이었다. 그런데 그의 사후에 그 메달을 아무리 찾아도 찾을 수가 없었다. 나중에 밝혀진 바로는 맨체스터에 심한 기근이 들어 아이들까지 굶주리자 그들을 구제하는 데 그 메달을 내놓았다고 한다. 메달을 보내던 날, 그는 일기에 이렇게 기록했다. "내가 이 세상에서 가장 소중히 여기고 있던 최후의 유일한 것을 주 예수 그리스도께 내어 드렸다." 그는 자신의 향유 옥합을 깨뜨려 드린 것이다.

바울은 자신이 가장 가치 있다고 생각하는 그 일, 곧 주님을 위해, 주님께 제물로 드려질 빌립보 성도들을 위해 자신의 생명을 제물로 드려도 좋다고 고백했다. 그 일을 위해서라면 죽어도 좋다, 죽어도 영광이다, 죽어도 기쁘다는 말이다.

일본의 사무라이 하면 모르는 사람이 없을 것이다. 칼 두 자루를 허리에 차고 다니는 일본의 대표적인 무사 계급이다. 우리나라에 선비가 있다면 일본에는 사무라이가 있다. 이 '사무라이' 라는 단어는 한자어로 모실 시 '侍' 자인데 그 한자어를 일본말로 읽으면 '사무라이'가 된다. 즉, 사무라이는 가까이에서 모시는 사람, 섬기는 사람이라는 뜻이다. 사무라이들은 자신이 모시고 있는 다이묘성주를 위해 죽는 것이야말로 가장 영광스러운 명예라고 생각한다. 이것이 사무라이의 정신이다. 하물며 우리 그리스도인의 정신이 이보다 못해서야 되겠는가? 성도가 모시는 주군은 바로 예수 그리스도다. 그 주님을 섬길 수 있다는 사실, 그 주군이 피로 값 주고 산 교회의 성도들을 생명 다해 섬길 수 있다는 사실은 분명히 큰 영광이요, 자랑이요, 기쁨이다. 바울에게는 이런 자랑, 이런 기쁨이 충만했다.

이런 기쁨으로 충만했던 사도 바울은 빌립보 성도들에게 너희도 나와 같은 이유로 함께 기뻐할 수 있기를 바란다고 권면한다. 사실 권면이라기보다 명령에 가깝다. 여기서 중요한 것은 이 기쁨이 고상한 동기의 기쁨이요, 성령께서 주시는 기쁨이라는 것이다. 세상이 주는 천박한 기쁨과는 차원이 다른 기쁨을 바울은 몸소 경험하였고, 이 기쁨의 삶을 빌립보 성도들도 함께 추구하기를 원했다.

18절에 나타나는 '이와 같이'와 '함께'라는 이 두 단어가 중요하다. 바울은 자신이 삶에 마주선 자세와 모습이 빌립보 성도들에게 모델이 되고 본이 되기를 원했다. 너희들도 나처럼 기뻐하기를 원한다. 주님을 기쁘시게 하는 삶을 살아라! 이와 같이 나를 본받으라! 옥중에 갇혀 죽을지도 모르는 상황에서 바울이 하는 권면이 놀랍지 않은가? 이 기백, 이 승리, 참으로 넉넉하고도 남는 모습이다. 이것이 그리스도인의 담대함이다. 하나님께서 바울 안에서 능력으로 역사하고 계신 증거다. 주님을 삶의 모델로 본받았던 그 바울이 이제 빌립보 성도들에게 이와 같이 자신을 본받으라고 권면하고 있다. 바울을 본받는 것은 결국 주님을 본받는 것과 같다.

더불어 나와 함께 기뻐하자고 한다. 바울은 자기만 비범한 능력자로, 위대한 지도자로 부각되는 것을 원치 않았다. 함께 기뻐하자! 바울은 빌립보 성도들과 함께 주님을 기쁘게 해드리기를 간절히 소망했다. 나와 함께 기뻐하자! 바울은 빌립보 성도들이 옥중에 갇혀 있는 자신으로 인해 하나님에 대한 의심이나 혼란, 혹은 연민에 빠지길 원치 않았다. 도리어 자신이 주님의 일을 위해 희생하고 드려지는 것을 기뻐하는 것처럼 너희도 함께 기뻐하라고 담대히 권면하는 것이다. 이 기쁨이 우리 안에서도 능력으로 넘쳐나기를 소망한다.

성도의 삶은 산 제물의 삶이다

바울은 빌립보 성도가 하나님께서 기쁘게 받으실 만한 산 제물로 드려질 수만 있다면 자신의 생명을 전제로 쏟아도 기뻐하겠다고 한다. 자신이 주님을 위한 헌신을 기뻐하는 것처럼 함께 이런 성숙한 기쁨, 고상한 기쁨을 누리자고 권면한다.

구원받은 성도의 세 가지 특징

첫째, 모든 일에 원망과 시비가 없이 하라. 갈등은 생각하는 방식의 차이로 생긴다. 옳고 그름이 아니라 서로 다름에 대한 이해가 대화를 열게 한다.

둘째, 흠 없는 자녀로 세상 가운데 빛으로 나타나라. 오염된 시대일수록 순수하고 순결한 것이 능력의 원천이요, 경쟁력의 핵심이다.

셋째, 생명의 말씀을 밝혀라. 빛은 싫든 좋든 퍼져나간다. 하나님께서 예수 그리스도를 통해 그의 백성을 구원하신 일, 곧 복음을 증거해야 한다.

성장은 자아를 넘어 섬김의 자리로 나아가는 것

믿음의 실력을 가지고 세상에서 신앙의 주인공이 되라. 그저 교회에서 직분자 되고 잘 믿고, 잘 섬기고, 봉사하는 것만이 다가 아니다. 영적 성장이란 나를 뛰어넘어 타인과 세상을 섬기는 자리로 나아가는 것을 말한다.

육신적 자아와 예수님의 능력은 반비례

진정한 순종과 헌신은 자기 부인 곧 자기 자아에 대한 죽음에서 시작한다. 우리의 자아가 죽고 얼마나 작아지느냐에 따라 예수님의 능력은 더욱 크게 더 많이 나타난다. 우리의 육신적 자아와 예수님의 능력이 반비례 관계에 있음을 명심하라.

Philippians … ..

19 내가 디모데를 속히 너희에게 보내기를
　　주 안에서 바람은 너희의 사정을 앎으로 안위를 받으려 함이니

20 이는 뜻을 같이하여 너희 사정을 진실히 생각할 자가
　　이밖에 내게 없음이라

21 그들이 다 자기 일을 구하고
　　그리스도 예수의 일을 구하지 아니하되

22 디모데의 연단을 너희가 아나니
　　자식이 아버지에게 함같이 나와 함께 복음을 위하여 수고하였느니라

23 그러므로 내가 내 일이 어떻게 될지를 보아서
　　곧 이 사람을 보내기를 바라고

24 나도 속히 가게 될 것을 주 안에서 확신하노라

선발투수와 구원투수

혹시 누군가에게 스티브 잡스를 아냐고 묻는다면 아마도 바보 취급을 받을 것이다. 온갖 어려움을 극복하고 애플사를 세계적 기업으로 세운 스티브 잡스. 검정색 난방과 청바지를 입고 나타나는 그의 프레젠테이션, 그의 존재 가치만으로 애플은 세계 최고의 마케팅을 펼치고 있다. 언론에 온통 그의 이름이 올라오기 때문에 혹시 그가 애플의 모든 제품을 만들고 있는 게 아닌지 착각할 정도다.

그러나 그렇지 않다. 그에게는 이인자 조나단 아이브가 있다. 1990년 애플의 부흥을 일으킨 장본인이다. 그가 없었다면 애플도 지금처럼 일어서지 못했을 것이다. 애플의 디자인 담당 부사장을 맡고 있는 그는 지금 우리가 알고 있는 애플 제품의 모든 디자인을 만들어 냈다. 반질

반질한 곡면의 뒤태, 뭐가 없어 보이지만 다 있는 심플함은 세상 모든 사람을 감동시켰다. 그는 스티브 잡스처럼 전면에 나서지는 않았다. 하지만 어쩌면 그는 스티브 잡스보다 더 큰 일을 해내었는지도 모른다.

그는 스티브 잡스가 따놓은 점수를 승리로 연결시킨 결정적인 역할을 했다. 그리고 지금 바울에게도 그런 결정적인 구원투수가 있다. 바울이 감옥에 갇힌 어려움에서도 찾은 사람이며 그가 없는 동안에도 교회들을 건사하고 성도를 바로 세우며 승리를 지켜낸 구원투수다. 바울이 아들이라고 여길 만큼 귀중한 구원투수가 있었던 것처럼 지금 우리에게도 그런 구원투수가 있느냐고 묻고 싶다.

마지막 순간에 함께 있고 싶은 사람

이 말씀은 바울의 진실된 동역자요, 믿음의 아들인 디모데에 관한 내용이다. 디모데는 바울 서신 곳곳에 등장한다. 그는 루스드라 출신으로 헬라인 아버지와 유대인 어머니 사이에서 태어났다. 디모데후서 1장 5절과 3장 15절을 보면 그가 신앙적 가정에서 성장한 것을 알 수 있다. 사도행전 16장 1-3절에는 바울이 2차 전도 여행시에 루스드라에서 디모데를 만나 그에게 할례를 행했다는 기록이 나온다. 그 운명적 만남을 시작으로 바울과 디모데는 남다른 친밀함으로 하나님의 사역에 협력하게 된다.

바울이 디모데를 얼마나 귀하게 생각했는지는 고린도전서 4장 17절에서 디모데를 "주 안에서 내 사랑하고 신실한 아들"이라고 소개한 것에서 알 수 있다. 그는 디모데전서 1장 2절에서도 "믿음 안에서 참 아들 된 디모데"라고 말한다.

바울만 디모데를 아들처럼 생각한 것은 아니었다. 빌립보서 2장 22절을 보면 디모데도 바울을 아버지처럼 모신 것을 알 수 있다. "디모데의 연단을 너희가 아나니 자식이 아버지에게 함같이 나와 함께 복음을 위하여 수고하였느니라."

디모데는 빌립보^{행 16장}, 데살로니가와 베뢰아^{행 17:1-14}, 고린도와 에베소^{행 19:21-22}, 그리고 로마 감옥에 이르는^{골 1:1; 빌 1:1} 바울의 사역 마지막까지 함께했다.

바울의 최후 서신으로 추정되는 디모데후서 4장 9절 말씀 "너는 어서 속히 내게로 오라"를 보면 로마 감옥에서 쓸쓸히 죽음을 준비하고 있던 바울에게 가장 필요했던 사람이 바로 믿음의 아들 디모데였음을 알 수 있다. 또 디모데후서 4장 21절에서도 바울은 디모데에게 "너는 겨울 전에 어서 오라"고 거듭 촉구한다. 인생의 마지막 순간에 함께하고 싶은 사람이라면 분명 가장 신뢰하고 마음이 통하는 사람일 것이다.

바울의 사역에 있어 가장 귀한 열매가 있다면 바로 이 믿음의 아들 디모데였다. 하나님 사역의 궁극적인 열매는 사람이다. 하나님의 사람, 믿음의 사람이다. 자신의 사역을 계속 이어갈 사랑하는 믿음의 아들 디모데가 있다는 사실이 바울에게는 너무도 큰 힘이 되고 위로가 되었을 것이다.

문제 없는 교회는 없다

교회에 대해 지나치게 이상적으로 생각하는 사람들이 있다. 나의 경우에도 처음에는 그렇게 생각했다. 마음씨 좋고 착한 성도들, 천사 같은 사람들만이 모여서 예배드리는 곳이 교회라고 생각했다. 그래서 교회는 아무런 문제나 갈등, 분쟁도 없는 곳인 줄 알았다. 그러나 얼마 못 가 그런 생각이 깨지고 말았다. 처음에는 잘 안 보이던 성도들의 부족함과 연약함이 보이기 시작했다. 그리고 그것은 나의 모습이기도 했다. 교회의 성도들이 다 완전하고 의로우면 얼마나 좋겠는가? 그러나 교회는 용서받은 죄인들의 공동체다. 예수 그리스도를 믿음으로 용서받아 의롭다고 하나님께서 칭해 주시는 '칭의인'이지 본질상 죄 없는 의인은 아니다. 여전히 예수를 믿는데도 우리 속에 죄성이 있음을 인정하지 않을 수 없다. 실상은 죄인인데 하나님께서 예수 그리스도를 믿는 믿음 때문에 의롭다고 간주해 주시는 것이다.

사도행전 6장의 예루살렘 교회를 보라. 구제 문제로 인해 헬라파와 히브리파 유대인 두 파벌이 갈등했던 것을 알 수 있다. 사도행전 5장에서는 아나니아와 삽비라 부부가 교회 내의 유력한 지도자로 부상하기 위해 불순한 동기로 헌금했다가 하나님의 징계를 받아 죽게 된다. 사도행전에서는 이런 교회 내부적 문제 외에도 교회 외부로부터의 핍박도 언급한다. 또 바울 서신을 살펴보면 에베소 교회 안에 유대인 성도와 이방인 성도들 사이에 긴장과 갈등이 존재했음도 알 수 있고, 고린도 교회는 서로 잘 믿어 보려고 하다가 크게 네 파로 분열되기도 했다. 이

외에도 고린도 교회의 경우에는 간음의 문제, 우상 제물 문제, 은사를
잘못 사용하는 문제 등 여러 가지 문제들이 있었다. 이렇듯 이 땅에 완
벽한 교회는 하나도 없다는 사실을 알아야 한다. 문제 없는 교회는 없
다. 왜 그런 줄 아는가? 바로 문제 있는 당신이 그 교회의 성도이기 때
문이다.

빌립보 교회의 경우에도 빌립보서 4장 2절로 추정해 볼 때, 두 여성
지도자유오디아와 순두게 사이에 시기와 알력으로 인한 갈등이 있었던 것 같
다. 빌립보 교회는 최초의 설립 당시 자주 장사 여성 실업가 루디아와
그 가족들이 중심 역할을 했을 것이다. 이어서 사도행전 16장에 나타나
듯 자살하려 했던 간수장과 그 가족들이 빌립보 교회에 합세했을 것이
고 여기에 점점 다양한 사람들이 더하여졌을 것이다. 이렇게 다양한 배
경을 가진 성도가 늘어나고 교회가 성장하니 어찌 견해차나 문제가 없
을 수 있겠는가? 없는 것이 오히려 이상할 것이다.

하나님의 교회는 다양한 사람들로 이뤄진 신앙 공동체다. 그러므로
교회 안에서 문제가 일어날 수 있다고 이해하고 받아들인다면 충격이
덜할 수 있다. 교회에 대한 결벽증적인 이상주의를 버리기 바란다. 지
나친 이상주의는 크게 낙심하거나 또는 남을 정죄하고 판단하는 시험
에 들게 한다.

아무튼 빌립보 교회의 경우, 공동체가 깨어질 정도의 심각한 문제는
아니었지만 바울은 여러 경로를 통해 교회의 어려운 소식을 전해 들었
던 것 같다. 그래서 그는 자신을 대신해 신뢰할 만한 믿음의 아들 디모
데와 빌립보 교회의 대표로 바울을 만나러 왔던 지도자 에바브로디도

를 빌립보 교회로 돌려보내려고 한다. 지도자를 돌려보내 교회의 문제
를 해결하고 다시금 든든하게 세우려고 했다.

선발투수와 구원투수

그동안의 사역 경험으로 알게 된 것은 교회 내에 강력한 영적 리더십의
공백이 생기면 교회 전체가 몸살과 열병을 앓게 된다는 사실이다. 교회
의 영적 지도력은 마치 큰 집을 지탱하는 중심 기둥과 같다. 그 기둥을
중심으로 다른 모든 것들이 기둥을 의지하고 힘을 받아 전체 건물을 떠
받친다. 이 중심 기둥이 흔들리거나 무너지면 전체 건물도 덩달아 무너
진다. 계속하여 성장하고 부흥하는 교회, 건강하고 안정된 영적 분위기
가 유지되는 교회들을 보면 한결같이 신뢰받는 강력한 영적 지도력이
세워져 있다. 그런데 지금 빌립보 교회는 바울 이후의 담임목회자 에바
브로디도가 바울을 만나기 위해 멀리 로마로 떠나 있다. 그 와중에 한
동안 바울이나 에바브로디도에 대한 소식을 제대로 듣지 못한 빌립보
성도들 사이에서 그동안 잠재되어 있던 긴장과 갈등이 터져 나왔을 수
도 있다.

바울은 빌립보 교회의 문제를 자신의 심정으로 돌아보고 권면하고
해결해 줄 사람으로 디모데를 파견하기로 결정한다. 바울과 디모데는
모든 면에서 서로 잘 조화되는 동역자다. 우선 바울은 디모데에 비해
나이와 경륜이 많은 지도자다. 게다가 열정적이며 강직하고 일 중심의

추진력이 있는 비전의 사람이다. 그러다 보니 주로 일을 저지르고 터뜨리는 사람은 바울이었다. 반면 디모데는 젊고 경험이 부족했다. 대개 이때 바울의 나이를 50대 후반으로, 디모데의 나이는 30대 후반 정도로 추정한다. 디모데가 30대 후반이지만 바울이 보기에는 연소하고 아들 같았을 것이다. 바울과 달리 디모데는 사려 깊고 섬세한 스타일인 것 같다. 인간관계 스타일로 보면 과정을 중시하는 프로세스형에 협력과 조화를 잘 이루고 뒷수습을 잘하는 내조형의 사람이라고 할 수 있다.

바울을 선발투수라고 한다면 디모데는 구원투수에 가깝다. 바울은 교회를 개척하여 세워놓고 한 곳에서 진득하게 사역하지 못했다. 이방인의 사도로 부름 받은 바울은 교회의 기초를 닦는 사람이었다. 그래서 여러 지역을 다니면서 가급적 많은 교회의 기초를 닦기 원했다. 바울이 놓은 기초 위에 교회를 더욱 든든히 세우고 가꾸어 가는 것은 다른 사역자들의 몫이었다. 특히 디모데는 바울이 세워 놓은 교회들에 문제가 생기면 뒷수습하고 안정화시키는 일에 중요하게 쓰임 받았다. 하나님께서 주전투수와 구원투수처럼 바울과 디모데가 서로 잘 도와 사역의 시너지 효과를 일으키도록 조화로운 한 팀으로 만나게 하신 것이다. 바울이 이런 디모데를 얼마나 귀하고 자랑스럽게 생각했겠는가? 본문에 나타나는 디모데에 대한 바울의 칭찬과 신뢰의 표현을 살펴보자.

먼저 20절에서 디모데를 가리켜 "이는 뜻을 같이하여 너희 사정을 진실히 생각할 자가 이밖에 내게 없음이라"고 말한다. 바울은 빌립보 교회를 위해 포도주로 부어지는 전제처럼 자신의 모든 것을 다 희생해도 기쁠 거라고 말했다. 이 같은 바울의 심정으로 빌립보 교회의 사정을 돌아보고 생각할 사람이 디모데밖에 없다는 뜻이다. 물론 바울 주변에 다른 사람들도 있겠지만, 빌립보 교회의 문제를 수습하고 안정화하기 위해서는 바울이 가장 신뢰하는 사람이어야 했다. 그런 인물은 능력만 많은 사람이 아니라 무엇보다도 바울과 같은 심정, '예수 그리스도의 마음'을 가진 사람이어야 했다. 바울은 빌립보서 1장 8절에서 내가 예수 그리스도의 심장으로 빌립보 성도들을 사랑한다고 고백한 바 있다. 디모데 역시 바울처럼 예수 그리스도의 심장을 이식받은 사람이었다. 바울과 마음이 통했고, 정신이 통하는 사람이었다. 아가서 6장 9절에 보면 솔로몬 왕이 수많은 왕의 여인들 중에 오직 나의 비둘기, 나의 완전한 자는 술람미 여인 한 사람뿐이라고 고백하는 장면이 나온다. 바울에게 디모데야말로 그처럼 가장 신뢰하는 바로 그 한 사람이었다.

두 번째로 바울은 21절에서 주변 사람들은 다 자기 일을 구하지만 디모데는 그리스도 예수의 일을 구하는 사람이라고 소개한다. 때로 어떤 사람들은 자신의 사역과 경건을 이익의 재료로 생각한다. 겉으로는 하나님 일인 척하지만 실상은 자기 유익을 구하는 사람이다. 그러나 디모데는 사역의 동기가 순전했다. 오직 그리스도 예수의 일을 구하는, 사심이 없는 사람이었다. 이런 순수한 사역의 동기야말로 능력이라고 할 수 있다. 하나님의 일을 감당하다 보면 자신도 모르게 처음의 순수했던 동기가 변질될 수 있다. 변화되지 않으면 변질되고 만다. 그래서 가끔씩은 현장을 떠나 자신을 객관적으로 성찰하고 돌아보는 시간이 필요하다. 적어도 바울이 보기에 디모데는 이 사역의 동기가 끝까지 순수했고 주님을 온전히 섬긴 사람이었다.

세 번째로 디모데는 연단을 받은 사람이었다. 22절에서는 이렇게 말씀한다. "디모데의 연단을 너희가 아나니 자식이 아버지에게 함같이 나와 함께 복음을 위하여 수고하였느니라." 이 '연단'은 테스트를 받아 합격했다는, 시험을 통과하여 자격이 검증되었다는 뜻이다. 바울과 디모데의 동역은 오랜 세월 지속되었다. 그러는 동안에 바울은 디모데의 인격과 사역의 자세를 여러 번 테스트하고 시험해 볼 기회가 있었을 것이다. 그때마다 바울은 디모데야말로 진실된 하나님의 종인 것을 확인했던 것 같다. 디모데는 고난 속에서도 변함없이 주님을 위해 순수한 마음으로 일해 온 사람이었다. 그래서 바울은 "디모데는 진짜 귀한 종입니다. 제가 자신 있게 추천할 수 있습니다"라고 말하는 것이다.

사람은 실제로 함께 일해 보고 겪어 보기 전에는 잘 모른다. 그래서 특별히 교역자를 뽑거나 협력할 선교사를 결정할 때 그에 대해 잘 아는 신뢰할 만한 분에게 물어보는 경우가 많다. 그리고 그때 "아! 그 목사님, 그 선교사님 너무 귀합니다. 훌륭합니다"와 같은 좋은 평이야말로 이력서의 어떤 내용보다도 동역자를 선택하는 일에 결정적인 영향을 미친다. 디모데는 오랜 세월의 연단으로 입증된 바울이 보증하는 사역자였다.

차라리 내가 그 사람이 되어 주자

미국인들이 가장 존경하는 대통령 중 한 사람이 루즈벨트 대통령이다.

그는 1921년 어느 날, 가족과 함께 별장에서 쉬던 중 이전에는 전혀 경험해 보지 못한 다리의 통증을 느꼈고 그 이후로 서서히 다리가 마비되고 말았다. 소아마비였다. 옷도 자기 손으로 입지 못하고 두 다리도 쓸 수 없는 장애인이 되고 말았다. 그의 친구들과 동료들은 루즈벨트의 정치 생명도 이제 끝났다고 생각했다.

그러나 부인 엘레나만은 달랐다. 그녀는 계속해서 남편을 격려하며 곁을 지켰다. 어느 날 루즈벨트가 엘레나에게 "내가 이런 장애인이 되었는데 지금도 나를 사랑하오?"라고 묻자 그녀는 미소 지으며 이렇게 말했다고 한다. "전 당신의 다리만 사랑한 것이 아니에요. 나는 당신의 전부를 여전히 사랑하고 있답니다."

이 말에 용기를 얻은 루즈벨트는 자신의 장애에 비관하지 않고 11년 뒤 미국의 32대 대통령이 되었고 이후에 처음으로 4번 연속 대통령직에 올랐다. 이와 같이 루즈벨트가 장애를 극복하고 가장 용기 있는 대통령으로 우뚝 서기까지는 늘 그의 곁에서 위로와 격려를 아끼지 않았던 엘레나의 숨은 역할이 있었다. 엘레나의 내조가 없었다면 루즈벨트라는 위대한 인물은 결코 만들어질 수 없었을 것이다.

사도 바울의 눈부신 활약 이면에도 신실한 동역자요, 믿음의 아들인 디모데가 있었다. 디모데와 바울, 이 두 사람은 함께 있기만 해도 서로에게 힘이 되고 보완이 되는 그런 이심전심의 동역자였다.

2006년 아메리칸 풋볼의 최우수 선수인 하인스 워드 선수와 그 어머니 김영희 집사의 이야기는 우리에게 많은 감동을 준다. 김영희 집사는 온갖 고생과 기구한 삶의 순간순간에도 오직 아들 하인스를 바라보며

견디고 이겨냈다. 그리고 마침내 하인스는 세계적인 풋볼 선수로 우뚝
선다. 아들은 스포츠 스타가 된 후에도 지극정성으로 어머니를 사랑하
며 섬기고 있다. 이 세상에 수십억의 사람이 있지만 어머니에게 이 아
들보다 더 귀하고 소중한 사람이 어디 있겠는가? 아들은 어머니의 가장
큰 보람이요, 자랑이었고, 어머니의 삶을 지탱해 주는 희망이요, 동력
이었다. 바울에게 디모데가 바로 그런 믿음의 아들이었다. 디모데는 이
세상에 남겨둔 바울의 가장 귀한 영적 걸작품이었던 것이다.

함석헌 선생의 "그 사람을 가졌는가?"라는 시가 있다.

만 리 길 나서는 길

처자를 내맡기며 맘 놓고 갈 만한 사람

그 사람을 그대는 가졌는가?

온 세상이 다 나를 버려

마음이 외로울 때에도 "저 맘이야" 하고 믿어지는

그 사람을 그대는 가졌는가?

탔던 배 꺼지는 순간

구명대 서로 사양하며 "너만은 제발 살아다오" 할

그 사람을 그대는 가졌는가?

불의의 사형장에서

"다 죽여도 너희 세상 빛을 위해 저만은 살려두거라" 일러 줄

그런 사람을 그대는 가졌는가?

잊지 못할 이 세상을 놓고 떠나려 할 때

"저 하나 있으니" 하며 빙긋이 눈을 감을

그 사람을 그대는 가졌는가?

온 세상의 찬성보다도 "아니" 하고 가만히 머리 흔들

그 한 얼굴 생각에 알뜰한 유혹을 물리치게 되는

그 사람을 그대는 가졌는가?

바울은 이런 사람을 갖고 있었다. 그래서 그는 행복한 사람이다. 우리에게도 이런 만남의 복이 있기를 소망한다. 아니 그런 사람 만나기를 기대하기보다 차라리 우리 자신이 그런 사람이 되어 주자. 수많은 사람들이 디모데와 같은 사람을 찾고 있다. 그리고 그런 사람을 만난다는 것은 분명히 놀라운 복이다. 그러나 그보다 더 귀한 일은 우리가 누군가에게 디모데와 같은 만남의 복이 되어 주는 일이다.

마지막 순간에 함께 있고 싶은 사람

인생의 마지막 순간에 함께하고 싶은 사람이라면 분명히 가장 신뢰하고 마음이 통하는 사람일 것이다. 하나님 사역의 궁극적인 열매는 사람이다. 하나님의 사람, 믿음의 사람이다.

문제 없는 교회는 없다

이 땅에 완벽한 교회는 하나도 없다. 왜 그런 줄 아는가? 바로 문제 있는 당신이 그 교회의 성도이기 때문이다. 교회에 대한 결벽증적인 이상주의를 버리라. 지나친 이상주의는 크게 낙심하거나 또는 남을 정죄하고 판단하는 시험에 들게 한다.

선발투수와 구원투수

바울을 선발투수라고 한다면 디모데는 구원투수에 가깝다. 디모데는 바울이 세워 놓은 교회들에 문제가 생기면 뒷수습하고 안정화시키는 일에 쓰임 받았다. 하나님께서는 바울과 디모데를 선발투수와 구원투수로 조화로운 한 팀이 되게 하셨다.

차라리 내가 그 사람이 되어 주자

바울에게 디모데가 있었던 것처럼 그런 사람을 가지는 것은 행복한 일이다. 그러나 그런 사람 만나기를 기대하기보다 차라리 우리가 디모데와 같은 만남의 복이 되어 주자.

Philippians · · · · ·

25 그러나 에바브로디도를 너희에게 보내는 것이 필요한 줄로 생각하노니
그는 나의 형제요 함께 수고하고 함께 군사 된 자요
너희 사자로 내가 쓸 것을 돕는 자라

26 그가 너희 무리를 간절히 사모하고
자기가 병든 것을 너희가 들은 줄을 알고 심히 근심한지라

27 그가 병들어 죽게 되었으나 하나님이 그를 긍휼히 여기셨고
그뿐 아니라 또 나를 긍휼히 여기사
내 근심 위에 근심을 면하게 하셨느니라

28 그러므로 내가 더욱 급히 그를 보낸 것은
너희로 그를 다시 보고 기뻐하게 하며 내 근심도 덜려 함이니라

29 이러므로 너희가 주 안에서 모든 기쁨으로 그를 영접하고
또 이와 같은 자들을 존귀히 여기라

30 그가 그리스도의 일을 위하여 죽기에 이르러도 자기 목숨을 돌보지 아니한 것은
나를 섬기는 너희의 일에 부족함을 채우려 함이니라

인정과 격려로 깊어지는 성숙

『나의 라임 오렌지 나무』에 등장하는 제제는 어느 날 거리에서 사람들이 아주 즐거워하는 유행가를 듣는다. 그것을 본 제제는 아빠를 즐겁게 해줄 요량으로 그 노래를 외워 아빠에게 들려준다. 하지만 노래는 "나는 벌거벗은 여자가 좋아"라는 유행가로 아직 어린 제제가 부르기엔 좋은 노래가 아니었다. 화가 난 아빠는 제제를 심하게 때린다. 제제의 마음을 들여다보지 않은 아빠는 어른의 시각으로 제제를 보고 매를 들었던 것이다. 이 책은 어린 다섯 살 아이 제제가 성장하면서 겪는 이야기다. 어린 제제는 어렵고 힘든 일이 있을 때마다 마당에 있는 라임 오렌지 나무와 대화를 하고 점점 성장해 간다. 이렇게 성장한 후에는 자신의 어린 시절과 작별이라도 하듯 그 오렌지 나무를 잘라 버린다.

나는 제제가 거리의 유행가를 불렀을 때 아빠가 조금만 더 제제를 이해하고 인정해 주었더라면 좋았을 걸 하는 마음이 있다. 성숙은 인정과 격려에서 나오기 때문이다. 아빠가 제제를 이해하고 사랑으로 품어 주었다면 너무 일찍 알아버린 매 맞는 아픔이나 인생의 슬픔 같은 것은 좀 더 늦게 알아도 됐을 것이다. 어쩌면 제제의 아빠가 범한 실수를 지금도 많은 성도들이 범하고 있지나 않을지 돌아보게 된다. 내 중심, 내 생각, 내 관점으로 상대를 평가하고 상처주고 아프게 하지는 않는지 돌아보라고 말하고 싶다. 혼내서 사람이 변하지 않는다. 매를 들어서 성숙해지지 않는다. 바울을 돌보던 빌립보 교회가 잠시 후원을 중단했을 때도 바울은 책망하지 않았다. 바울이 디모데와 에바브로디도, 빌립보 성도를 이해하고 인정하고 격려하는 모습은 지금 상처 주고 아픔 주는 우리가 배워야 할 모습이다.

함께 수고하고 함께 군사 된 자

이 말씀은 디모데에 이어 초대교회의 또 다른 보석 같은 인물인 에바브로디도에 관한 내용이다. 추측컨대 에바브로디도는 바울과 함께 빌립보 교회를 개척하는 일에 참여하지 않았나 싶다. 그는 바울이 빌립보 교회를 개척하고 떠난 이후 빌립보 교회의 담임목사라고 할 수 있다. 그런데 바울이 로마 감옥에 갇혔다는 소식을 듣고 그는 빌립보 성도들의 후원금을 가지고 바울을 만나기 위해 1,300킬로미터가 넘는 로마까지 찾아왔다. 그러나 에바브로디도는 힘들게 도착한 로마에서 오랜 여행의 후유증 때문인지 중한 병에 걸리고 말았다. 그러나 하나님의 교회와 주님을 향한 그의 충성과 열정은 죽음의 위기 앞에서도 약화되지 않았다. 바울은 디모데와 함께 병에서 회복된 에바브로디도를 속히 빌립보 교회에 보내 교회를 안정시키고 빌립보 성도들의 마음의 짐을 덜어 주고자 했다.

성도들이 진학이나 취업 등의 이유로 추천서를 써 달라는 경우가 종종 있다. 추천서를 쓰면서 죄송할 때는 솔직히 그 성도에 대해 잘 모르면서도 추천서를 써야 하는 경우다. 그럴 때면 대개 일반적이고 추상적인 추천의 글을 쓰게 된다. 그러나 잘 아는 성도일 경우에는 그가 어떤 사람인지 오랜 시간 내가 느끼고 경험한 것을 구체적으로 써준다. 본문 말씀에는 에바브로디도에 대한 사도 바울의 인물평이 나온다. 그저 아부하기 위해 건성으로 한 것이 아닌, 에바브로디도를 향한 바울의 존경과 감사가 담긴 진심 어린 평임을 알 수 있다.

바울은 25절에서 그를 '나의 형제'라고 표현한다. 이 형제라는 단어는 바울 서신 전체에서 많이 볼 수 있다. 바울이 즐겨 사용하는 표현으로 특히 빌립보서에서 집중적으로 나타난다. 이 표현은 바울과 에바브로디도가 수직적이고 권위적인 사역 관계가 아닌 수평적이고 친밀한 관계의 의미를 나타낸다. 두 사람 사이에 나이와 역할을 넘어 친밀한 영적 교제가 이뤄지고 있음을 알 수 있다. 바울이 에바브로디도에 대해 '나의 부하, 나의 사람, 나의 일꾼'이라고 표현하지 않았다는 사실에 주목하라. 하나님의 나라를 위해 부름 받은 모든 성도는 하나님 앞에서 본질적으로 평등하다는 사실을 잊어서는 안 된다. 역할과 위치가 다를 뿐 계급적 차이가 있는 것이 아니다. 형제요, 자매인 것이다. 권위주의적, 수직적 리더십이 아닌 상대방을 배려하고 존중하는 바울의 수평적 리더십이 엿보이는 부분이다. 사실 이런 수평적 리더십 스타일은 21세기 포스트 모더니즘 시대에 더욱 효과적일 수 있는 목회 리더십 스타일이다.

계속해서 바울은 에바브로디도를 '함께 수고하고 함께 군사 된 자'로 표현한다. '함께 수고하고'에 해당하는 헬라어 단어는 '쉬네르곤'으로 동역자라는 뜻이다. 이는 그가 바울과 함께 빌립보 교회를 세웠다는 것을 암시한다. 바울에게는 하나님 나라를 위한 여러 동역자들이 있었다. 아볼로, 아굴라, 브리스길라, 아리스다고, 글레멘드, 마가, 오네시모, 빌레몬, 디모데, 실라, 누가, 디도, 두기고 등이 그들이다. 이들은 하나님 나라를 위해 끝까지 충성을 다한 바울의 귀한 동역자들이었다. 하나님의 나라는 선교의 최전선에서 영웅적으로 사역하는 바울 같은 일꾼들도 필요하지만 크게 드러나지 않는 여러 동역자들의 협력에 의해 확장되어 간다. 특히 구약성경 전체에는 여기저기 사람들의 이름이 나열된 곳이 많다. 어떤 경우는 배신과 죄악의 이름으로 등장하기도 하지만 대개 성경에 나타나는 이름의 목록들은 하나님 나라를 위해 쓰임 받은 사람들의 이름이다. 하나님 나라의 역사를 만든 사람들의 대열에 당신의 이름도 포함되기를 소망한다. 에바브로디도, 하늘의 별처럼 빛나는 아름다운 이름으로 성경의 한구석에 그 이름이 기록되어 있다.

이어서 '함께 군사 된 자'라는 표현이 나온다. 하나님 나라를 위한 선교 사역은 에베소서 6장 10절 이하에서 말하는 것처럼 영적인 싸움이다. 그런 의미에서 사명을 부여받은 모든 교회와 성도가 이 땅에 존재하는 방식은 하나님 나라를 위해 싸우는 자로 존재한다. 이 싸움은 창세 이래로 계속 이어져 왔으며 하나님 나라가 완성될 때까지 계속될 싸움이다. 흑암의 권세 아래 있는 악한 영들과의 싸움, 곧 영적인 싸움이다. 그러므로 ‘함께 군사 된 자’라는 말은 바울과 함께 에바브로디도 역시 이 복음의 영광스러운 싸움에 동참하여 충성스럽게 싸운 군사라는 말이다.

바울은 디모데후서 2장 3절에서 믿음의 아들 디모데에게 이렇게 권면한다. “너는 그리스도 예수의 좋은 병사로 나와 함께 고난을 받으라.” 군인이라는 신분은 늘 전투를 전제로 존재한다. 사실 군인의 가치가 가장 빛나는 자리는 전쟁터다. 전쟁터는 위험한 곳이다. 수고와 고난이 있는 자리다. 그러나 동시에 승리의 영광이 있는 곳이기도 하다. 구약성경 민수기에서 하나님께서 모세로 하여금 백성들의 숫자를 헤아리게 하신 것은 하나님 나라를 위해 싸움에 나설 용사들의 숫자를 파악하기 위해서다. 싸움이 있기에 용사가 중요하다.

우리가 실제로 하나님의 나라를 위해 용감하게 싸우든 싸우지 않든 모든 성도는 본질적으로 그리스도의 군사로 차출된 자들이다. 다만 차이가 있다면 그 사실을 알고 그리스도의 군사 된 본분에 충실하게 임하는 성도가 있는가 하면, 자신의 본분을 모른 채 자기 역할을 제대로 감당하지 못하고 살아가는 성도가 있을 뿐이다. 어떤 목사님이 자기 만족에 빠져 안주하고 있는 교회를 향해 ‘사탄의 포로수용소가 된 교회’라고 책망하는 설교를 들은 적이 있다. 교회는 그리스도의 용사들이 모인 군대가 되어야 한다. 교회의 교회 됨은 영적인 싸움을 잘 감당하는 용사들을 통해 확인할 수 있다.

에바브로디도는 빌립보 성도들의 후원금과 선물을 가지고 로마 감옥에 갇혀 있는 바울의 옥바라지를 하기 위해 파견된 사람이었다. 30절에서 볼 수 있는 것처럼 그는 이 사명을 감당하기 위해 죽음의 위기에서도 자신을 돌보지 않고 끝까지 충성을 다했다. 생명을 다한 충성이야말로 진정한 충성이요, 온전한 순종이다. 예수님께서도 하나님 아버지께 생명을 다해 충성하셨다. 사도들이 그리스도와 하나님 나라를 위해 대부분 순교한 것도 이런 충성의 증거다. 하나님께서 믿음의 조상 아브라함에게 아들 이삭을 바치게 하신 것도 생명을 다해 온전히 충성할 수 있는지에 대한 시험이었다.

신학교 재학 시절 선교학을 가르치시던 교수님께서 암 수술을 받았다. 매우 위험하고 힘든 수술이어서 모든 신학생들이 채플시간에 한 목소리로 교수님의 치유를 위해 부르짖었다. 감사하게도 수술이 잘되어 기적적으로 회복하셨다. 그리고 한참 뒤 학교 채플 시간에 죽음의 위기에서 돌아온 교수님은 이렇게 말씀하셨다. "사랑하는 여러분, 우리는 주님을 위해 생명을 걸고 사역하는 것이 아닙니다. 아예 생명을 바쳐놓고 하는 것입니다. 제가 하나님께 생명을 바쳐놓고 수술대에 오르니 참으로 마음이 평안했습니다. 완전히 맡겼기 때문입니다. 앞으로 저는 주님께 제 생명을 바쳐놓고 사역할 것입니다." 신앙으로 인한 핍박과 시련이 많던 초대교회 시기에 충성의 근거는 생명까지도 바칠 수 있다는 각오였다. 평소에 주를 위해 생명까지도 기꺼이 바칠 수 있다는 마음의 자세를 간직한 사람만이 진정 충성된 일꾼이라고 할 수 있을 것이다.

에바브로디도에 대한 바울의 모든 평을 종합해 보면 에바브로디도야말로 자타가 공인하는 초대교회의 보석 같은 용사요, 충성된 일꾼이었다.

아름다운 근심, 성숙한 염려

우리는 본문 말씀에서 참으로 감동적인 하나님 나라 일꾼들의 마음 씀씀이를 본다. 에바브로디도가 바울을 방문했다가 중한 병에 걸려 고통당한다는 소식이 빌립보 성도들에게까지 알려졌다. 26절을 보면 에바브로디도는 빌립보 성도들이 바울과 더불어 자신의 건강과 생명 때문에 더 염려하게 된 것을 심히 근심한다. 하나님의 일을 하다가 중한 병에 걸렸을 때 대개는 자기 건강, 자기 생명을 걱정한다. "하나님, 왜 제게 이런 일이?" 하며 원망도 하지만 에바브로디도는 그러지 않았다. 자신의 죽고 사는 문제는 초월해 있다. 오직 빌립보 성도들을 걱정한다. 참으로 아름다운 근심이요, 성숙한 염려다. 이것은 에바브로디도가 그만큼 빌립보 성도들을 사모하기 때문에 가질 수 있는 마음이다.

또 27절에는 바울의 모습이 나타난다. 빌립보 교회에 대해 근심하던 바울에게 교회의 지도자 에바브로디도가 중한 병에 걸렸다는 소식은 큰 염려가 되었다. 그는 이를 '근심 위에 근심' 이라고 표현한다. 그러던 중 에바브로디도가 하나님의 도우심으로 건강을 회복하자 이 근심 위에 근심을 면하게 되었다고 하나님께 감사한다. 이런 바울의 마음 씀씀이 역시 에바브로디도와 비슷하다. 감옥에 갇혀 있는 자신의 신상에 대한 염려와 걱정이 아니다. 그 역시 자신의 문제를 초월해 빌립보 교회와 동역자 에바브로디도 때문에 먼저 근심한다. 이 또한 아름다운 근심이요, 성숙한 염려가 아닐 수 없다.

바울과 에바브로디도는 정작 자신들이 처한 위기와 고통, 생사안위보다 교회와 동역자를 더 염려했다. 이것은 고린도후서 7장 10절 이하에 나타나듯이 소위 사망에 이르게 하는 세상 근심이 아니라 하나님의 뜻대로 하나님의 선한 뜻을 이루기 위한 근심이요, 마음고생이었다. 우리가 이 세상에서 신앙생활 하면서 근심과 염려에서 완전히 자유 할 수는 없다. 근심과 염려는 우리 마음의 본능적인 작동 방식이다. 그러나 자신만을 위한 세상 근심에 푹 빠져 지내다 보면 결국은 영원한 사망에 이르고 말 것이다. 자신만을 위한 근심은 그저 자기 사랑에 대한 집착의 반영일 뿐이다. 많은 사람들이 쓸데없는 자기중심의 소모적 근심으로 인생을 소진한다.

그러나 더 고차원적인 의미와 목적을 위해 근심하는 자들이 있다. 이 땅의 것이 아닌 하나님 나라를 위해 근심할 줄 아는 사람들이 바로 그들이다. 이런 근심을 가진 자가 주님의 제자다. 지금 그대가 가진 고민을 정직하게 한번 재평가해 보라. 과연 그대의 주된 고민과 근심은 어떤 내용인가?

사람은 인정과 격려의 토양에서 자란다

결국 하나님께서 이런 에바브로디도와 바울의 마음 씀씀이를 보고 긍휼을 베푸셨다. 아마도 하나님께서 크게 감동하신 것 같다. 하나님의 역사로 에바브로디도는 놀랍게 건강을 회복했다. 이 일이 바울에게 큰 위로와 기쁨이 되었을 것이다. 그래서 바울은 회복된 에바브로디도를 빌립보 교회에 돌려보내 건강하게 회복된 그를 보고 빌립보 성도들이 위로받고 기뻐하기를 원했다. 동시에 에바브로디도가 바울의 감사와 빌립보 교회를 향한 권면을 제대로 전달해 주기를 바랐다.

얼마 지나지 않아 빌립보 교회는 바울이 인정하는 신실한 일꾼인 디모데와 에바브로디도를 만나게 될 것이다. 바울은 29절을 통해 빌립보 성도들에게 이와 같은 자들을 모든 기쁨으로 영접하라고 한다. ‘이와 같은 자들’이라는 표현에는 디모데와 에바브로디도뿐만 아니라 이들처럼 신실하고 충성된 귀한 일꾼들을 기쁨으로 영접하라는 의미가 포함되어 있다.

진짜 소망이 있는 조직이나 단체는 사람을 귀하게 여기고 인정한다. 어떤 인재들과 함께하느냐에 따라 그 조직이나 단체의 미래가 달려 있기 때문이다. 삼국지를 보면 유비가 당대의 인물인 제갈공명을 얻고자 세 번이나 그의 집을 찾아갔던 일이 있다. 이를 고사성어로 ‘삼고초려’ 三顧草廬라 한다. 왜 높은 유비가 시골에 은거해 있던 제갈공명을 세 번씩이나 찾아갔겠는가? 그만큼 그의 인물 됨됨이를 존중했다는 것이다. 인재를 소중하게 생각했다는 말이다.

인재를 어떻게 이해하는가에 따라 사람을 바라보는 관점이 완전히 달라진다. 만약 인재라는 단어를 '人在'로 이해한다면 사람은 어디든 지 또는 얼마든지 있다는 식으로 생각할 것이다. 이런 인재철학 하에서 사람은 그저 소모품에 지나지 않는다. 사람을 귀하게 생각하고 개발하 려 하지 않을 것이다. 또 다르게 인재를 '人材'로 이해하면 사람은 다 듬고 개발하기에 따라서 좋은 재목이 될 수 있다고 생각한다. 당연히 사람을 좋은 재목으로 개발하기 위해 노력할 것이다.

더 나아가 인재를 '人財'로 생각한다면 사람이 가장 중요한 재산이 된다. 그러니 사람을 더 소중하게 생각하고 적극적으로 훈련하고 관리 하고 보호할 것이다. 사람을 '人財'로 이해하는 기관이나 리더는 사람 을 훈련하고 세우고 개발하는 일에 전력을 다한다. 하나님께서는 한 성 도 한 성도를 '人財'로 보신다. 아들 예수님을 내어주실 정도로 귀중한 존재로 보신다. 그러나 인재는 자칫하면 '人災'를 불러올 수도 있다. 따라서 사람에 대한 지나친 낙관론도 경계해야 할 것이다. 하나님 나라 와 교회에 가장 큰 골칫덩이가 또한 사람이라는 사실을 잊어서는 안 된 다. 마귀는 사람을 '人災'로 만들려고 한다. 그러나 하나님께서는 우리 를 그리스도의 형상을 닮은 '人財'로 세우기를 원하신다. 바울, 디모 데, 에바브로디도는 하나님께서 친히 세우신 하나님 나라의 '人財'다.

많은 조직과 단체가 인재를 소중히 생각하지 못한다. 사람들을 귀하 게 생각하는 대신 소모품처럼 대하는 경우도 있다. 더 나아가 충성스러 운 사람들을 소홀히 대접해 마음을 상하게 하는 경우도 있다. 이런 비 극이 교회 안에 있어서는 안 된다. 하나님 나라의 귀한 일꾼들을 존경하고 격려하며 세워주는 문화가 교회 안에 만들어져야 한다. 하나님께서 세우신 교회의 귀한 일꾼들, 지도자들을 인정하고 격려해 줄 수 있기를 바란다. 그들에게도 존경과 지지가 필요하다. 인정과 격려, 이것이 사람이 자라는 토양이요, 건강한 교회의 문화적 특징이다.

몇 년 전, 성지순례의 마지막 방문지로 이탈리아의 로마를 방문한 적이 있다. 로마는 고대와 현대가 함께 숨쉬는 매우 인상적인 도시였고, 기독교 역사 2,000년의 숨결을 그대로 간직하고 있었다. 세계 교회사 속에서 서방 교회의 본부라고 할 수 있는 성 베드로 성당과 바티칸의 규모는 상상을 초월했다. 도시 여기저기에 엄청난 규모의 역사적인 교회들이 존재하고, 거기서 얼마 떨어지지 않은 곳에서는 개선문과 초대교회 원형경기장인 콜로세움을 볼 수 있었다.

디도 장군의 예루살렘 정복과 승리를 기념하여 세워진 기념물이 로마의 개선문인데, 그 개선문의 기둥에는 AD 70년에 예루살렘 성전을 파괴하고 약탈할 때 로마 군인들이 성전의 일곱 등잔을 들고 나오는 장면이 생생하게 조각되어 있다. 또한 콜로세움은 초대교회 때 박해받던 성도들이 짐승의 밥이 되거나 검투사들에 의해 무참히 살해되던 곳이다. 그 찬란한 기독교 문명의 도시 아래에는 거미줄처럼 얽혀 있는 지하무덤 교회, 카타콤이 있다. 그곳에서 초대교회 성도들은 AD 313년, 로마의 국교로 기독교가 공인되는 밀라노 칙령이 공표되기 전까지 300년 가까이 숨어 지냈다.

로마를 떠나기 전 마지막으로 방문한 곳이 '바울순교기념교회'다. 바울의 목이 잘려 순교했다고 알려진 교회다. 베드로의 교황권을 이어

받았다고 믿고 있는 로마 천주교회의 본부인 '성베드로성당'에 비하면 '바울순교기념교회'는 너무도 초라했다. 그러나 그곳에서 성베드로성당에서와는 다른 더 큰 감동을 느낄 수 있었다.

로마에서 본 기독교 신앙의 유적과 건물들은 웅장하고 화려했지만, 그런 문명과 문화는 결국 보이지 않는 수많은 숨은 성도들의 고난과 헌신 위에 세워졌다는 사실을 깨닫게 되었다. 기독교 신앙 2,000년의 흔적을 고스란히 간직하고 있는 로마에서 오히려 하나님 나라의 영광을 바라보며 이름 없이 빛도 없이 밑거름으로 헌신했던 수많은 제자들의 희생과 섬김에 대해 깊이 생각할 수 있었다.

본문에 등장하는 에바브로디도도 하나님 나라의 귀한 밑거름으로 드려진 사람이다. 이런 신실한 일꾼들의 생명 다한 희생과 섬김이 우리의 부족한 섬김에 채워지고 있다. 우리의 부족한 섬김과 충성의 빈 자리에 누구의 대가지불과 희생이 메워지고 있는가? 에바브로디도는 빌립보 성도들이 다 감당할 수 없었던 섬김의 부족을 채워 주었다. 오늘날도 에바브로디도와 같은 귀한 일꾼들의 헌신적인 섬김으로 하나님의 나라는 전진하며 확장되고 있다. 그런 헌신의 밑거름이 있는 곳마다 하나님 나라의 아름다운 열매가 풍성하게 맺힐 것이다.

함께 수고하고 함께 군사 된 자

우리가 실제로 하나님의 나라를 위해 용감하게 싸우든 싸우지 않든 모든 성도는 본질적으로 그리스도의 군사로 차출된 자들이다. 다만 그 사실을 알고도 자신의 본분에 충실하게 임하거나 자기 역할을 제대로 감당하지 못하는 성도가 있을 뿐이다.

아름다운 근심, 성숙한 염려

자신만을 위한 근심은 자기 사랑에 대한 집착일 뿐이다. 그러나 더 고차원적인 의미와 목적을 위해 근심하는 자들이 있다. 이 땅의 것이 아닌 하나님 나라를 위해 근심할 줄 아는 사람들이다. 이런 근심을 가진 자가 주님의 제자다.

사람은 인정과 격려의 토양에서 자란다

하나님께서 세우신 교회의 귀한 일꾼들과 지도자들을 인정하고 격려해 주라. 그들에게도 존경과 지지가 필요하다. 인정과 격려, 이것이 사람이 자라는 토양이요, 부흥하는 건강한 교회의 문화적 특징이다.

언제나 마지막 승리자는 본질을 추구한 성도다.

진리는 정직하다. 진리는 본질에 속한다.

본질에서 벗어날 때 진리는 우리에게 보복을 가해 온다.

진리가 보복한다는 사실을 잊지 말라.

결국 신앙의 본질을 추구하는

교회와 성도들을 하나님께서는

진리대로 복 주시고 귀하게 사용하신다.

3부

내 것을 포기함으로
하나님의 복을 얻습니다

빌립보서 3:1-3

1 끝으로 나의 형제들아 주 안에서 기뻐하라
너희에게 같은 말을 쓰는 것이 내게는 수고로움이 없고
너희에게는 안전하니라

2 개들을 삼가고 행악하는 자들을 삼가고 몸을 상해하는 일을 삼가라

3 하나님의 성령으로 봉사하며 그리스도 예수로 자랑하고
육체를 신뢰하지 아니하는 우리가 곧 할례파라

"영적인 꽃뱀과 제비들을 조심하십시오"

우리는 직관적으로 그 사람의 얼굴이나 분위기만으로도 그 사람의 건강이나 감정 상태를 알 수 있다. 잘 생기고 못 생기고는 나중 문제다. 요즈음 TV에서 한창 활동 중인 MC 강호동 씨는 일단 얼굴이 건강하고 밝다. 그가 소위 국민 MC로 인기를 얻는 데는 그의 건강미가 큰 몫을 하는 것 같다. 얼굴에 화색이 돌고, 건강한 기운이 뿜어져 나온다. 그러나 건강이 나쁜 사람은 어떤가? 분위기가 침울하고 혈색이 나쁘다. 사람은 본능적으로 건강하고 밝은 사람을 좋아하는 경향이 있다.

이런 밝은 얼굴이 억지로 만들어질까? 가능할지도 모른다. 배우들은 자신의 상황과 상관없이 웃기도 하고 울기도 한다. 보는 사람은 그것이 연기라고 생각하면서도 그 연기에 동화되어 같이 울고 웃는다. 그러나 진실된 기쁨, 자연스러운 웃음, 마음속 깊은 곳에서 쏟아지듯 나오는 기쁨의 웃음보다 더 화사하고 사람을 끄는 것이 있을까? 바울은 그런 기쁨을 누리라고 한다. 주 안에서 기뻐하라고 한다. 어떻게 하면 그런 참된 기쁨을 누릴 수 있는가?

형식적인 종교인들

기독교는 유대인 중심의 유대교를 모체로 탄생했다. 오순절 성령강림 이후에 생긴 초대 예루살렘 교회도 기존의 유대교 예루살렘 성전에서 시작되었다. 그러다가 마침내 안디옥에도 복음이 전파되면서 소위 이방인 교회가 시작되었다.

주도면밀하신 하나님은 이방인 선교를 위해 예루살렘 교회를 준비시키고자 사도행전 10장에서 사도 베드로에게 세 번씩이나 속되고 더러운 짐승에 대한 꿈을 꾸게 하시고 그것을 속되다 하지 말고 잡아먹으라고 하셨다. 그리고 그 계시적 꿈에 대한 적용으로 이방인인 로마 백부장 고넬료와 그 가족들에게 복음을 증거하게 하셨다.

하나님께서는 이방인 선교를 위해 예루살렘 교회의 최고 지도자였던 베드로의 사고방식 유대인 중심의 신학적 편견과 이방인에 대한 선입견을 교정하셨다. 그 결과 사도행전 15장에 나타나듯이 유대인 중심의 예루살렘 공의회에서 이방인 선교를 위한 더욱 개방적이고 실용적인 선교방침이 합의되었다. 이방인들의 경우, "이스라엘 사람들에게 적용되는 모든 율법과 절기를 다 지킬 필요는 없다. 다만 우상 제물과 피를 먹지 말고 목매어 죽은 것을 멀리 하라! 그리고 음행을 멀리하고 삼가라!” 이 정도라면 이방인 성도들도 얼마든지 지킬 수 있을 거라고 제안한 합의안이다.

초대교회의 총회라 할 수 있는 예루살렘 공의회에서 이방인 성도에 대해 이만큼이나 개방적이고 유연한 태도를 취할 수 있었던 것은 이미 최고 지도자 베드로가 복음을 전한 이방인에게 역사하신 하나님에 대한 간증들 때문이다. 하나님께서 세계 선교를 위해 미리 주도적으로 준비하신 것이다.

사도행전 15장 이후 바울은 본격적으로 이방인 선교에 나선다. 바울이 당시 헬라 문화권에서 복음을 전했던 곳곳마다 과거 전쟁과 난리통에 흩어진 디아스포라 유대인들이 있었다. 비록 이방 지역이었지만 이들은 회당을 중심으로 자신들의 신앙을 유지했고, 하나님의 택한 백성이라는 유대교적 선민의식으로 무장하여 절기와 율법을 고수했다.

바울은 선교 전략상 먼저 유대교 회당에서 복음을 전하려고 노력한다. 처음엔 유대교와 기독교가 명확히 구분되지 않았기 때문에 회당에 모인 유대인들은 예수 그리스도에 대한 바울의 가르침을 또 하나의 유대교적 가르침 정도로 생각했던 것 같다. 그러나 바울은 선교를 하면서 하나님의 섭리를 점점 깊이 깨달아 갔다. 낡은 가죽부대인 율법 중심의 유대교가 ‘새 술’이었던 예수 그리스도의 구원의 복음을 담을 새 부대가 될 수 없다는 사실을 알게 된 것이다. 그래서 그는 신학적으로 율법과 대비되는 십자가의 복음을 강력하게 선포하기 시작한다. 사실상 바울은 이 십자가 복음 때문에 유대인 동족들에게도 외면당하고 헬라인들이나 로마인들에게서도 핍박을 받게 된다. 그럼에도 바울은 십자가 중심의 순수한 복음 전하기를 포기하지 않았다.

어쨌든 바울이 전하는 십자가 중심의 복음을 듣고 율법 중심의 형식적 신앙에서 많은 성도가 해방되었는데 그 복음의 진수가 로마서 8장에 잘 나타난다. 그리고 초대교회가 유대교에서 점점 갈라져 나와 독자적인 기독교의 길을 가면서부터 바울의 초기 이방인 선교에 징검다리 역할을 했던 유대교는 도리어 교회를 어지럽히고 복음을 방해하는 가장 골치 아픈 대상으로 전락했다.

바울이 세운 이방인 교회들은 소위 유대주의자들, 즉 복음을 제대로 깨닫지 못하고 종교적 형식으로서의 율법을 고수하는 율법주의자들 때문에 많은 어려움을 겪는다. 빌립보 교회도 예외는 아니었던 것 같다. 오늘날도 마찬가지다. 예수 그리스도의 참된 생명의 능력을 소유한 자들이 생명 없는 형식적 종교인에 의하여 억압당하고 제한당하는 일이 있다.

본문 2절에 나오는 '개들, 행악하는 자들, 손 할례당'들은 다 약간씩 관점의 차이는 있지만 대개는 유대주의자, 또는 종교적 형식과 외식을 주장하는 율법주의자들을 일컫는 말이다. 따라서 이 본문은 교회를 어지럽히는 유대주의자들에 의해 위축되거나 동조되지 말고 복음을 바로 깨달은 그리스도인답게 견고하게 서라는 바울의 권면이라고 할 수 있다.

기쁨이 배어난 인격은
훈련에서 나온다

장로교회의 시조인 칼빈이 스위스 제네바에서 하나님의 도성, 거룩한 도시를 만들고자 안간힘을 쓸 때, 당시 종교개혁의 일부 지도자들은 일상생활에 교회법을 너무 지나치게 적용해 일체의 오락을 금하고 심지어 천박하게 웃기만 해도 감옥에 가두는 일조차 있었다. 그러다 보니 예수의 복음을 맛본 자들이 가질 수 있는 순수한 기쁨과 감사가 적극적으로 표현되지 못하는 후유증이 생기고 말았다. 온전히 하나님의 법대로 살아보려는 이들의 개혁 정신이 옳았다 하더라도 복음의 자유를 누리고 표현하는 부분에 있어서는 분명 지나친 억압이 있었던 것이다. 그러다 보니 지금까지 종교개혁자들, 특히 장로교회 가운데서는 경건의 문제와 관련하여 밝고 역동적인 신앙적 정서를 표현하는 것에 다소 소극적인 경향이 있는 것 같다.

사람들이 진정으로 회개하고 돌아오는, 참된 부흥이 일어나는 곳에는 천국 잔치가 벌어진다. 돌아온 탕자의 비유에서도 집 나간 아들이 돌아왔을 때 환영잔치가 벌어지지 않았는가? 기독교는 잔치하는 종교다. 진정한 회개와 구원의 역사가 일어나는 교회마다 잔치의 기쁨이 있어야 한다. 그래서 부흥하는 교회에는 잔칫집과 같은 분위기가 있다.

1990년대 중반에 크게 부흥하고 있던 한 교회를 방문했다. 그 교회에서 서너 번 예배를 드리면서 보니 그 교회의 전체적인 분위기가 꼭 시골 종갓집에서 벌어진 큰 잔치 같다는 느낌이었다. 지금도 그 느낌을 잊을 수가 없다. 온 교회에 가득한 질박한 기쁨이 교회가 건강하고 행복하게 성장하고 있음을 충분히 짐작케 했다.

기쁨이라는 것은 그 교회의 얼굴색과 같다. 일종의 영적인 분위기다. 내가 섬기고 있는 기쁨의교회에 처음 방문하는 외부 손님들이 교회의 첫인상으로 기쁨이 가득하다는 말을 자주 한다. 평안하고 행복해 보인다는 말도 자주 한다. 그때마다 기쁨의교회가 이름값은 제대로 하나보다 라고 생각한다. 기쁨은 교회의 중요한 건강 지표요, 교회를 진단하는 척도라고 할 수 있다. 교회에 들어섰는데 싸늘한 냉기가 돌고 초상집 같은 분위기라면 뭔가 교회에 문제가 있다는 증거가 아니겠는가? 바울은 1절에서 말한다. "나의 형제들아 주 안에서 기뻐하라." 이것은 선택적 기쁨이요, 창조적 기쁨이다. 기쁜 일이 있어서 기뻐하는 것이 아니라 예수 그리스도를 통해 하나님의 자녀 되고 구원의 백성이 되었다는 그 사실 때문에 기뻐하는 것이다. 우리가 힘들고 감정적으로 어렵더라도 주님을 기억하며 기쁨을 선택하면 신령한 하늘의 기쁨이 창조된다.

빌립보서 전체에는 기쁨에 대한 내용이 반복되고 있다. 바울은 같은 권면을 계속한다. "주 안에서 기뻐하라!" 몇 번이나 계속 반복한다. 바울은 이렇게 반복하는 것이 성도들에게 유익하고 안전하다고 말한다. 그리고 이렇게 반복해서 가르치는 것을 힘들게 생각하지 않는다. 항상 중요한 것일수록 반복해서 가르쳐 습관이 되게 해야 한다. 훈련의 기본은 반복이다. 수천, 수만 번 반복하다 보면 몸에 배어 자동으로 되는 것이다.

〈생활의 달인〉이라는 프로그램을 아는가? 오랜 세월 반복해서 같은 일을 계속 하다 보니 남다른 속도와 정확성으로 그 일에 관한 한 달인이 된 사람들을 소개한다. 완전히 몸에 밴 것이다. 그래서 언제 어디서나 몸에 밴 감각으로 자동으로 해낸다. 기쁨도 마찬가지다. 기뻐하기 힘든 상황에서조차 수백, 수천 번 기쁨을 선택하고, 기뻐하는 훈련을 반복해야 한다. 그리하여 그 기쁨이 우리 얼굴에, 몸에, 인격의 분위기 전체에 배어들어야 한다. 기쁨이야말로 복음적 인격의 핵심 정서다. 우리는 신앙적 기쁨을 이런 훈련이나 선택적 노력 없이 초자연적으로 주어지는 황홀경 정도로 생각하는 경향이 있다. 물론 신앙생활을 하다 보면 이런 특별한 감정 상태를 경험하기도 한다. 그러나 이런 황홀경 류의 기쁨은 영적인 사치품과 같다. 그러므로 이런 황홀경의 신앙적 기쁨을 계속 추구하다 보면 영적 욕구불만 상태에 빠지기 쉽다. 바울이 지금 말하고 있는 기쁨은 사치품이라기보다 신앙생활의 필수품이라고 할 수 있다. 이것은 초자연적인 기쁨을 포함하지만 더 많은 부분에서 인격화된 기쁨이요, 훈련된 기쁨이다.

"영적인 꽃뱀과 제비들을 조심하십시오"

연세 드신 분들이 건강검진을 받으면 보통 한두 가지 질병이나 주의해야 할 사항들이 나타나곤 한다. 그 중에 가장 흔한 것이 콜레스테롤 수치가 높아서 생기는 고지혈증이다. 또 영양 과잉과 스트레스로 인한 당뇨병도 많이 나타나는 질병 중 하나다. 옛날과 달리 모두 너무 많이 먹어서 생긴 일종의 영양과잉 병들이다.

초대교회, 특히 이방인 교회들에도 건강을 해치는 단골 고질병이 있었다. 형식적인 유대주의자들, 복음보다는 율법을 강조하는 율법주의자들이었다. 이들은 주로 유대교 배경을 가진 유대인 크리스천이거나 유대교를 믿다가 크리스천이 된 헬라인이었다. 그런데 문제는 이들이 예수 그리스도의 십자가 복음을 제대로 경험하거나 성령으로 거듭나지 못한 채 형식적 종교인으로만 존재했다는 것이다. 그뿐만 아니라 오직 믿음으로 구원받는다는 복음의 핵심을 왜곡하고 대적하기까지 했다. 어떻게 믿음으로만 구원받느냐, 율법과 유대인의 절기와 관습까지 모두 지켜야 한다는 식이다.

이들은 여전히 유대교적 편견과 우월주의, 형식주의에 깊이 빠져 있었다. 이들은 이방인 성도들이 너무 쉽게 구원받고 신앙생활의 자유를 누리자 그렇게 해서는 구원받지 못한다고 주장했다. 이들은 이런 저런 종교적 규범과 관습들을 지켜야 하며, 특히 남자들은 할례를 꼭 받아야 하나님의 자녀가 될 수 있다고 주장했다.

그런 주장들은 사실상 기독교 신앙의 근본 핵심을 왜곡하는 것이다. 만약 이방인 교회들이 이런 율법주의적인 영향을 그대로 받아들인다면 믿음으로 구원받는다는 복음의 핵심 진리는 훼손되고 결국 교회는 죽고 말 것이다.

그래서 바울은 2절에서 개들을 삼가고, 행악하는 자들을 삼가고, 손 할례당을 삼가라고 한다. 이들은 다 피하고, 멀리하고, 내어 쫓아야 할 세력들이다.

먼저 '개'라는 표현은 오늘날의 애완견이 아니라 거리를 헤매고 다니는 더러운 개라는 의미다. 아주 모욕적이고 적대적인 표현이다. 이 개들에 대한 해석은 여러 가지가 있지만 학자들의 일반적인 견해로는 유대주의자들을 말한다. 이들은 예수를 믿고 하나님의 자녀로 구원의 확신 가운데 거하는 성도들에게 종교적 형식과 제도를 강조하면서 본연의 믿음에서 떠나게 만들었다.

또 이들 중 몇몇은 이런 잘못된 가르침을 행할 뿐 아니라 금품을 뜯어내거나 교회에서 인간적인 열심으로 지도자의 자리에 올라 좋지 못한 영향력을 발휘하기도 했던 것 같다. 바울은 이런 자들을 '개'라고 표현하면서 피하라고 말한다. 하나님의 교회를 어지럽히는 염병 같은 존재들이라는 것이다.

두 번째로 행악하는 자들을 삼가라고 한다. 교회라는 곳은 누구나 드나들 수 있는 가장 열린 기관이다. 면접을 보고 성도를 뽑는 게 아니다 보니 신앙적 동기가 아닌 불순한 동기를 품고 교회로 들어와서 교인 행세하는 사람이 있을 수 있다. 신앙은 제쳐두고 교회 안에서 이성문제를 일으키거나 물건을 훔치고 장사하는 사람도 있다. 또 믿음이 어리고 분별력 없는 자들을 대상으로 일종의 종교적 사기를 치는 사람도 있다. 아무튼 구체적으로 불순한 동기를 가지고 악한 행동을 하는 사람들이 빌립보 교회에도 들락날락한 것 같다. 그래서 이런 자들을 경계하고 그들의 올무에 빠지지 말라고 권면한다.

교회 안에는 온갖 사람들이 왔다 갔다 한다. 그러다 보니 교회 안에서 말씀 중심, 신앙 중심이 아닌 다른 의도의 모임이 만들어 질 수 있다.

그래서 나의 경우에는 성도들끼리 돈을 매개로 하는 계모임을 하거나 다단계 판매로 물건을 부탁하는 등의 일들은 목회적으로 강하게 금지시키고 있다. 또 자칫하면 친교를 빌미로 성도들 안에서 덕이 안 되는 이성문제가 생겨날 수도 있다. 유난히 청년이 많은 어느 교회의 목사님이 이렇게 설교하는 것을 들었다. "신앙에는 관심 없이 그저 쓸만한 형제, 자매를 헌팅하려고 교회에 들락날락하는 영적인 꽃뱀과 제비들을 조심하십시오." 이것은 어느 교회에서든 일어날 수 있는 일이다. 이성문제, 돈 문제 등과 관련해서는 각별히 조심하고 주의해야 한다. 이런 문제들에는 언제나 영적인 꽃뱀과 제비들이 등장한다. 항상 예방이 최선이다. 분별할 줄 알아야 한다. 그런 사람들을 삼가고 경계할 줄 알아야 한다.

세 번째로 삼가야 할 대상이 손 할례당이다. 이것은 올바른 할례의 의미를 모르고 그저 종교적 상징이나 형식으로 할례받은 사람들을 말한다. 할례는 유대인 남자들이 하나님의 택한 백성임을 상징하는 의미에서 그들의 생식기 끝을 잘라내는 의식이다. 할례 예식의 바른 의미는 몸에 하나의 흔적을 새김으로 하나님께서 택하신 거룩한 백성답게 구별되이 살라는 것이다. 그 수술 자국을 볼 때마다 거룩한 백성임을 잊지 말라는 의미다.

그러나 손 할례당은 이와 같은 할례의 본래 정신은 망각한 채 그 형식과 모양만 고수하는, 영적으로 참된 생명이 없는 사람들을 말한다. 우리의 신앙생활에서도 얼마든지 가능한 일이다. 무엇이든지 겉모양만 있고 진정한 의미를 상실하면 경건의 모양만 있고 경건의 능력은 상실하고 만다.

바울이 조심하라는 사람들은 오늘날로 말하면 교회 안의 종교적 형식주의자, 교회 직분을 계급으로 알고 순수하지 못한 동기로 자기를 높이는 자, 미성숙함으로 다른 성도들에게 상처를 주는 자, 교회를 통해 자기 이익을 취하는 자들이라고 할 수 있다. 건강한 교회는 이런 사람들이 잘못된 영향력을 발휘하지 못하도록 미리 차단하고 예방한다.

본질을 지킨 자가
마지막 승리를 얻는다

몸의 건강을 지키기 위해서도 피하고 삼가야 할 것이 있고, 열심으로 추구하고 본받아야 할 것들이 있다. 예를 들면 과식이나 불량식품은 삼가야 할 것들이다. 앞에서 빌립보 교회가 건강을 위해 삼가야 할 대상들을 살펴보았다. 그러나 건강을 위해서는 동시에 적극적으로 행해야 할 일들도 있다. 예를 들면 적절한 운동, 좋은 음식 섭취, 충분한 휴식 같은 것들이다.

3절에서 바울은 빌립보 교회를 든든하게 지키고 있는 신실한 성도들의 자부심을 북돋아주고 있다. 이런 신실한 성도들이 많아질 때 그 교회는 건강해질 것이다. 건강한 세포가 많이 만들어질 때 건강한 몸이 유지되는 것과 같은 이치다. 반대로 나쁜 세포가 이상 증식을 하게 되면 그것이 바로 암이다. 암은 자기 자신을 빼놓고 다른 모든 것을 파괴시킨다. 그리고 마지막에는 자신도 파괴된다. 교회도 건강하기 위해서는 좋은 세포, 즉 건강한 성도들이 끊임없이 배출되어야 한다. 그렇다면 교회를 건강하게 하는 좋은 성도는 누구인가?

첫째, 하나님의 성령으로 봉사하는 성도다

여기서 '봉사'는 공적으로 드리는 예배를 말한다. 건강한 성도는 예배에 성공한다. 요한복음 4장 24절에서 주님은 "하나님은 영이시니 예배하는 자가 영과 진리로 예배할지니라"고 말씀하신다. 예배의 장소나 형식보다 예배드리는 자의 심령이 더 중요하다는 말씀이다. 성령의 도움을 힘입어 신령한 예배를 드리는 성도가 좋은 예배자요, 교회를 건강하게 하는 성도다. 교회 지도자들은 이런 좋은 성도, 즉 진정한 예배자들이 교회의 존경을 받으며 교회의 일꾼으로서 영향력을 발휘하도록 도와주어야 한다. 건강한 성도들이 꾸준히 확대 재생산되도록 노력해야 한다.

둘째, 그리스도 예수를 자랑하는 성도다

그 사람의 신앙 됨됨이나 신앙생활의 동기는 그가 무엇을 자랑하고 무엇을 추구하는지를 보면 알 수 있다. 직업이 뭔지, 가방끈은 어떤지, 직위는 뭔지 같은 것들이 성도들의 주된 관심사라면 그 교회는 영적 본질에서 조용히 멀어지고 있는 것이다. 물론 지식이 많고, 직위가 높고, 경제적으로 부요한 것이 죄악은 아니지만, 성도들이 예수 그리스도보다 이런 것들을 더 사모하고 자랑한다면 그것은 우상숭배다.

셋째, 육체를 신뢰하지 않는 성도다

여기서 육체라는 것은 신앙의 본질과 상관없는 인간의 모든 조건이나 업적, 또는 배경을 의미한다. 교회는 세상의 조직과는 다르다. 아무리 세상적인 조건이나 지위가 대단해도 일단 교회에 와서는 훈련받고 겸손히 섬기는 노력이 필요하다. 오히려 세상에서 영향력 있는 사람일수록 교회 안에서는 더욱 모범을 보여야 한다. 어떤 목사님은 세상에서의 지위가 높은 분들일수록 교회에서는 더 힘들고 궂은일을 의도적으로 맡기기도 한다. 세상에서 높은 사람으로 대접받았다면 교회에서라도 직접 몸으로 하는 힘든 봉사로 겸손과 섬김을 배우라는 의미다.

좋은 성도는 신앙 본연의 목적과 원칙에서 이탈하지 않는다. 어떤 분야든 가끔은 본질에서 벗어나 비본질적이고 잘못된 것을 추구하는 일들이 있다. 신앙의 세계도 마찬가지다. ‘본질’에 사로잡히지 못하면 ‘비본질’이 우리를 사로잡아 변질시키고 말 것이다. 우리가 계속 본질을 추구하면 신앙의 본질적 능력이 주님을 닮아가도록 우리를 변화시켜 갈 것이다. 그러나 비본질을 오랫동안 추구하다 보면 한참 뒤에는 정말 이상한 괴물처럼 변질되어 있는 자신을 발견하게 될 것이다. 예수님 당시의 바리새인, 서기관들이 이런 종교적 괴물들이었다.

언제나 마지막 승리자는 본질을 추구한 성도다. 진리는 정직하다. 진리는 본질에 속한다. 본질에서 벗어날 때 진리는 우리에게 보복을 가해 온다. 진리가 보복한다는 사실을 잊지 말라. 결국 신앙의 본질을 추구하는 교회와 성도들을 하나님께서는 진리대로 복 주시고 귀하게 사용하신다.

바울은 지금 빌립보 교회를 무너뜨리려는 유대주의자들을 경계하는 동시에 복음에 합당하게 성령의 능력을 따라 사는 성도들을 격려하고 빌립보 교회가 든든하게 세워지기를 소망하면서 이런 권면을 하고 있다.

형식적인 종교인들

'개들, 행악하는 자들, 손 할례당'을 삼가라. 이들은 종교적 형식과 외식을 주장하는 율법주의자들이다. 이들은 교회를 어지럽히고 복음을 방해하며 예수 그리스도가 주신 참된 생명의 능력을 생명 없는 형식적 종교 행위로 전락시킨다.

기쁨이 배어난 인격은 훈련에서 나온다

기뻐하기 힘든 상황에서조차 수백, 수천 번 기쁨을 선택하고, 기뻐하는 훈련을 반복해야 한다. 그리하여 그 기쁨이 우리 얼굴에, 몸에, 인격의 분위기 전체에 배어들어야 한다. 이것은 인격화된 기쁨이요, 훈련된 기쁨이다.

"영적인 꽃뱀과 제비들을 조심하십시오"

"신앙에는 관심 없이 그저 자신의 유익을 위해 교회에 들락날락하는 영적인 꽃뱀과 제비들을 조심하십시오." 이성 문제, 돈 문제 등과 관련해서는 각별히 조심하고 주의해야 한다. 분별할 줄 알아야 하며, 그런 사람을 삼가고 경계할 줄 알아야 한다.

본질을 지킨 자가 마지막 승리를 얻는다

우리가 계속 본질을 추구하면 신앙의 본질적 능력이 주님을 닮아가도록 우리를 변화시켜 갈 것이다. 언제나 마지막 승리자는 본질을 추구한 성도다. 진리는 정직하다. 진리는 본질에 속한다. 본질에서 벗어날 때 진리는 우리에게 보복을 가해 온다.

Philippians ····· ··

4 그러나 나도 육체를 신뢰할 만하며
만일 누구든지 다른 이가 육체를 신뢰할 것이 있는 줄로 생각하면
나는 더욱 그러하리니

5 나는 팔일 만에 할례를 받고 이스라엘 족속이요 베냐민 지파요
히브리인 중의 히브리인이요 율법으로는 바리새인이요

6 열심으로는 교회를 박해하고 율법의 의로는 흠이 없는 자라

7 그러나 무엇이든지 내게 유익하던 것을
내가 그리스도를 위하여 다 해로 여길뿐더러

8 또한 모든 것을 해로 여김은
내 주 그리스도 예수를 아는 지식이 가장 고상하기 때문이라
내가 그를 위하여 모든 것을 잃어버리고 배설물로 여김은 그리스도를 얻고

9 그 안에서 발견되려 함이니 내가 가진 의는 율법에서 난 것이 아니요
오직 그리스도를 믿음으로 말미암은 것이니 곧 믿음으로 하나님께로부터 난 의라

인생 최고의 갈망

세상에는 어떤 일을 진행하다 도무지 일이 진척 안 되고 지지부진하다면 세 가지를 살펴야 한다는 리더십 법칙이 있다. 첫째는 그 일을 이룰 지식이 있는지, 둘째는 그 일을 이루려는 열망이 있는지, 셋째는 그 일을 이룰 여러 조건들이 잘 갖춰져 있는지다. 사람들은 자기가 이루고 싶은 일들을 성취하기 위해 모두 이 세 가지를 찾고 가지고 실행하려고 기를 쓴다. 이 세 가지 조건을 모두 가지고 있다면 일단은 성공 가능성이 높은 것으로 여긴다. 나머지는 자신을 도와줄 주위 사람들뿐이다.

바울은 이 세 가지를 다 가지고 있었다. 그의 가방끈은 엄청 길었다. 무슨 일이든 할 수 있는 지식이 있었고, 반드시 해결해 내리라는 강력한 열망도 있었고, 예수쟁이들을 괴롭힐 만반의 준비도 다 갖추고 있었다. 그것을 자랑했고 그것을 활용해 엄청난 일도 자행한 실천가이기도 했다. 그러던 그가 또 한 번의 실적을 올리러 가는 중에 부활하신 예수님을 만났다.

그리고 그의 모습은 완전히 바뀌었다. 여태 자랑하고 다니던 최고의 조건들을 배설물로 여겼다. 예수님을 만나고, 예수님을 위해 살고, 예수님을 위해 죽고, 예수님을 위해서라면 자신이 가진 모든 것을 버려도 좋다는 인생 최고의 갈망을 가지게 되었다. 그대는 어떤가? 그동안 매일 똑같이 살던 인생을 완전히 바꿀 최고의 갈망이 있는가? 그 갈망은 무엇인가?

바울의 가방 끈

먼저 본문을 이해하기 위해 부활하신 예수 그리스도를 만나기 전 바울이 자랑하던 '육체를 신뢰할 것' 4절에 대해 생각해 보자. 바울은 예수를 믿기 전 자신이 자랑했던 것들을 5절과 6절에 걸쳐 언급한다. 그것은 크게 두 가지로 분류할 수 있는데, 하나는 바울이 태어날 때부터 갖게 된 혈통적 특권이며 다른 하나는 그가 자라면서 노력으로 성취한 것들이다.

바울은 출생과 함께 얻게 된 특권, 즉 혈통 배경에 있어서 유대인의 율법적 전통에 따라 팔 일 만에 할례받은 이스라엘 혈통이다. 이방 출신으로 할례받고 개종한 것이 아님을 강조한다. 특히 팔 일 만에 할례받았다는 것은 순수 정통 이스라엘 사람이라는 의미다.

거기에 베냐민 지파였다. 베냐민 지파는 이스라엘 열두 지파 중에서 최초로 왕을 배출한 지파로 이스라엘이 남북으로 갈라질 때 유다 지파와 함께 예루살렘을 중심으로 신앙적 정통성을 수호한 유력한 지파였다. 게다가 전쟁 때는 아주 영웅적으로 싸웠던 지파이기도 하다. 그러니 이스라엘 사람들 사이에서 "무슨 지파인가?"라고 물을 때, "베냐민 지파다"라고 답하는 것은 큰 자랑거리였을 것이다.

또한 바울은 히브리인 중의 히브리인이다. 히브리 부모 사이에서 태어난 히브리인이라는 뜻으로, 이 표현은 당시의 헬라파 유대인들과 구별하기 위해 쓰여졌다. 헬라파 유대인은 하나님의 징계로 전 세계에 흩어진 디아스포라 유대인을 일컫는다. 이들은 오랜 외국 생활 때문에 주로 헬라어를 사용했고 히브리어는 잘 몰랐다. 반면 히브리인 중의 히브리인들은 히브리어를 모국어로 사용하는 사람들로 이들은 헬라파 유대인을 헬라 문화에 오염된 유대인쯤으로 생각했다. 그러니 '히브리인 중의 히브리인'이라는 표현에도 역시 대단한 종교적, 민족적 자부심이 포함되어 있는 것이다.

바울은 예수 믿기 전에는 이런 혈통적 배경을 은연중에 자랑하며 자신의 자존감과 우월감의 원천으로 여겼다.

뿐만 아니라 바울이 성장하면서 노력하여 개인적으로 성취한 것들이 있다. 그는 율법의 기준으로는 바리새인이라고 한다. 바리새주의는 출애굽기 19장 5-6절을 중심으로 "이스라엘 민족은 거룩한 백성이 되고 제사장 국가가 되어야 한다"는 이상을 추구했던 중산층 평신도 중심의 성결과 부흥운동의 결과물이다. 이들은 소위 직업적인 제사장들은 아니었지만 하나님의 율법을 철저하게 실천하고자 노력했고, 그래서 더러운 것과 분리된다는 의미에서 성별, 즉 '바리새'라는 이름을 갖게 된 것이다. 그러니 바울이 바리새인이라는 것은 그만큼 엘리트에다가 율법을 깊이 연구하고 실천했던 경건한 사람이라는 자랑거리인 것이다. 실제로 바울은 당시에 가장 실력 있는 랍비인 가말리엘의 전도유망한 문하생이었다.

또한 그는 로마 시민권을 갖고 있었고, 헬라어에도 능통했다. 오늘날로 말하면 영어와 한국어를 유창하게 구사하는 이중 국적자에 박사학위가 몇 개쯤 되는 사람이라는 말이다. 가방끈이 매우 긴 사람이 바울이었다. 자랑할 만하지 않겠는가?

또한 6절에서 그는 열심으로는 교회를 핍박했다고 한다. 이때의 '열심'은 심리적인 용어이면서 하나의 신학적 의미를 갖는 단어다. 민수기 25장에서 출애굽 당시 가나안으로 들어갔던 이스라엘 백성이 그곳 여인들과 음행하고 우상숭배 할 때, 아론의 손자 비느하스가 하나님의 영광과 순결에 대한 열성으로 미디안 여인과 동침하는 이스라엘 사람 시므리를 창으로 찔러 죽였다. 그리고 이 행동으로 하나님의 진노가 멈추고 죄가 사해지는 일이 있었다.

그 이후로 이스라엘 역사 속에서 이와 같은 비느하스의 종교적 열심을 이어받으려는 운동들이 일어났다. 주전 168년에 유대교를 말살하려는 시리아의 통치에 대응하여 마카비 형제들이 들고 일어난 것도 이 열심을 재현하려 했던 것이다. 그리고 주후 1세기 중반쯤에 로마 통치에 대항하여 하나님의 영광을 이루려고 했던 이스라엘의 독립투사들도 비느하스의 열정을 본받는다고 해서 젤롯당 곧 열심당이라 불렸다.

바울도 이스라엘의 율법적 전통과 순결을 지키기 위해 비느하스의 열심 못잖은 열심으로 교회를 핍박했다. 유대교에 반하는 이단 예수교를 박멸하는 것이 여호와 하나님을 잘 섬기는 일이라고 오해했기 때문이다. 그리고 이런 종교적 열심으로 그는 스스로를 율법적 의에 비추어 보아서도 흠이 없는 자라고 생각했다.

그러나 7절부터 바울의 이런 종교적, 민족적, 신분적 자랑거리는 그가 다메섹 도상에서 부활하신 예수 그리스도를 만난 후부터 완전히 달라지기 시작한다.

포기함으로 얻고 버림으로 취한다

몇 해 전 기독교 분야의 베스트 셀러가 되었던 하버드 대학 박사 출신의 이용규 선교사가 쓴 『내 인생에서 가장 행복한 결심―내려놓음』이라는 책에 이런 내용이 있다. "이 세상의 주인 노릇을 하는 사탄은 우리에게 끊임없이 가지라고, 꼭 붙들고 있으라고 유혹한다. 내려놓으면 모두 잃어버린다고 우리에게 속삭이지만 정작 우리가 하나님 앞에 다 내려놓았을 때 진정 내 것이 되고, 더 좋은 것을 얻게 된다." 기독교 신앙의 기본적인 진리는 포기함으로 얻고, 버림으로 취한다는 것이다. 바울도 지금 이전에 자랑했던 모든 것을 내려놓고 버렸더니 더 귀한 것을 얻었다고 증거한다.

그런데 예나 지금이나 교회의 가장 큰 문제는 성도들이 포기하지 않으면서 얻으려 하고, 버리지 않으면서 취하려 하며, 순종하지 않으면서 복 받으려 한다는 것이다. 이것은 바로 우리 안에 여전히 존재하는 자기중심적 죄성 때문이다. 이 죄성이 우리의 영성까지도 변질시키려고 한다. 기독교 신앙이 미신과 다름없는 기복신앙으로 변질되거나 신학자 본회퍼의 말처럼 값싼 은혜만이 난무하는 천박한 신앙으로 전락하고 마는 것도 이 때문이다. 죄성과 맹목적 신앙이 결합하여 생겨나는 사생아가 우상숭배적인 기복신앙인 것이다.

예수 믿고 신앙생활 함에도 그 가치관과 자랑거리가 믿기 전과 조금도 달라지지 않기도 한다. 자! 한번 상상해 보자. 바울이 사도가 되고 나서도 여전히 자신이 히브리인 중의 히브리인인 것을 자랑하고, 바리새파인 것을 자랑하고, 율법의 의로 흠이 없는 자라는 '자기 의'가 가득한 채로 사역했다면 그런 놀라운 복음의 열매가 가능했겠는가? 교회 안에 세상 사람들이 추구하는 기준과 부러워하는 자랑거리들이 침투해 교회의 가치관을 형성하기 시작하면 신앙의 본질적 능력들은 훼손되고 만다. 하나님의 거룩한 능력은 강력함과 동시에 매우 예민하기 때문이다.

예수님을 만나기 전에 바울은 스스로 하나님을 잘 알고 열심으로 섬긴다고 착각했다. 그러나 부활하신 예수님을 만나고 나서 자신의 무지와 오해를 철저하게 깨닫는다. 이런 깊은 깨달음과 성찰이 있기 전에 바울은 사도행전 8장 이하에서처럼 많은 혼란과 고통스러운 깨어짐의 과정을 통과했다. 그러나 이 과정은 의미 있는 고통이요, 가치 있는 깨어짐이었다. 전문가들에 의하면 개인의 성숙과 변화personal transition의 과정은 크게 다음과 같은 세 가지 단계로 이루어진다고 한다. 먼저는 자신의 과거와 결별하는 단계ending stage다. 두 번째로는 변화를 위해 진통이 이어지는 중립지대의 단계neutral zone stage다. 대개 이 중립지대는 익숙하지 않은 혼란과 갈등과 진통이 수반된다. 깨어짐과 변화가 집중적으로 일어나는 단계다. 세 번째로는 변화와 함께 시작되는 새 출발의 단계new start stage다. 바울은 예수를 만나 이 세 단계를 다 통과하고 새 출발을 했다.

우리에게 복이 임하는 순간은 육체적, 세상적 기준으로 보면 전혀 달갑지 않은 순간일 수도 있다. 사업에 실패하고, 시험에 실패하고, 건강을 상실하고, 인간관계에 갈등을 겪으면서 자신이 자랑스럽게 여기던 모든 소중한 것들이 물거품처럼 사라진 그 자리에서 정작 인생의 가장 귀한 것을 깨닫기도 한다. 그래서 고통과 실패의 자리가 때로는 성숙과 복의 자리로 바뀌기도 한다. 그 자리가 바로 하나님의 능력 안에서 변화의 중립지대neutral zone요, 훈련의 광야가 되는 것이다. 바울도 이런 깨어짐과 시련의 과정을 통해 점점 변화하면서 새로운 가치관, 새로운 욕구, 새로운 감정으로 거듭났다. 그의 표현대로 예수 안에서 새로운 피조물고후 5:17이 된 것이다. '하나님의 사람' 다운 인격과 내면을 만들어 내고자 하나님께서 친히 연단하신 것이다. 하나님은 사람을 본격적으로 쓰시기 전에 이와 같이 사람을 먼저 준비시키고 훈련시키신다.

세상의 자랑거리들이
배설물이 된 이유

드디어 바울은 이전에 자신이 자랑하고 다니던 모든 것들을 배설물로 여긴다고 고백하기에 이른다. 매슬로우라는 심리학자는 사람의 욕구체계에서 가장 고차원적 욕구는 자기실현의 욕구라고 했다. 그는 사람을 생리적인 기본 욕구가 충족되면 그것으로 끝나지 않고 더 의미 있고 귀한 것을 추구하는 욕구적 존재라고 규정했다. 성경은 하나님께서 인간의 마음속에 영원을 사모하는 마음, 즉 하나님을 찾고 갈망하는 그 무언가를 심어 놓았다고 말한다. 인간은 궁극적으로 이 영적 갈망이 채워져야만 만족하는 영적 존재다. 다윗은 시편 23편 1절에서 이렇게 고백한다. "여호와는 나의 목자시니 내가 부족함이 없으리로다." 하나님 안에서 영혼의 깊은 갈망이 충족된 사람만이 할 수 있는 최상의 고백이다. 영원을 사모하는 인간의 갈망은 오직 하나님 안에서만 충족된다.

바울이 자기 자랑과 의지할 조건들을 포기한 것은 그저 소극적이거나 마지못해 한 일이 아니었다. 그는 아주 적극적인 표현을 써서 과거에 자신이 자랑했던 모든 것들이 주님을 알아가고 주님의 사명을 이루어 가는 데 방해가 된다고 말했다. 이 말은 단순히 피한다는 의미가 아니라 적극적으로 자원하여 버리겠다는 뜻이다.

뿐만 아니라 배설물로 여긴다는 것 역시 아주 적극적으로 버리겠다는 표현이다. 몸에 쌓이는 배설물을 소중한 것인 양 버리지 못하고 가지고 다니는 사람이 있다면 그는 분명 치매 환자거나 정신병원에 가야 할 사람이다. 정상적인 사람이라면 어떻게 해서든지 이 배설물을 버리려고 할 것이다. 바울은 이전에 자신에게 주어졌던 종교적, 신분적, 학문적 자랑거리들을 다 배설물과 해로 여겨 적극적으로, 의지적으로 버리고 배척하겠다고 한 것이다.

왜 버리고 배척하려고 했는가? 다시 말하지만, 이런 것들이 주님을 더 깊이 알아가고 주님의 사명을 감당하는데 오히려 방해와 걸림돌이 된다고 생각했기 때문이다. 대개 사회적으로 실력 있고 지위나 학문이 높은 분들이 오히려 겸손히 예수를 잘 믿고 교회에 덕을 세우기란 참 어려운 것 같다. 오해하지 말라. 물론 그런 분들 중에 많은 연단과 훈련을 통해 귀하게 쓰임 받는 분들도 있다. 그러나 충분히 연단받지 않은 경우에는 그들이 가진 재산과 지식과 권력은 그들이 겸손히 주님만 바라보는 데 도리어 걸림돌이 되고 만다. 자꾸만 가진 것을 의지하게 하고 눈에 보이는 것을 더 추구하도록 만든다. 순종하는 신앙생활을 하다 보면 때로 주님은 우리가 생명처럼 붙들고 있는 것을 포기하고 내놓으라고 하실 때가 있다. 더 귀한 것을 주시려고 포기하고 내놓으라는 것이다. 바로 이런 포기 때문에 순종하는 신앙생활을 부담스럽고 거북하게 생각한다. 믿기는 믿는데 전심으로 믿고 순종하지 못한다.

그렇다고 해서 당신의 자녀들이 "저는 그럴 줄 알고 공부 열심히 안 합니다. 좋은 대학 안 갈 겁니다. 다 배설물이고 해가 되기 때문입니다"라고 말한다면 꿀밤을 한대 먹여야 할 것이다. 물론 공부 열심히 해야 한다. 직장생활, 가정생활, 사회생활도 성실하게 감당해야 한다. 그러나 무엇이 가장 귀한 것인지 먼저 깨닫는 것이 더 중요하다.

돈도, 명성도, 권력도, 사회적 지위도 필요하지만 다 예수 중심의 가치관이 명확하게 정립된 뒤의 이야기다. 이 모든 것 자체가 목적이 아니라 하나님의 영광을 위해 필요한 도구들이요, 수단이 되어야 한다. 그러나 이런 것들이 하나님의 뜻을 이루어가는 일에 걸림돌이 된다면 배설물처럼 버리고 포기할 줄도 알아야 한다.

알렉산더 대왕이 이끄는 군대가 페르시아와 싸우기 위해 전진하고 있었다. 이들은 패전을 결심이라도 한듯 힘없이 느릿느릿 행군했다. 이를 본 알렉산더 대왕은 금방 그 이유를 알아차렸다. 병사들은 앞선 여러 전투에서 얻은 노획물들을 몸에 잔뜩 지닌 채 행군하고 있었다. 알렉산더는 행군을 멈추게 한 후 모든 노획물들을 모와 불태워버리라고 명령했다. 병사들은 이 명령에 심한 불평을 늘어놓았지만 결국 이 명령에 따른 덕분에 페르시아와의 전쟁에서 승리할 수 있었다. 우리는 그리스도의 군사다. 왕이신 주님께서는 탐욕으로 움켜쥔 것들을 내려놓으라고 명령하신다. 불평하지 말라! 그 명령에 순종할 때 우리는 왕을 따라 끝까지 행군할 수 있을 것이고, 완전한 승리의 주인공이 될 것이기 때문이다.

바울은 세상 사람들이 사모하는 모든 것들이 가장 귀한 예수 그리스도와 비교하면 다 배설물이라고 주장한다. 좀 더 적나라하게 표현한다면 이런 뜻이다. 모두 다 똥이라는 말이다. 바울의 확고한 신앙적 가치관이 드러나는 부분이다. 바울은 그만큼 예수 그리스도의 소중한 가치를 깊이 깨달아 알고 있었다.

예수를 믿는다고 금방 바울과 같은 예수 그리스도 중심의 가치관으로 무장되는 것은 아니다. 말씀을 알아가고 체험하면서, 또 때로는 시행착오와 징계를 받으면서 점점 깨닫게 되는 것이다. 미숙함에서 성숙함에 이르는 과정에는 시간이 필요하다. 신앙의 성숙이란 무엇인가 결국 예수 그리스도가 가장 귀한 분이라는 사실을 진심으로 고백하는 태도를 말한다.

인생 최고의 갈망

크리스천은 늘 끝을 의식하면서 살아가는 사람이다. 나는 목사로서 나의 마지막 모습이 어떨지 가끔씩 생각해 본다. 히브리서 13장 7절은 나를 돌아보기 위해 자주 묵상하는 말씀 중 하나다.

> "하나님의 말씀을 너희에게 일러주고 너희를 인도하던 자들을 생각하며 그들의 행실의 결말을 주의하여 보고 그들의 믿음을 본받으라."

말씀을 가르치며 인도하던 자들의 결말을 주의하여 보라고 한다. 처음도 중요하지만 끝이 더 중요하고 그 끝이 아름답기를 소망한다.

개인적으로 존경하는 80세 가까운 선배 목사님을 알고 있다. 오래전 은퇴하셨음에도 왕성하게 활동하며 여전히 하나님의 말씀을 전하고 있다. 목회자 세미나에서 자신의 사역을 돌아보며 강의하시는데 '아, 나도 저렇게 나이 들고 싶다!'라는 생각이 마음 가득 일어났다. 목회를 시작할 때부터 지금까지 한결같은 모습으로 교회와 성도를 섬기며 말씀을 선포한 모습이 참 귀하고 아름다워 보였기 때문이다. 초라하게 늙어가는 모습이 아니라 주님과의 사랑에 깊이 빠져 있는 자의 내적인 풍성함이 가득했다. 본받고 싶은 믿음의 선배가 있다는 것은 정말 귀한 복이다.

목회자로서 많은 교회 지도자들과 성도를 만나지만 안타까운 것은 대부분 욕심이 너무 작다는 사실이다. 어떤 분들은 직분에 마음을 빼앗기고, 어떤 분들은 교회 사역에 사로잡혀 있다. 또 어떤 분들은 하나님의 복에 대단한 집착을 보인다. 그러나 예수 그리스도를 더 깊이 사랑하고 온전히 알아가려는 열망에 사로잡힌 사람을 발견하기란 쉽지 않다. 우리 모두의 신앙적 욕심이 너무 작은 것은 아닌지 반성해 볼 필요가 있다. 기껏해야 큰 교회를 세우고, 무슨 단체나 모임의 장이 되고, 어떤 직분을 얻고, 복 받는 정도에서 멈춘다. 물론 이런 것들을 과소평가하려는 의도는 결코 아니다. 그러나 이런 것들은 우리 신앙의 부산물들이지 우리 신앙의 궁극적인 목표가 아니지 않는가? 가장 크신 하나님을 믿으면서도 우리 마음의 스케일은 너무 작지 않은가? 우리 신앙 인격의 범위가 너무 제한적이라고 생각하지 않는가?

가장 크신 하나님을 온전히 사랑하고 추구하는 거룩한 야망에 사로잡힌 성도가 되기를 바란다. 소탐대실小貪大失이라는 말이 있다. 작은 것을 탐하다가 큰 것을 잃는다는 말이다. 이것이 오늘날 우리 믿음의 현주소는 아닐까? 우리의 욕심, 우리의 열망이 더 크고 더 높아져야 한다. 세상 것들을 사랑하는 그 마음을 압도하는 거룩한 야망, 거룩한 욕심을 마음속에 간직할 수 있기를 바란다. 이 거룩한 욕심, 거룩한 야망의 핵심은 무엇인가? 사도 바울이 8-9절에서 고백하는 것처럼 결국 "그리스도를 얻고 그 안에서 발견되기"를 간절히 원하는 영적인 갈망이다.

'사랑의 원자탄'으로 알려진 손양원 목사님은 "예수 중독자"라는 시에서 이렇게 고백한다.

나 예수 중독자 되어야 하겠다.

술 중독자는 술로만 살다가 술로 인해 죽게 되는 것이고,

아편 중독자는 아편으로 살다가 아편으로 인해 죽게 되나니

우리도 예수의 중독자 되어 예수로 살다가 예수로 죽자.

우리의 전 생활과 생명을 주님 위해 살면 주 같이 부활된다.

주의 종이니 주만 위해 일하는 자 되고 내 일 되지 않게 하자.

비록 쉽게 흔들리고 한눈팔기 쉬운 연약한 믿음이지만 이 시간 다시 한번 오직 주님만이 우리의 가장 귀한 분이라고 이렇게 기도해 보자.

주님!

우리 일생에 가장 큰 목표가 있다면 주님을 온전히 얻는 것입니다.

주님이 가장 큰 상급입니다.

주님은 가장 귀한 연인입니다.

때때로 세상의 배설물들로 인해 우리들의 마음이 흔들릴 때,

가장 귀한 주님을 생각하며 눈 멀지 않게 하옵소서.

심지 견고한 자가 되게 하옵소서.

주님을 알아감이 우리 인생 최고의 자랑입니다.

주님을 뜨겁게 사랑함이 최고의 즐거움입니다.

오, 주님!

저 천국에서 온전히 얼굴과 얼굴을 맞대고 주님을 만날 때까지

이 마음 변치 않도록 지켜 주시옵소서!

예수님의 이름으로 기도합니다.

아멘.

바울의 가방 끈

바울은 당시에 가장 실력 있는 랍비인 가말리엘의 전도유망한 문하생이었고 로마 시민권에 헬라어도 능통했다. 오늘날로 말하면 영어와 한국어를 유창하게 구사하는 이중 국적자에 박사학위가 몇 개쯤 되는 사람이었다.

포기함으로 얻고 버림으로 취한다

포기하지 않으면서 얻으려 하고, 버리지 않으면서 취하려 하며, 순종하지 않으면서 복 받으려 하는 것은 교회와 성도의 가장 큰 문제다. 그러나 기독교 신앙의 기본적인 진리는 포기함으로 얻고, 버림으로 취하는 것이다.

세상의 자랑거리들이 배설물이 된 이유

무엇이 가장 귀한 것인지 깨달아야 한다. 돈도, 명성도, 권력도, 사회적 지위도 다 예수 중심의 가치관이 명확하게 정립된 뒤의 이야기다. 이 모든 것은 하나님의 영광을 위한 도구일 뿐이다. 이것들이 주의 영광을 가린다면 배설물처럼 버리고 포기해야 한다.

인생 최고의 갈망

예수 그리스도를 더 깊이 사랑하고 온전히 알아가려는 열망에 사로잡힌 사람을 발견하기란 쉽지 않다. 우리의 욕심, 우리의 열망이 더 크고 더 높아져야 한다. 세상 것들을 사랑하는 그 마음을 압도하는 거룩한 야망, 거룩한 욕심을 마음속에 간직할 수 있기를 바란다.

Philippians · · · · ·

빌립보서 3:10-16

10 내가 그리스도와 그 부활의 권능과
그 고난에 참여함을 알고자 하여 그의 죽으심을 본받아

11 어떻게 해서든지 죽은 자 가운데서 부활에 이르려 하노니

12 내가 이미 얻었다 함도 아니요 온전히 이루었다 함도 아니라
오직 내가 그리스도 예수께 잡힌 바 된 그것을 잡으려고 달려가노라

13 형제들아 나는 아직 내가 잡은 줄로 여기지 아니하고
오직 한 일 즉 뒤에 있는 것은 잊어버리고 앞에 있는 것을 잡으려고

14 푯대를 향하여 그리스도 예수 안에서
하나님이 위에서 부르신 부름의 상을 위하여 달려가노라

15 그러므로 누구든지 우리 온전히 이룬 자들은 이렇게 생각할지니
만일 어떤 일에 너희가 달리 생각하면
하나님이 이것도 너희에게 나타내시리라

16 오직 우리가 어디까지 이르렀든지 그대로 행할 것이라

Keep Going!

장거리 선수들은 뛰기 전에 몸을 가볍게 한다. 한국의 마라톤 이봉주 선수의 신발은 137그램, 가격은 거의 1억 원이라고 한다. 단 1그램이라도 줄이려고 필사의 노력을 한다. 가격도 어마어마하다. 그렇게 무게를 줄이는 것은 더 좋은 성적으로 우승하려는 욕망 때문이다. 하지만 하나님의 성도는 달라야 한다. 세상 금메달이 아닌 하나님이 주실 금메달을 향해 경주해야 한다. 그리고 하나님을 향한 경주에 뛰어든 성도는 자신을 옭아매고 있는 모든 방해물들을 내려놓아야 한다. 과거의 자랑도, 과거의 실패도, 과거의 그 어떤 것도 하나님 향한 경주를 멈출 수 없다.

〈불의 전차〉 Chariot of Fire 라는 영화로 유명한 에릭 리델이라는 영국의 단거리 달리기 선수가 있다. 그는 1924년 파리 올림픽에 영국을 대표해

100m 달리기 국가대표로 참가했다. 그러나 100m 경기가 하필 주일에 열리자 그는 경기를 포기했다. 이로 인해 그는 많은 사람들로부터 옹졸한 신앙인, 배신자라는 등의 비난을 받아야 했다. 마침 다른 동료선수의 양보로 400m 경기에 출전하여 금메달을 따 영국의 영웅이 되었다.

그는 또한 올림픽 금메달리스트라는 영광에 안주하지 않았다. 모든 영광을 뒤로하고 아버지의 뒤를 이어 중국 선교사로 떠난다. 그는 제2차 세계대전 중 일본군 점령지 내에 만든 수용소에서 식량과 의료지원 일을 하다가 과로와 영양실조로 인한 뇌종양으로 숨을 거둔다. 현재 그는 중국 웅방시의 작은 묘지에 잠들어 있다. 에릭 리델은 신앙의 긴 여정에서 자신을 잡는 모든 것을 버렸다. 과거의 영광, 과거의 죄책감, 과거의 상처에 눌린 사람은 긴 호흡의 인생길을 갈 수 없다. 에릭 리델은 자신을 묶는 과거의 모든 것을 버리고 자신의 영혼을 위해, 하나님의 영광을 위해 달렸다.

달리는 자는
목표가 분명하다

본문에 나타난 바울의 가장 중요한 특징은 '달려가는 삶'이다. 12절과 14절에 쓰인 '달려가다'라는 단어는 헬라어 원어로는 '디오코'다. 이것은 '어떤 것을 추적하여 재빠르게 붙잡다' 또는 '어떤 것을 성취하기 위해 노력하고 애쓰는 상태'를 뜻한다. 더하여 '핍박하다', '박해하다'라는 의미도 있다. 여기에서는 집요한 열심으로 목표를 이루기 위해 끝까지 노력하는 모습을 의미한다. 마치 달리기 선수가 결승점에 먼저 도착하려고 혼신의 힘을 다해 달리는 모습과 같다. 이외에도 사도 바울은 사도행전 20장 24절이나 디모데후서 4장 7절 등에서 이방인의 사도로서 자신의 삶을 '달려가는 삶'이라고 표현한다. 확실히 바울의 삶은 이리저리 방황하는 것이 아니라 분명한 목표를 향해 달려가는 인생이었다.

그렇다면 핵심은 바울이 도대체 왜, 무엇을 위해, 어떤 목표를 향해 달려갔느냐 하는 것이다. 12절에 재미있는 표현이 나온다.

> "내가 이미 얻었다 함도 아니요 온전히 이루었다 함도 아니라 오직 내가
> 그리스도 예수께 잡힌 바 된 그것을 잡으려고 달려가노라."

바울은 '그리스도 예수께 잡힌 바 된 그것'을 붙잡기 위해 달려간다고 말한다. 이것이야말로 바울의 달려가는 이유요, 목표였다. 여기서 그리스도 예수께 잡힌 바 되었다는 것은 바울이 다메섹 도상에서 부활하신 예수 그리스도를 만난 사건을 말한다. 그는 바로 그때 예수 그리스도의 포로가 된 듯이 완전히 붙들리고 말았다. 그로부터 바울의 본격적인 구원의 여정과 이방인의 사도로서의 삶이 동시에 시작된다. 그러나 그 회심 사건 이후 곧바로 바울의 믿음이 완성되거나 온전해진 것은 아니다. 그것은 단지 시작일 뿐이었다. 그는 계속해서 목표를 향해 달려가는 과정 중에 있었기 때문에 이미 얻었다 함도 아니요, 온전히 이

루었다 함도 아니라고 한 것이다.

달리는 자는
과정에 몰입한다

바울에게 가장 중요한 인생의 목표는 '예수 그리스도를 아는 것'이었
다. 바울은 10절에서 이 목표를 또 다시 언급한다. "그리스도와 그 부
활의 권능과 그 고난에 참여함을 알고자 하여." 예수 그리스도를 앎에
있어 바울이 가장 중요하게 생각한 것은 예수 그리스도의 부활과 십자
가의 고난이다. 그런데 사실 십자가와 부활 중에서 바울이 더 우선하여
알고 싶었던 것은 부활의 권능이었다. 그가 예수 그리스도의 고난에 참
여하려는 이유도 고난이 좋다거나 고난 그 자체에 목적이 있어서가 아
니다. 부활의 능력을 맛보기 위해서다. 자신의 삶에서 예수 그리스도의
부활의 능력이 나타나기를 간절히 사모했다.

　바울이 체험한 예수님은 십자가에 달리신 예수님이기보다는 다메섹
도상으로 가는 길에 만난 '부활하신 예수님'이었다. 그래서 바울의 예
수님에 대한 이해는 부활에서부터 시작한다. 바울은 예수님의 부활 사
건으로 예수님의 십자가 사건과 모든 가르침, 행적들을 거꾸로 해석한
다. 부활은 그에게 예수님의 모든 가르침과 행적을 볼 수 있게 도와주
는 안경이었고, 바울은 그 부활의 안경을 끼고 십자가와 예수님의 생애
를 이해했다. 보혜사 성령께서 그가 모든 것을 이해하도록 도와주셨다.

바울이 부활을 통해 예수의 복음을 이해한 것은 우리에게도 본이 된다. 우리가 예수를 왜 믿는가? 부활을 위해, 예수님처럼 우리도 부활하기 위해 믿는다. 예수님의 부활은 믿는 모든 자들에게 보증이요, 구원의 증거가 된다.

그런 그의 고백에는 눈여겨볼 점이 또 있다. 바울은 이 부활의 능력을 언젠가 죽어 저 천국에 가야 경험할 사건으로만 이해하지 않았다. 그는 이 땅에 살아 있는 동안 이 부활의 권능을 알고자 했다. 예수님 부활의 능력이 나타날 통로가 되기를 원했던 그는 그 부활에 참여했다. 예수님처럼 자신도 십자가의 고난을 받았다. 자신의 죄성과 육체적 자아가 죽는 이 고난의 경험을 통해 부활의 능력이 나타나는 것을 자신의 삶에서 체험하고자 했다. 바울은 자신의 라이프 스타일을 '날마다 죽는 것'^{고전 15:31}이라고 고백했다. 그리고 더 나아가 자신은 그리스도와 함께 죽고 그리스도가 자신을 통하여 산다고 고백하기에 이른다^{갈 2:20}.

10절을 보자. '알고자 하여'라는 말은 헬라어로 '기노스케인'인데 이것은 체험적으로 안다는 뜻이다. 책상에 앉아 배운 지식이나 관념이 아니라는 것이다. 그래서 참여가 필요하다. 자신의 전 존재와 인격으로 그리스도를 온전히 알기 위해서는 죽음과 부활에 직접 참여하는 대가 지불이 필요하다는 말이다. 그렇게 할 때 머리만이 아닌 전 존재로 그리스도를 알게 된다. 에베소서 4장 13절에 이런 표현이 나온다. "우리가 다 하나님의 아들을 믿는 것과 아는 일에 하나가 되어 온전한 사람을 이루어 그리스도의 장성한 분량이 충만한 데까지 이르리니." 이 말씀에서처럼 우리는 믿는 것과 체험하여 아는 것이 하나가 되어야 비로소 온전한 믿음의 사람이 될 수 있다.

나는 교회에 처음 나오는 분들을 위한 새가족 모임에서 이런 말을 자주 한다. "여러분은 예수님을 믿기로 결단한 사람들입니다. 그렇다면 이제 믿는 것만으로 만족해서는 안 되고 예수님을 더 깊이 알아가야 합니다. 알아간다는 것은 성경 지식적 차원에서만이 아니라, 여러분의 삶을 통해 예수님이 어떤 분인지를 실제로 경험하고 맛보아야 한다는 말입니다. 살아 계신 예수님의 세계에 참여해 경험으로 깨달아야 합니다. 그러니 예수를 믿는다 하더라도 온전히 알아가는 데는 시간이 필요합니다. 지식으로 알 뿐만 아니라 삶으로 체험하고 경험하는 과정이 꼭 필요하다는 것을 기억하십시오. 인내를 가지고 하나하나 배우고 깨달아 가기를 바랍니다."

그 누구도 예수님을 단번에 완전하게 알 수는 없다. 우리는 주님을 계속 알아가는 과정에 있을 뿐이다. 달려가는 신앙생활은 이 앎의 과정에 온전히 몰입하는 삶이다. 그럼에도 바울 당시의 어떤 성도들은 예수 믿고 구원받으면 예수를 완전히 알게 되어 신앙과 구원의 완성이 금방 이루어지는 것처럼 믿고 가르치기도 했다. 그들은 스스로를 완전한 사람으로 생각했다. 그래서 바울은 이들을 의식하면서 12절에서 이미 얻었다 함도 아니요, 온전히 이루었다 함도 아니라고 한다.

본문을 잘 살펴보면 뭔가 모순된 듯한 표현이 나온다. 12절에서 "온전히 이루었다 함도 아니라"고 하고 15절에서는 "우리 온전히 이룬 자들"이라 하기 때문이다. 이것은 앞에서 말한, 자신들이 예수 안에서 온전히 이룬 성도라고 생각하며 주님을 다 안다는 착각에 빠진 일부 빌립보 성도들을 비꼬는 듯한 역설적인 표현이다. 바울 자신을 포함해 우리가 모두 진실로 온전히 이룬 자들이라면 신앙에 대한 바른 이해나 지식이 부족하더라도 그것에 대해 너무 지나치게 생각하거나 논쟁하지 말라는 말이다. 만약 그들의 생각이 잘못되었다면 하나님께서 친히 교정해 주시고 깨닫게 해주실 것이니 기도하며 기다리라는 말이다.

이 땅에서 우리의 신앙 여정은 무한하신 예수님을 점점 알아가는 과정에 불과하다. 어떤 사람이 뉴욕에 있는 자유의 여신상을 한번 보고 나서 미국을 다 안다고 한다면 얼마나 어리석은 사람이겠는가? 북경의 자금성을 몇 번 방문하고 중국을 다 안다고 하는 것은 어떤가? 하물며 우주보다 크신 예수 그리스도를 그 누구들 완전히 다 알 수 있겠는가! 우리는 우리의 삶을 통해 주님을 계속 알아갈 뿐이다. 그래서 겸손한 자세가 필요하다. 우리는 예수님을 이미 알지만 온전히 알지는 못한다. 예수 그리스도는 영원한 신비다. 비밀과 신비는 다르다. 비밀은 패스워드를 알면 그 내용을 알 수 있는 감추어진 내용이다. 공개하면 알 수 있는 것이 비밀이다. 그러나 신비는 패스워드가 없다. 설령 패스워드가 있어서 공개해도 그 내용을 다 알 수 없다. 우리는 예수님을 온전히 다 알 수 없다. 신비이기 때문이다. 그럼에도 불구하고 우리는 성령님의 도움으로 그분을 점점 더 알아가고 있다. 그리고 영원히 알아가게 될 것이다.

달리는 자는
과거의 영광과 실패에 연연하지 않는다

이방인의 위대한 사도인 바울에게 그동안 예수님에 대해 얼마나 많은 놀라운 체험과 계시가 있었겠는가? 바울만큼 예수님을 정확하게 깨달은 사람도 없을 것이다. 그런데도 그는 이미 얻었다 함도 아니요, 온전히 이루었다 함도 아니고, 또 잡은 줄로 여기지도 않는다고 한다. 이것은 바울의 겸손일 뿐만 아니라 실제적인 사실이다. 한 신학교 교수가 이런 말을 한 적이 있다. "신학 공부를 하고서 하나님에 대해 무언가 더 많이 알게 되었다고 생각한다면 그 사람은 공부를 잘못한 사람이다. 신학 공부를 제대로 한 사람은 아직도 알아야 할 것도, 모르는 것도 너무 많다고 고백하는 사람이다." 바울이야말로 예수님을 박사과정으로 연구했던 사람이었다. 그런 그가 자신은 다 알지 못한다고 고백한다. 바울은 잘못된 가르침을 받아 마치 예수님에 대해 다 아는 듯한 영적 교만과 착각에 빠진 몇몇 빌립보 교인들이 자신의 이 겸손한 고백을 통해 교훈받기를 원했다.

바울은 예수를 새롭게 알아가려면 뒤에 있는 것은 잊어버리고 앞에 있는 것을 잡으라고 13절에서 말씀한다. 바울에게 뒤에 있는 것은 무엇이었는가? 첫째는 과거의 종교적 열심과 자랑거리들이다. 4절에서 본 것처럼 육체를 신뢰할 만한 것들이었다. 바울은 이전에 스스로를 종교 전문가, 율법 전문가, 하나님 전문가로 생각했고, 실제로 주위 사람들에게도 그렇게 인정받았던 사람이다. 그런데 지금 바울은 이런 것들이 그리스도를 더 깊이 알아가는 데 방해가 된다고 말한다. 롯의 아내를 보라. 소돔과 고모라가 심판받을 때에 어떻게 했는가? 뒤돌아보지 않았는가? 앞만 보고 나가야 할 때에 미련을 붙잡았다. 그녀는 결국 소금 기둥이 되고 말았다. 모세와 함께 광야로 간 출애굽의 백성들도 떠나 온 애굽을 돌아보지 말아야 했다. 결국 종살이 하던 애굽을 돌아본 백성들은 모두 광야에서 죽고 말았지 않은가?

과거 일본의 소니는 전자 업계의 거대한 왕국이었다. 70-80년대에 소니 워크맨을 가지고 있는 것은 큰 자랑거리였다. 그러나 소니는 다가올 디지털 시대를 예상하지 못했다. 아날로그만을 고집하며 자신의 기술만 믿다가 결국 시장에서 외면당하고 말았다. 미국의 자동차 시장은 그동안의 성공에 취해 디자인이나 기술 개발을 게을리 하다가 성능과 편리함을 앞세운 일본 자동차들에게 점령당하고 말았다. 과거의 승리에 묶여 있었기 때문이다.

가끔씩 과거의 영광과 승리에 묶여 살아가는 분들을 본다. 그런 분들은 만나기만 하면 자신이 과거에 돈을 얼마나 벌었고, 왕년에 무슨 큰일을 했으며, 전도와 기도는 얼마나 많이 했는지 같은 옛날 이야기를 넋두리처럼 늘어놓는다. 과거의 추억으로 살아가는 안타까운 사람들이다. 반면, 과거의 상처와 실패, 한恨에 묶여 살아가는 분들도 있다. 앞을 향해 전진하고 싶지만 과거의 상처와 실패가 두려워 꼼짝 못하고 있는 사람들이다. 더 이상 미래를 향해 달려가지 못하고 정체되어 있는 인생들이다.

사도 바울에게도 화려한 영광이 있었다. 모든 사람이 부러워할 모든 것을 갖춘 사람이었다. 그런 바울이 예수 그리스도를 만나고 복음을 위해 달려갈 길에 과거의 모든 영광이 해가 된다고 과감히 버렸다. 물론 바울에게는 뼈아픈 과거도 있었다. 교회를 핍박했고, 스데반의 순교에 가담하면서도 그것이 하나님을 잘 섬기는 일인 줄 알았다. 그러나 그는 부활하신 예수님을 만나고 그가 한 모든 일이 어처구니없는 실수요, 죄임을 알게 되었다. 이런 과거의 실패와 상처는 일생 바울을 따라다니던 꼬리표였을 것이다. 열심히 선교하는 중에도 불현듯 그 일들이 떠올라 죄책감에 시달리기도 했을 것이다. 그럼에도 불구하고 바울은 자신의 죄와 허물을 다시는 기억하지 않겠다는 하나님을 믿었다. 과거의 실패와 죄에 묶이지 아니하고 믿음으로 전진했다.

과거는 과거일 뿐이다. 과거는 과거로 돌려보내라! 과거의 영광에 대한 집착이든 죄책감이나 상처든 그것은 미래를 향한 전진에 걸림돌이 되고 말 것이다. 이사야 43장 25절에서 하나님은 "나 곧 나는 나를 위하여 네 허물을 도말하는 자니 네 죄를 기억하지 아니하리라"고 말씀하셨다. 우리와 달리 하나님께는 기억의 삭제 기능delete function이 있다. 진심으로 회개한 자의 죄를 완전히 삭제하셨다. 그러므로 과거에 묶이지 말고 하나님의 용서를 신뢰하고 용기를 내어 미래로 전진하라!

목표를 향해 계속 달려가려면 뒤에 있는 것은 잊어버려야 한다. 그래서 어떤 의미에서 망각은 축복이다. 계속되는 달음박질을 위해서는 생각이 가볍고 몸도 가벼워야 한다. 잊어버릴 것은 잊어버려야 홀가분한 마음과 생각으로 달려갈 수 있다. 그러기 위해 영광이든 상처든 과거는 과거로 보내기를 바란다.

Keep going!

신앙생활은 하루 이틀에 끝나는 짧은 여정이 아니다. 평생에 걸친 긴 과정이다. 이 여정에서 우리는 예수 그리스도를 온전히 알고 그 부활의 능력에 동참하기 위해 계속 달려가야 한다. 그리스도를 바르게 아는 것은 긴 시간을 요한다. 우리는 끊임없이 더 온전하고 더 성숙하게 예수님을 알기 위해 나아갈 것이다. 미국에서 제일 많이 쓰는 표현 중의 하나가 'Keep going!' 계속 하세요! 이라는 말이다. 좋은 일이라고 확신한다면 중단하지 말고 'Keep going!' 해야 한다. 시련과 어려움이 있더라도 좌절하지 말고 계속해서 하나님을 신뢰하며 쉬지 않고 달려가야 한다.

『나는 달린다』는 책을 쓴 독일의 유명한 전 외무장관 요쉬카 피셔라는 분이 있다. 그는 일에 대한 중압감과 이혼으로 인한 절망감 때문에 폭식을 하기 시작했다. 마침내 몸무게가 112킬로그램에 이르렀다. 1996년 어느 날, 자신의 삶이 침몰해가는 것을 본 그는 이른 아침 운동화 끈을 고쳐 매고 집 바깥으로 나와 달리기 시작했다. 그때부터 그는 비가 오나 눈이 오나 시간이 주어지는 대로 10킬로미터 이상을 달렸다. 그는 1년 만에 무려 35킬로그램을 줄였다. 더불어 삶의 활력과 정신의 건강도 되찾았다. 그는 달리기가 자신의 생각, 식습관, 생활 방식 등 모든 것을 변화시켜 주었다고 책에서 고백했다. 그에게 달리기는 삶에 대한 명상이요, 적극적인 휴식이었다. 지금의 그를 직접 만나보지는 않았지만 분명히 알 수 있는 것은 그가 지금도 계속 달리고 있을 거란 사실이다. 물론 그는 오직 자기 자신을 위해서 달린다고 말했다. 달려감의 동기와 목표가 하나님의 백성들과는 분명 다르다. 그러나 달리는 삶에는 분명 아름다움이 있다. 건강함이 있다. 성도는 하나님의 영광을 위하여, 하나님의 부르심을 따라 달린다.

1952년 헬싱키 올림픽에서 마라톤을 포함한 장거리 달리기 부문에서 3개의 금메달을 따 '인간 기관차'로 불린 에밀 자토팩은 왜 달리느냐는 물음에 이렇게 대답했다. "새는 날고 물고기는 헤엄치고 사람은 달린다." 달리기는 인간의 본능적인 활동이라는 말이다. 성도도 마찬가지다. 주님의 부르심을 향해 끝까지 따라가는 성도는 본능적으로 달리게 되어 있다. 달려가는 성도의 삶을 보라! 분명 편안하고 쉬운 삶은 아니지만 가장 아름답고, 능력 있고, 강건한 모습임에는 틀림 없다. 예수 그리스도의 부활의 능력에 온전히 참여하려면 지금 우리가 어떤 신앙의 여정에 있든지 앞을 보고 달려가야 한다. Keep going! 중단하지 말라! 포기하지 말라! 그리스도 부활의 영광에 동참하는 그 순간까지, 주님께서 부르신 부름의 상을 위해 끝까지 달려야 함을 잊지 말라.

달리는 자는 목표가 분명하다

바울의 삶은 '달려가는 삶'이었다. 그는 이리저리 방황하지 않았다. 분명한 목표를 향해 달려갔다. 그의 그런 삶도 회심 사건 이후 곧바로 완성되거나 온전해진 것은 아니다. 그는 목표를 향해 달려가는 중에 있기 때문에 이미 얻은 것도 온전히 이룬 것도 아니라고 했다.

달리는 자는 과정에 몰입한다

달려가는 신앙생활은 이 앎의 과정에 온전히 몰입하는 삶이다. 우리는 주님을 계속 알아가는 과정에 있을 뿐이다. 그래서 겸손한 자세가 필요하다. 우리는 예수님을 이미 알지만 온전히 알지는 못한다. 예수 그리스도는 영원한 신비다.

달리는 자는 과거의 영광과 실패에 연연하지 않는다

목표를 향해 계속 달려가려면 뒤에 있는 것은 잊어버려야 한다. 계속되는 달음박질을 위해서는 생각이 가볍고 몸도 가벼워야 한다. 잊어버릴 것은 잊어버려야 홀가분한 마음과 생각으로 달려갈 수가 있다. 영광이든 상처든 과거는 과거로 보내 버리라.

Keep going!

예수 그리스도의 부활의 능력에 온전히 참여하려면 지금 달려가야 한다. Keep going! 중단하지 말라! 포기하지 말라! 그리스도 부활의 영광에 동참하는 그 순간까지, 주님께서 부르신 부름의 상을 위해 끝까지 달려야 함을 잊지 말라.

Philippians · · · · ·

빌립보서 3:17-21

17 형제들아 너희는 함께 나를 본받으라
   그리고 너희가 우리를 본받은 것처럼 그와 같이 행하는 자들을 눈여겨 보라

18 내가 여러 번 너희에게 말하였거니와 이제도 눈물을 흘리며 말하노니
   여러 사람들이 그리스도의 십자가의 원수로 행하느니라

19 그들의 마침은 멸망이요 그들의 신은 배요
   그 영광은 그들의 부끄러움에 있고 땅의 일을 생각하는 자라

20 그러나 우리의 시민권은 하늘에 있는지라
   거기로부터 구원하는 자 곧 주 예수 그리스도를 기다리노니

21 그는 만물을 자기에게 복종하게 하실 수 있는 자의 역사로
   우리의 낮은 몸을 자기 영광의 몸의 형체와 같이 변하게 하시리라

"다 그렇게 하는 것 아닙니까?"

진정한 가르침은 언제나 본받는 과정을 통해 일어난다. 피아노나 골프나 다 선생을 본받아 연습하는 과정이다. 신앙 교육은 특히 더 그렇다. 삶으로 가르친 것만이 남는다. 시간이 지날수록 설교는 말로 하는 것이 아니라 삶으로 하는 것임을 절감한다.

50년 넘게 탁월한 설교자로 쓰임 받으신 선배 목사님이 내게 이런 말을 해주었다. "박 목사, 설교를 잘하면 성도들이 듣는 줄 알겠지만 그렇지 않아. 보여 줘야 해!" 가정에서 자녀들의 신앙을 지도할 때도 잘 믿어야 한다고 말하는 것도 중요하지만 어느 정도 단계가 지나고 나면 결국은 모범 교육이다. 노벨상 수상자들을 잘 살펴보면 노벨상 수상자를 스승으로 둔 제자들이 주로 또 노벨상을 받는다. 거목의 숲에서 거목이 자라듯 위대한 인물들로부터 위대한 삶의 태도와 자세를 본받기 때문이다.

"다 그렇게 하는 것 아닙니까?"

바울은 17절에서 빌립보 성도들에게 "너희는 함께 나를 본받으라"고 권면한다. 이 말은 언뜻 교만하게 들릴 수 있다. 그러나 빌립보서 2장과 3장 전체를 보면 바울은 스스로 예수 그리스도를 본받고 있다. 바울에게 예수님은 삶의 모델이자 목표요 멘토였다. 그래서 바울은 빌립보 성도들에게 내가 예수 그리스도를 본받은 것처럼 너희도 나와 함께 예수 그리스도를 본받자고 말하는 것이다. 이어서 너희가 우리를 본받은 것처럼 그와 같이 행하는 자들을 눈여겨보라고 한다.

빌립보서 전체를 볼 때 아마도 바울이 이처럼 눈여겨본 사람은 빌립보서 2장에서 언급한 두 사람인 것 같다. 한 사람은 빌립보서 19-24절에서 말하는 바울이 가장 사랑한 수제자이자 믿음의 아들인 디모데다. 바울은 그가 자식이 아비에게 함과 같이 자기의 일을 구하지 않고 오직 그리스도 예수의 일을 구한다고 칭찬했다. 그리고 또 다른 한 사람은 빌립보서 2장 25-30절에 나타나는 에바브로디도다. 바울은 그를 자기 목숨을 돌보지 아니하고 주님의 일에 충성한 그리스도의 군사라고 칭찬했다.

다 바울의 제자들이요, 그를 본받았던 사람이다. 더불어 예수님을 본받은 예수님의 제자들이었다. 리더가 리더를, 제자가 제자를, 성자가 성자를, 순교자가 순교자를 낳을 수 있다. 다 본받음의 결과다. 모범을 통해 사람이 세워지는 것이다. 삶으로 가르친 것만이 남는다.

사람은 본받는 존재다. 영향을 받는 존재라는 말이다. 주유소에서 일하는 사람은 기름이 묻기 쉽고, 술집에서 일하는 사람은 술 취하기 쉽다. 성도는 누구를 눈여겨보고 누구를 본받아야 하는가? 모든 성도에게 궁극적인 완전한 모델은 예수 그리스도다. 보혜사 성령님은 우리를 구체적으로 가르치시고 인도하셔서 결국은 예수님을 닮아가게 만드신다. 예수님은 우리 눈에 보이지 않는다. 그래서 우리에게는 눈에 보이는 숙달된 조교가 필요한데 그런 조교가 바로 신실하게 예수 그리스도를 본받았던 믿음의 선배들이다. 좋은 영적 지도자, 좋은 신앙의 선배를 만난다는 것은 참으로 큰 복이 아닐 수 없다. 존경함으로 권위에 대한 상처 없이 자연스럽게 영향을 받을 수 있기 때문이다. 좋은 믿음의 선배를 만날 뿐 아니라 누군가에게 좋은 믿음의 선배가 되게 해달라고 기도하라.

미국 이민사회에서 하는 소리가 있다. 이민을 떠나 처음 미국 공항에 도착할 때 누가 그를 마중 나왔는지에 따라 그 사람의 이민생활이 결정된다는 것이다. 세탁소 하는 사람이 마중 나오면 얼마 지나지 않아 세탁소를 열고, 청소하는 사람이 마중 나오면 얼마 후에 청소 일을 하게 된다는 것이다. 먼저 이민생활에 적응한 그 마중 나온 선배로부터 보고 듣고 영향을 받기 때문이다. 교회도 마찬가지다. 처음 교회에 나온 사람이 누구의 인도를 받고 어떤 사람을 만나느냐가 중요하다.

처음에는 예수 믿으면 너무 좋다고 해서 따라 나섰는데 좀 지나고 보니 자기를 인도한 사람이 예배를 등한시하고, 기도 생활도 제대로 안 한다면 '아! 저렇게 믿는 거구나' 하고 그대로 따라한다. 좋지 못한 영향을 받은 것이다.

언젠가 교회 마당에서 새신자 한 분을 만났는데 교회 나온 지 채 몇 달도 안 된 분이었다. 그런데 그분이 새벽기도도 나오고, 십일조까지 하고 있었다. 하도 신기해서 물었다. "아니, 어떻게 아직 초신자인데 십일조에 새벽기도까지 다 하십니까?" 그러자 그분은 눈을 동그랗게 뜨고 도리어 내게 이렇게 반문했다. "다 그렇게 하는 것 아닙니까?" 자신의 일대일 말씀 양육자가 자기처럼 십일조 생활도, 새벽기도도 열심히 하라고 해서 그분을 따라서 그렇게 한다는 것이다. "다 그렇게 하는 것 아닙니까?" 이게 무서운 말이다. 처음에 교회 안에서 누구에게 영향을 받고, 누구를 본받느냐가 그래서 중요한 것이다. 첫 단추를 잘 꿰어야 한다. 그러니 먼저 믿은 우리들의 책임이 무겁다. 본이 되어야 하기 때문이다.

빨리 망하는 세 가지 지름길

어느 주일날 다른 교회에 나가는 성도 한 분이 새신자 한 분을 전도해 왔다. 왜 그분을 우리 교회로 데려왔냐고 물으니 도저히 자기 교회에는 데리고 갈 수 없어서 이 교회로 인도했다고 말한다. 이유인즉, 자기 교회에서는 그 새신자가 좋은 영향을 받지 못할 것 같고, 차라리 이 교회에서 착실하게 신앙교육 받고 신앙생활 잘하면 좋겠다 싶어서 데려왔다고 말해 준다. 우리 교회로서는 기분 좋은 일이었지만 한편으로는 씁쓸한 느낌을 지울 수 없었다. 성도들이 전도해서 자신 있게 인도할 수 있는 건강한 교회가 되어야 한다. 전도 자체도 중요하지만 교회로 인도된 사람들이 건강하게 뿌리 내리고 정착할 수 있는 교회 생태환경도 중요하다.

우리 주위에는 본받아야 할 사람들만 있는 것은 아니다. 절대로 본받아서는 안 될 사람들도 있다. 바울은 이런 자들을 18절에서 십자가의 원수로 행하는 자들이라고 했다. 바울은 이런 자들을 바라보며 탄식하고 눈물 흘린다. 그런 자들의 마지막 운명을 알기 때문이다. 잠깐은 흥청망청하며 여름 잡초처럼 번성하며 즐거울지 모르지만 결국은 망하기 때문이다. 이런 십자가의 원수란 일차적으로는 예수님을 부인하는 유대인들을 말한다. 또 당시 우상을 숭배하며 타락한 짓을 일삼는 경건치 못한 사람들을 말하기도 한다.

이런 자들에 대해 19절에서는 이렇게 설명한다. "그들의 마침은 멸망이요 그들의 신은 배요 그 영광은 그들의 부끄러움에 있고 땅의 일을 생각하는 자라." 이들의 특징에 대해 좀 더 구체적으로 살펴보자.

첫째로 십자가의 원수로 살아가는 자들은 자신들의 배를 신神으로 삼는다. 당시 방대한 영토를 지배하던 로마에는 육신의 배를 채우며 쾌락을 즐기는 분위기가 팽배했다. 특별히 먹는 문화가 발달해서 로마의 귀족들은 보통 오후 4시에 식사 자리를 시작하면 자정이 넘도록 식사를 계속했다고 한다. 배가 가득 찰 정도로 부르면 새의 깃털을 목구멍에 넣어 음식을 토해내고 다시 먹기를 반복했다. 식사하는 동안 식사복만 무려 10번 이상을 갈아입기도 했다. 식사를 하는 동안 첩들이 부채질을 하고 소년 노예가 나뭇가지로 파리를 쫓고 여자 안마사는 사지를 주물렀다. 한 끼 식사를 위한 돈이 노예 하나를 판 값과 비슷했다. 오직 자기 배를 신처럼 떠받들며 살아가는 사람들이다. 오직 인생의 유일한 관심과 소원은 '무엇을 먹을까, 무엇을 마실까'이며, '어떻게 하면 육신을 더 편안하고 즐겁게 할까?'였다.

오늘날 많은 현대인들도 자신의 배와 육신의 즐거움을 신으로 숭배하고 있다. 모양새와 즐기는 내용이 다를 뿐 본질은 같다. 끝없이 육체의 욕망을 채우고 먹고 즐기기 위해 산다. 디모데후서 3장 4절에 의하면 말세 때는 쾌락을 하나님보다 더 사랑하게 될 것이라고 했다.

두 번째로 십자가의 원수로 행하는 자들은 마땅히 부끄럽고 수치스러워해야 할 것을 영광으로, 자랑거리로 삼는다. 언젠가 공중목욕탕에 갔다가 깜짝 놀란 적이 있다. 눈앞에 걸어 다니는 동양화가 병풍처럼 펼쳐져 있었기 때문이다. 호랑이, 용, 뱀, 여자 문신을 한 서너 명의 험상궂은 사람들이 목욕탕 안을 차지하고 있었다. 그 중 한 사람은 등만이 아니라 다리와 팔에도 문신이 있었다. 대략 어떤 분야에 종사하는 사람들인지 알 것 같았다.

그런데 그들은 그런 문신을 자랑스럽게 드러내며 부끄러워하기는커녕 오히려 목욕탕 안의 다른 사람들을 위압하는 듯한 분위기를 만들었다. "나 이런 사람이니까 조심해, 까불지마!" 이런 무언의 말을 하는 것이 아닌가. 왠지 그들을 보면서 안타까운 마음이 생겼다. 몰라서 그러는 거겠지, 그게 멋지다고 생각하기 때문이겠지.

만약 그들이 예수 그리스도를 만나 회개하고 가치관과 생각이 바뀌었다고 생각해 보자. 자신들의 그런 모습이 얼마나 부끄럽고 민망하겠는가? 어거스틴은 그의 『참회록』에서 이렇게 고백했다. "내가 젊었을 때에는 죄 짓는 일을 유쾌한 일로 생각했다. 그래서 내가 더 큰 죄를 지을수록 더 남자다운 줄로 착각했다. 나의 동료들은 그런 나를 무척이나 부러워했다. 그런데 내가 예수를 만나 새 사람이 되고 보니 그것이 얼마나 부끄럽고 수치스러운 일인지 알게 되었다."

사도 바울이 부끄러움을 영광으로 여기지 말라고 할 때는 기독교 신앙에 아주 위협적인 철학 사조가 유행하고 있었다. 바로 정신적 쾌락주의를 주장한 에피큐리어니즘Epicureanism인데, 그 가르침들이 교회 안에까지 교묘히 스며들어 이단적 가르침으로 자리 잡고 있었다. "사람의 정신과 영만 깨끗하면 되지, 육신은 마구 굴려도 전혀 죄가 안 된다." 그들은 이런 주장을 하며 육신의 정욕을 따라 더럽고 짐승 같은 짓을 거리낌 없이 저지르며 살았다. 그러면서도 스스로 정신적, 영적으로는 거룩한 사람들이라고 생각했다. 더러운 육신은 썩을 것이니 마음대로 굴려도 된다. 마음만 평안하고 깨끗하면 괜찮다. 그런 그들은 개같이 살았다. 후대에 그들을 '견유학파'犬儒學派라고 부른 이유도 거기에 있다.

이런 철학적 사조가 일부 성도들에게도 영향을 미쳤다. 예수 믿고 구원받았으니 썩을 몸은 어떻게 해도 상관없다는 생각이 들어왔다. 그 생각에 물든 성도는 신앙양심을 다 버리고 방탕하게 살았다. 사도 바울은 이런 짓이 수치스럽고 부끄러운 일이지 영광으로 여길 일이 아니라고 눈물로 호소했다.

사람이 무엇을 자랑하는가를 보면 그 사람의 가치관을 알 수 있다. 우리 주위에는 세상 헛된 것으로 자랑 삼고 사는 사람이 얼마나 많은가? 어떤 사람들은 술 많이 마시는 것을 자랑으로 생각한다. "나는 최소 다섯 병은 먹어. 많이 먹을 땐 일곱 병까지 먹지." 이것은 결코 영광이나 자랑거리가 아니다. 또 얼마나 많이 바람을 피웠는지, 얼마나 많은 사람을 괴롭혔는지를 자랑 삼는 사람도 있다. 수치를 수치로 여기지 않고, 부끄러움을 부끄러움으로 여기지 않고 사는 사람들이다.

세 번째로 십자가의 원수로 행하는 사람들은 땅의 일만을 생각한다. 이 세상의 물질, 명예, 쾌락, 세상적 인기와 성공만을 목표로 삼고 거기에 목숨을 거는 사람들이다. 이들에게는 신앙생활조차도 땅의 것들을 추구하기 위한 수단이나 도구 정도로 생각한다. 이런 목적으로 신앙생활을 하면서 교회를 이용하고 주님을 이용하려고 한다. 자리와 명예를 탐하고, 자기 이익을 탐하다가 목적이 성취되지 못하거나 도움이 안 되면 심지어 신앙에서 떠나기까지 한다.

이 세 유형의 사람들은 파멸을 향하여 맹렬하게 달려가는 브레이크 없는 자동차와 같다. 곧 부딪혀 망할 지름길로 가고 있는 사람들이다. 돌이켜야 산다. 회개해야 산다.

앞서간 자들의 발걸음은
뒤따르는 자의 길이 된다

바울은 20절에서 주님을 본받는 자들의 시민권은 하늘에 있다고 말한다. 바울이 이처럼 '시민권'이라고 표현한 까닭이 있다. 앞서 설명했듯이 빌립보는 마케도니아 지역의 첫 성이자 로마의 특별 식민지로 전략적 군사 기지였다. 그곳에는 퇴역한 로마 장군들이 살았고 일종의 회유책으로 빌립보 지역 사람들에게도 로마 시민권을 주어 동등한 특권을 주었다. 빌립보 사람들은 로마 시민권을 무척이나 자랑스럽게 생각했기 때문에 바울은 그들의 이런 자부심에 빗대어 성도들을 권면한다. "너희는 빌립보 사람들이 자랑스럽게 여기는 로마 시민권보다 더 영광스런 천국 시민권을 가졌다. 천국 백성 된 자부심을 갖고 살아라." 베드로 사도도 성도의 천국 시민 됨을 베드로전서 2장 9절에서 표현했다.

"그러나 너희는 택하신 족속이요 왕 같은 제사장들이요 거룩한 나라요 그의 소유가 된 백성이니 이는 너희를 어두운 데서 불러내어 그의 기이한 빛에 들어가게 하신 이의 아름다운 덕을 선포하게 하려 하심이라."

성도는 천국 시민으로서의 자부심으로 살아가는 사람이다. 천국 시민권을 가진 자들의 삶의 방식은 땅의 것을 생각하며 더러운 죄를 탐하지 않는다. 진정으로 자신이 천국 시민임을 깨달은 자는 천국 시민답게 살아갈 수밖에 없다.

키에르케고르는 예수님 믿는 것은 결국 '본받는 것'Modeling 이라고 말했다. 우리의 영원한 모델은 예수 그리스도다. 인생은 본받는 대로 된다. 신앙생활도 결국은 본받는 것이다. 언제나 문제는 잘못된 것, 본받아서는 안 될 것을 본받기 때문에 생긴다. 그러므로 다른 어떤 것보다 주님을 본받으려는 마음을 키우고 강화할 필요가 있다. 먼저 믿은 우리들의 역할은 무엇인가? 본이 되는 것이다. 앞서 간 자들의 발걸음은 뒤따라가는 자들에게는 길이 되기 때문이다. 이것은 우리 자신이 본이 된다는 의미라기보다는 함께 예수 그리스도를 본받자는 말이다. 예수를 본받는 그 일에 본이 되어야 한다는 것이다.

바울도 오늘 본문에서 이런 권면을 한다. "나와 함께 예수 그리스도를 본받자!" 비록 그러한 삶이 때로는 힘들고 외로울지라도 그 길이 진리의 길이요, 영원한 복으로 이어지는 길임을 확신하면서 바울은 그리스도를 본받는 삶으로 우리 모두를 초청한다. 그리스도를 본받는 것! 그것이 천국 시민권을 가진 자들의 자세다.

"다 그렇게 하는 것 아닙니까?"

사람은 본받는 존재다. 리더가 리더를, 제자가 제자를, 성자가 성자를, 순교자가 순교자를 낳는다. 모든 성도에게 궁극적인 완전한 모델은 예수 그리스도다. 모범을 통해 사람은 세워진다. 보혜사 성령님은 결국 우리를 예수님 닮게 만드신다.

빨리 망하는 세 가지 지름길

첫째로 십자가의 원수로 살아가는 자들은 자신들의 배를 신神으로 삼는다. 두 번째로 십자가의 원수로 행하는 자들은 마땅히 부끄럽고 수치스러워해야 할 것을 영광으로, 자랑거리로 삼는다. 세 번째로 십자가의 원수로 행하는 사람들은 땅의 일만을 생각한다. 이 세 유형의 사람들은 파멸을 향해 달려가는 브레이크 없는 자동차와 같다.

앞서간 자들의 발걸음은 뒤따르는 자의 길이 된다

먼저 믿은 우리는 본이 되어야 한다. 앞서 간 자들의 발걸음은 뒤따르는 자들에게는 길이 되기 때문이다. 이것은 우리 자신이 본이 된다기보다는 함께 예수 그리스도를 본받자는 말이다. 그리스도를 본받는 것, 그것이 천국 시민권을 가진 자들의 자세다.

Philippians ... ..

줄 수 있으려면 먼저

하나님께 받았다는 의식이 있어야 한다.

먼저 하나님께 받은 복을 세어 보라.

이 받은 부분을 헤아릴 줄 아는 지혜가 있어야

비로소 그 받은 은혜와 복을 나눌

넉넉한 마음이 생긴다.

4부

받은 복을 아는 자만이
비로소 나눌 수 있습니다

Philippians ·····

빌립보서 4:1-3

1 그러므로 나의 사랑하고 사모하는 형제들,
   나의 기쁨이요 면류관인 사랑하는 자들아 이와 같이 주 안에 서라

2 내가 유오디아를 권하고 순두게를 권하노니
   주 안에서 같은 마음을 품으라

3 또 참으로 나와 멍에를 같이한 네게 구하노니
   복음에 나와 함께 힘쓰던 저 여인들을 돕고
   또한 글레멘드와 그 외에 나의 동역자들을 도우라
   그 이름들이 생명책에 있느니라

사람을 남기는 신앙생활

오래 전 개성상인들에 대한 이야기가 〈상도〉라는 드라마로 만들어진 적이 있다. 그 드라마의 핵심 주제로 전하는 상인의 도는 "장사는 이윤을 남기는 것이 아니라 사람을 남기는 것이다"였다. 나는 목사로서 목회는 무엇일까 곰곰이 생각해 보곤 한다. 교회 운영과 설교, 기도, 심방 등 많은 것으로 정의 내릴 수 있겠지만 내 마음 밑바닥에 남는 목회에 대한 정의 역시 한결같이 '사람을 남기는 것'이다. 그 누구도 아닌 예수 그리스도의 제자를 남기는 일이다. 이런 의미에서 보면 목회자가 섬기고 있는 성도는 목회자의 기쁨이요, 면류관이다.

성도도 마찬가지다. 성도도 사람을 남기는 신앙생활을 해야 한다. 예수님은 마태복음 28장 19-20절에서 "너희는 가서 모든 민족을 제자로 삼아 아버지와 아들과 성령의 이름으로 세례를 베풀고 내가 너희에게 분부한 모든 것을 가르쳐 지키게 하라"고 말씀했다. 일평생 신앙생활하고 하나님 앞에 설 때에 성도의 열매이며 기쁨이며 면류관이 될 형제자매를 남기기 바란다.

지금 로마 감옥에 갇혀 있는 바울은 편지의 마지막 부분에서 빌립보 성도들을 향해 "나의 사랑하고 사모하는 형제들이요, 기쁨이며 면류관"이라고 고백한다. 주를 위해 한평생 수고하다가 이제는 감옥에 갇힌 바울에게 가장 큰 자랑거리요, 자부심이 있다면 다름 아닌 빌립보 성도들이다. 비록 그는 감옥에 갇혀 어떻게 될지 한치 앞을 내다보지 못하는 상황에 있었지만 빌립보 성도들을 생각하고 기도할 때마다 그의 내면은 감사와 기쁨으로 풍성했다 빌 1:3-4. 그들은 바울의 선교 사역 초기부터 지금까지 오랜 세월 한결같이 협력해 왔기 때문이다.

"주 안에서 견고하게 서라!"

신학교 시절 존경하는 선배 목사님으로부터 이런 말씀을 들은 적이 있다. "목사가 한 교회에 부임하여 3년 정도 설교하고 나면 그때부터 교인들에게 생기는 문제는 일단은 목사의 책임이다." 왜냐하면 그들은 3년이나 그 목사의 설교를 들은 사람들이기 때문이다. 결국 목회는 사람을 남기는 것이고 목회의 보람과 열매 또한 사람이다. 이런 의미에서 바울은 행복한 사람이었다. 생각만 해도 감사하고 기분 좋은 오랜 협력자 빌립보 성도들이 있었기 때문이다. 그래서 바울은 고통스런 감옥의 현실 속에서도 그가 남긴 주님의 제자들, 빌립보 교회에 있는 하나님의 사람들 때문에 기뻐할 수 있었다.

한창 전 세계 여성 골프계를 석권하고 있는 프로 골퍼 신지애 선수는 지금은 부와 명성을 거머쥔 세계 정상급 선수가 되었지만 이렇게 대성하기까지는 그 아버지의 숨은 헌신이 있었다. 그 아버지는 개척교회의 목사였는데 스포츠를 좋아해서 일찌감치 딸에게 골프를 가르쳤다. 그러던 중 신지애 선수의 엄마가 먼저 교통사고로 하나님의 부르심을 받았다. 아버지는 아내의 교통사고 보험금까지 신지애 선수의 뒷바라지에 쓰면서 정성을 다했다. 신지애 선수의 골프 실력과 성적이 점점 향상되자 아예 딸의 뒷바라지를 위해 전적으로 나섰다. 신지애 선수는 죽은 엄마를 위해서나 모든 것을 희생하며 자신의 뒷바라지를 해주는 아버지를 생각해서라도 포기할 수 없었다. 피눈물이 나도록 노력하여 그 정직한 땀과 노력의 결과로 마침내 세계 정상에 오른다.

신지애 선수는 신학교를 세워 신실한 하나님의 종들을 배출하고 싶다고 한 언론과의 인터뷰에서 말했다. 목사인 아버지의 영향 때문일 것이다. 이 아버지에게 딸 신지애 선수가 얼마나 대견하고 자랑스럽겠는가? 그동안의 모든 수고와 어려움은 대성한 딸을 바라보면서 다 날려버렸을 것이다. 그에게는 이 딸이야말로 기쁨의 원천이요, 인생의 면류관일 것이다. 바울에게 빌립보 성도들이 바로 그런 사람들이었다.

바울은 빌립보 성도들에게 지금까지 한 것처럼 주 안에 서라고 권면한다. 이 '서라'는 단어는 '스테케테'로서 확고히 선다는 의미다. 이 단어는 마치 군인들이 초소에서 굳게 경계 서고 있는 모습을 연상시킨다. 지금까지 인내하며 하나님의 일을 위해 협력한 것처럼 그렇게 굳게 서라는 말이다. 고린도전서 16장 13절에도 비슷한 권면이 있다.

"깨어 믿음에 굳게 서서 남자답게 강건하라."

우리가 신앙생활을 하다 보면 때로는 고비가 있다. 흔들리고 포기하거나 주저앉고 싶을 때가 있다. 꼭 신앙생활이 아니더라도 인생 자체에 이런 고비의 순간들이 있는데, 그때 이 말씀을 기억하라. "주 안에서 견고하게 서라!"

"주 안에서 같은 마음을 품으라!"

바울은 이어 2절에서 빌립보 교회의 두 여성 지도자 유오디아와 순두게에게 이렇게 권면한다. "주 안에서 같은 마음을 품으라!" 앞에서 언급한 것처럼 빌립보 교회는 루디아라는 여성 실업가의 집에서 시작된 여성 중심의 교회였다. 그러다 보니 교회 내에서 여성들의 영향력이 컸을 것이다. 그런 빌립보 교회의 여성 성도들 중 리더 격인 유오디아와 순두게 사이에 어떤 다툼이 있었던 것 같다. 바울이 이들의 관계 문제를 언급하는 것으로 보아서 개인적인 갈등을 넘어서 교회의 분위기에 영향을 주는 문제로까지 발전한 것 같다. 그럼에도 바울은 빌립보 성도

들에 대한 감사의 고백과 권면을 다하고 나서 마지막 부분에 이르러서
야 이 문제를 다룬다. 여기에 바울의 지혜가 있다. 권면은 단순하다.
"주 안에서 같은 마음을 품으라!" 같은 마음에 대해서는 빌립보서 2장
5절에 이미 언급했다.

> "너희 안에 이 마음을 품으라 곧 그리스도 예수의 마음이니."

이 그리스도 예수의 마음은 무엇인가? 겸손한 마음, 곧 자기를 비우
는 마음이다.

유오디아와 순두게에게 이런 권면을 하고 있는 바울의 심정은 어떠
했을까? 앞서 자랑이요, 면류관이며, 기쁨이라고 고백한 것과 달리 이
들만 생각하면 마음에 근심과 고통이 있었을 것이다. 부모에게 가장 고
통스러운 일은 자식들이 서로 다투고 갈등할 때다.

어느 목사님이 큰 기업을 운영했던 회장님의 장례예배를 집례하게
되었다. 30분 정도 일찍 도착해서 유족들을 위로하려고 영안실로 가고
있는데 안에서 싸움하는 소리가 크게 들렸다. 걸음을 멈추고 가만히 들
어보니 유산 문제였다. 자녀들이 아버지의 시신 앞에서 살기등등하게
싸우는 소리가 걸러짐 없이 그대로 들렸다. 그는 하도 민망해서 한참이
나 밖에 서 있다가 시간이 되서 겨우 장례예배를 집례하고 돌아왔다고
한다.

유오디아와 순두게는 왜 분쟁하고 갈등했을까? 아마도 십중팔구는
마음이 상했기 때문일 것이다. 이성적 문제도 아니고 진리를 위한 싸움

도 아닌 마음에 상처를 받고 감정싸움을 했을 것이다. 어떤 마음 때문에 싸움이 났을까? 아마도 높아지려는 마음 때문이었을 것이다. 이 높아지려는 마음이 상처 난 마음과 결합할 때 문제가 생긴다. 대개 다툼은 교만과 상처가 함께 작용할 때 발생한다.

어떤 단체나 조직이든 사람이 모인 곳에는 크고 작은 회의가 많다. 교회에도 당회를 포함한 여러 부서들의 회의가 있고, 또 개교회 차원을 넘어서 노회나 총회에도 각종 회의가 있다. 가끔 이런 회의에서 고성이 오가고 심지어 몸싸움이 일어나는 경우도 발생한다. 회의 분위기가 이런 양상으로 흐를 때는 그 자리에 앉아 있는 것조차 힘들고 부끄럽기까지 하다. 그런데 이런 식으로 회의 분위기를 흐리고 분쟁과 갈등을 유발하는 사람들은 대개 몇 사람 되지 않는다. 이런 분들은 보통 뭔가 마음에 상처가 있는 분들이다.

살렘 공동체의 틸든 에드워드가 소개하는 그 공동체의 회의 모습은 이렇다. 먼저 회의 전에 침묵하는 시간을 갖고 하나님의 뜻을 구한다. 회의가 진행되는 중에 15분이나 20분마다 하나님의 임재를 확인한다. 회의 중에 작은 십자가나 돌을 돌리고 한 사람은 하나님 임재의 상징인 지팡이를 들고 서 있게 한다. 회의 내용을 정리할 때 하나님의 임재를 어떻게 느꼈는지, 하나님의 음성을 어떻게 들었는지에 대한 간증을 듣는다. 만약 교회 안에서 진행되는 모든 회의가 이런 식으로 진행된다면 교회의 모습은 완전히 달라질 것이다.

교회가 쇠퇴할 때의 공통적인 현상은 예배보다 회의가 더 중요해진다는 것이다. 그리고 성령의 인도가 아닌 인간적인 생각과 판단이 회의를 지배하기 시작하면 그때부터 교회 공동체는 표류하게 된다. 교회의 회의야 말로 우리의 신앙과 영성이 드러나는 중요한 자리다. 어떤 교회는 당회를 할 때 담임목사 앞자리에 종을 놓아둔다고 한다. 회의가 삼천포로 흐를 때 담임목사는 그 종을 흔든다. 그러면 모두가 발언을 중지하고 잠시 침묵으로 기도한 다음 다시 회의를 진행한다. 무엇을 하든 주 안에서 같은 마음을 품는 것이 중요하다. 복음으로 치유 받은 마음, 겸손한 마음, 주님의 마음을 공유해야 한다.

함께 멍에를 메는 자들

바울은 마지막으로 동역자들을 도우라고 권면한다. 동역자란 누구인가? 3절의 표현대로 하면 함께 멍에를 메는 자들이다. 힘들고 어려운 짐을 함께 지는 사람을 말한다. 해병대 훈련 중 가장 힘든 것이 8명의 해병대 대원들이 한 고무보트를 머리에 이고 행군하는 훈련이라고 한다. 이런 행군을 하루 종일 한다고 생각해 보라. 체력과 정신력이 거의 한계까지 이르게 된다. 그때 함께하는 대원들 중 한 명이라도 요령을 피우거나 낙오를 한다면 다른 대원들에게 엄청난 부담을 가중시킬 것이다. 함께 멍에를 멘다는 것은 이런 상태를 말한다. 운명공동체인 것이다.

내가 목사로서 가지고 있는 생각 중 하나는 목회는 목사만 하는 것이 아니라는 것이다. 물론 교회를 섬기는 전문 사역자로서 목사의 전문가적 권위는 필요하다. 그러나 동역자들을 세워 하나님의 사역을 함께 분담하고 나누는 것이 더욱 성경적이라고 본다. 그래서 가능한 한 함께 신앙생활 하는 모든 성도를 훈련하고 개발하여 사역을 맡기려고 노력한다. 어떤 교회가 좋은 교회인가? 목회자와 함께 멍에를 메고 돕는 동역자가 많은 교회다. 목양 사역에 있어서 강 건너 불구경하는 방관자가 적은 교회가 좋은 교회다.

믿음의 삶을 통해 여러분이 궁극적으로 남기고 싶은 것은 무엇인가? 우리의 헌신으로 하나님의 뜻을 이루는 신실한 사람들을 남길 수 있으면 좋겠다. 같은 마음을 품고 주님을 섬기는 동역자들이 많아질 때 교회는 건강하게 세워져 갈 것이다.

"주 안에서 견고하게 서라!"

우리가 신앙생활을 하다 보면 때로 고비가 온다. 흔들리고 포기하거나 주저앉고 싶을 때가 있다. 꼭 신앙생활이 아니더라도 인생 자체에 이런 고비의 순간들이 있는데, 그때 이 말씀을 기억하라. "주 안에서 견고하게 서라!"

"주 안에서 같은 마음을 품으라!"

대개 다툼은 교만과 상처가 함께 작용할 때 발생한다. "너희 안에 이 마음을 품으라 곧 그리스도 예수의 마음이니." 이 그리스도 예수의 마음은 무엇인가? 겸손한 마음, 곧 자기를 비우는 마음이다.

함께 멍에를 메는 자들

어떤 교회가 좋은 교회인가? 목회자와 함께 멍에를 메고 돕는 동역자가 많은 교회다. 목양 사역에 있어서 강 건너 불구경하는 방관자가 적은 교회가 좋은 교회다. 같은 마음을 품고 주님을 섬기는 동역자들이 많은 교회는 건강하게 세워진다.

Philippians · · · · ·

빌립보서 4:4-9

4 주 안에서 항상 기뻐하라 내가 다시 말하노니 기뻐하라

5 너희 관용을 모든 사람에게 알게 하라 주께서 가까우시니라

6 아무 것도 염려하지 말고 다만 모든 일에 기도와 간구로,
  너희 구할 것을 감사함으로 하나님께 아뢰라

7 그리하면 모든 지각에 뛰어난 하나님의 평강이
  그리스도 예수 안에서 너희 마음과 생각을 지키시리라

8 끝으로 형제들아 무엇에든지 참되며 무엇에든지 경건하며
  무엇에든지 옳으며 무엇에든지 정결하며 무엇에든지 사랑 받을 만하며
  무엇에든지 칭찬 받을 만하며 무슨 덕이 있든지 무슨 기림이 있든지
  이것들을 생각하라

9 너희는 내게 배우고 받고 듣고 본 바를 행하라
  그리하면 평강의 하나님이 너희와 함께 계시리라

생각의 광산에서 나오는 황금

요즘 『생각 버리기 연습』, 『화내지 않는 연습』 등 생각을 관리하는 책을 써서 베스트에 올린 일본 스님이 있다. 도쿄 대학을 졸업하고 쓰키요미지 절의 주지스님으로 코이케 류노스케라는 사람이다. 그는 이 책에서 사람이 실패하는 이유가 지나치게 생각하기 때문이라고 말한다. 시도 때도 없이 꼬리에 꼬리를 무는 잡다한 생각들은 제때에 해야 할 일을 방해하고 중요한 결정을 짓지 못하게 한다. 선잠에 깨어 연속해서 이어지는 생각들 때문에 밤을 지새웠던 경험을 떠올려 보라. 금방 잡다한 생각의 폐해를 깨달을 수 있다. 이 책에서는 어떻게 하면 그 잡다한 생각들을 조절할 수 있는지 소개한다.

우리 크리스천들도 세상에서 밀려오는 생각들을 비워내야 한다. 그러나 크리스천들은 생각을 비워야 하는 이유가 다르다. 코이케 류노스케는 마음속에서 제멋대로 솟아나고 날뛰는 생각들을 조절하고 훈련함으로써 그 혼란에서 벗어나고 싶어 한다. 그러나 크리스천은 벗어나려고 비우는 것이 아니다. 채우기 위해 비운다. 성령을 채우기 위해 비운다. 그렇게 채워진 성령은 우리를 다스리며, 인도하고, 예수께 나아가게 한다. 예수를 닮게 한다. 성령으로 가득 찬 우리의 생각이라는 광산에는 황금이 가득하다. 성령충만한 우리의 생각속에는 캐면 캘수록 보화가 쏟아져 나온다. 밭을 갈다가 보화를 발견한 농부가 전 재산을 털어 밭을 사는 것과 같다.

그 보화는 생명이다. 그대의 마음속, 생각속에 가득한 보화를 발견해 내길 바란다. 생명을 발견해 내길 바란다. 그러나 아직까지 우리의 마음과 생각은 사탄 마귀와 싸움을 벌이는 치열한 전쟁터다.

생각과 마음은 치열한 전쟁터

본문 7절 말씀에는 "하나님의 평강이 그리스도 예수 안에서 너희 마음과 생각을 지키시리라"는 표현이 나온다. '지키시리라'에 해당하는 헬라어 '프루레세이'는 '호위하다'는 뜻의 군대 용어다. 군인이 어떤 지역을 경계하며 방어한다는 뜻이다. 왜 우리의 마음과 생각을 군인이 어떤 지역을 방어하듯 하나님의 평강으로 지켜야 하는가? 사탄의 세력이 온갖 방법을 다해 끊임없이 우리의 생각과 마음을 공략하기 때문이다.

베드로전서 5장 8절에 이런 말씀이 나온다.

> "근신하라 깨어라 너희 대적 마귀가 우는 사자같이 두루 다니며 삼킬 자를 찾나니."

우리의 신앙생활은 진공 상태에서 진행되지 않는다. 분명 우리의 신앙 여정을 방해하는 원수가 있다. 마귀는 우리를 어떻게 삼킬까? 마귀는 우리의 마음과 생각을 공격한다. 잘못된 생각과 마음이 일어나도록 조장한다. 마음과 생각은 안전지대에서 진공상태로 존재하지 않는다. 우리의 마음과 생각은 치열한 영적 전쟁터다. 에베소서 6장 16절에서는 악한 영들이 우리를 향해 불화살을 쏜다고 증거한다. 악한 자들의 불화살이란 고통과 상처를 주고 우리의 마음과 생각을 소진시켜 엉뚱한 방향으로 이끄는 악한 영향력이다.

사울 왕을 생각해 보자. 처음에는 겸손하게 출발했다. 그러나 다윗이 나타나자 사탄이 그 마음에 불붙는 시기와 질투의 마음을 심어 타락하게 만들었다. 하나님의 마음에 합한 사람 다윗 역시 잠시였지만 욕심을 부추기는 마귀의 유혹에 넘어가 무서운 죄를 지었다.

요한복음 13장 2절을 보면 마귀가 벌써 시몬의 아들 가룟 유다의 마음에 예수를 팔려는 생각을 넣었다고 했다. 마귀는 끊임없이 우리에게 나쁜 생각을 넣으려고 노력한다. 사도행전 5장 3절에 이런 말씀이 나온다.

"베드로가 이르되 아나니아야 어찌하여 사탄이 네 마음에 가득하여 네
   가 성령을 속이고 땅 값 얼마를 감추었느냐."

아나니아가 자신의 마음을 무방비 상태로 방치했더니 그 마음에 사
탄의 영향력이 가득하게 된 것이다. 성령이 아니라 악령으로 충만하고
말았다.

그러므로 신앙생활에서 마음과 생각을 지키는 것은 너무도 중요하
다. 마음과 생각은 그냥 지켜지지 않는다. 지키기 위한 영적인 싸움이
필요하다. 잠언 4장 23절에는 이런 말씀이 있다.

"모든 지킬 만한 것 중에 더욱 네 마음을 지키라 생명의 근원이 이에서
   남이니라."

마음을 지키는 것이 왜 이렇게 중요한가? 생명의 근원과 연결되어
있기 때문이다. 성도가 쉽게 방심하는 영역이 바로 마음과 생각을 지키
는 부분이다. 겉으로 드러나는 행동은 중요하게 생각하면서도 그 근원
이 되는 마음과 생각은 대수롭게 여기지 않는다. 그래서 영적으로 큰
손실을 입고 원수에게 농락당한다. 대개의 경우는 금방 돌이키기 때문
에 큰 문제로 발전하지 않는다.

그러나 그 나쁜 생각, 더러운 마음이 오래 방치되어 습관이 되면 쉽
게 벗어나지 못한다. 결국 그 나쁜 생각과 잘못된 마음에 묶여 병적인
현상이 생기게 된다. 그래서 건강하고 능력 있는 신앙생활을 하기 위해

마음과 생각을 지키는 것이야말로 정말 중요한 일이다.

능력의 한계는 생각의 한계

1950년 미국 오하이오 주에서 세계 역도 선수권 대회가 열렸다. 전 세계인의 관심은 러시아의 전설적인 역도 선수 바실리 알렉세예프가 당시로는 도저히 불가능하다고 생각한 5백 파운드약 227kg를 들어올리느냐 마느냐에 쏠려 있었다. 그러나 알렉세예프는 세계인들을 실망시키고 말았다. 5백 파운드를 포기하고 4백 99파운드를 들어올렸기 때문이었다. 그가 4백 99파운드를 택한 이유는 어떤 사람도 5백 파운드는 들 수 없다고 생각했기 때문이다. 그런데 그가 들어올린 역기의 무게를 다시 달아보니 501.5파운드였다. 이 기록이 발표되자 그 해에만 무려 여섯 명의 역도 선수가 5백 파운드의 장벽을 뛰어 넘었다. 생각과 마음에 선을 긋고 그 한계 안에서만 시도하려 했기 때문에 뛰어넘지 못했던 것이다. 그러나 일단 그 장벽이 무너지고 생각의 한계가 깨어지고 나니 새로운 기록들이 쏟아지기 시작했다.

서커스단의 코끼리를 본 적이 있는가? 공연이 없을 때는 집채만한 코끼리가 쇠말뚝에 연결된 밧줄에 묶여 있다. 만일 코끼리가 마음먹고 힘을 쓴다면 그깟 밧줄은 쉽게 끊어지고 말 것이다. 그러나 코끼리는 결코 그렇게 하지 않는다. 왜일까? 힘 한번 쓰면 되는데….

서커스단의 코끼리는 대부분 아주 어릴 때부터 조련된다. 마음대로 뛰놀고 싶은 어린 코끼리를 통제하기 위해 쇠말뚝에 밧줄로 묶어둔다. 어린 코끼리는 묶여 있는 밧줄을 끊어보려고 수도 없이 시도한다. 그러나 결국 끊지 못하고 자신의 힘으로는 도무지 끊을 수 없다고 포기하고 만다. '다리에 묶인 밧줄은 절대로 끊어지지 않아.' 코끼리의 생각속에 자리 잡은 고정관념이다.

시간이 흘러 어린 코끼리는 엄청난 힘을 가진 어른 코끼리가 된다. 그럼에도 주인이 말뚝에 밧줄을 묶으면 꼼짝 안 하고 묶여 있다. 벗어날 시도를 하지 않는다. 이제 그 코끼리는 밧줄에 묶여 있는 것이 아니라 생각의 한계에 묶여 있는 것이다. 결국 생각의 한계가 능력의 한계가 된다.

신앙의 세계도 마찬가지다. '지금 이렇게 어렵고 힘든 상황에서 내가 근심하고 염려하는 것은 당연해. 우울하고 슬퍼하는 것이 정상이야. 불안하고 두려운 마음이 드는 것은 어쩔 수 없지.' 이렇게 환경과 상황이 주는 생각에 무작정 끌려 다니기 시작하면 그 생각의 한계 안에 갇히고 만다. 그래서 힘든 상황에서는 절대로 평안할 수 없고, 기뻐할 수도 없으며, 관용의 삶을 살 수도 없다. 그냥 그렇게 믿고 거기에 적응해서 살고 만다.

너의 마음에 평강의 깃발을 꽂으라

하지만 바울은 염려하고 근심할 수밖에 없는 상황 속에서도 모든 일에 기도하라고 권면한다. 그리하면 하나님의 평강이 마음과 생각을 지켜 주실 것이라고 약속한다. 사실 이런 권면은 바울 스스로의 신앙 체험에서 나왔다.

바울의 선교사역은 수많은 어려움을 겪었으며 살 소망이 끊어졌다고까지 생각한 적이 있었다. 낙심하고 절망했으며, 외롭고 우울하기까지 우리가 일상에서 겪은 온갖 부정적인 감정과 생각들을 더욱 치열하게 경험했을 것이다. 그런 그가 지금 로마 감옥에서 이 편지를 쓰고 있다. 자신의 미래가 어떻게 될지, 빌립보 교회를 포함한 하나님의 교회들은 어떻게 될지 수많은 부정적이고 절망적인 생각들이 불화살처럼 바울의 마음에 쏟아지고 있었을 것이다. 그러나 바울은 믿음의 방패로 그 모든 불화살들을 막아냈다. 약속의 말씀을 붙잡고 기도했다. 그리고 놀라운 하나님의 평강이 그의 마음과 생각을 지배했다.

모든 지각에 뛰어난 하나님의 평강이 임하기 시작했다. 이 '지각'이라는 것은 인간의 생각이나 논리를 뜻하는데 그 인간의 모든 생각을 초월하여, 그것을 압도하는 하나님의 평강을 바울은 여러 번 경험했다. 그래서 바울은 6-7절에서 이런 경험적 확신으로 빌립보 성도들에게 자신 있게 권한다.

"아무것도 염려하지 말고 다만 모든 일에 기도와 간구로 너희 구할 것을 감사함으로 하나님께 아뢰라 그리하면 모든 지각에 뛰어난 하나님의 평강이 그리스도 예수 안에서 너희 마음과 생각을 지키시리라."

즉, 기도하는 과정에서 부정적이고 절망적인 생각이 하나님께서 주시는 평강과 희망의 생각으로 바뀔 것이라는 바울의 체험적 권면인 것이다.

오늘은 어떤 하루를 보냈는가? 크고 작은 문제와 어려움으로 낙심하고 우울하게 보내지는 않았는가? 아니면 마음이 터져나갈 정도의 분노와 고통으로 힘들어하지는 않았는가? 이때야 말로 기도해야 할 때다. 다른 때보다도 더 큰 열심으로, 하나님께서 주시는 역전의 평강이 내 마음과 생각을 지배할 때까지 기도해야 한다.

이 기도는 일종의 전투적 기도다. 우리 마음의 상태가 비상시국일 때 호락호락 저절로 평강이 주어지지는 않을 것이다. 하나님의 능력을 신뢰해야 한다. 그리고 그 하나님의 능력은 마음 안에서 벌어지는 영적 싸움을 승리하게 한다. 승리하게 되면 다시금 하나님의 평강이 우리 마음을 지배한다. 우리 각자의 마음에 평강의 깃발을 꽂아야 하겠다. 이 평강의 깃발은 우리의 마음에 나부끼는 천국의 깃발이다. 승리의 깃발이다. 누가복음 17장 20-21절에 이런 말씀이 있다.

"하나님의 나라는 볼 수 있게 임하는 것이 아니요 또 여기 있다 저기 있다고도 못하리니 하나님의 나라는 너희 안에 있느니라."

결국 신앙생활이란 이 마음의 천국을 지키는 생활이다.

시편 57편은 다윗이 사울 왕의 살해 위협에 도망 다니다가 유대 광야에 있는 아둘람 동굴로 피신했을 때의 기도시다. 다윗의 일생에서 가장 어둡고 힘든 나락에 떨어졌을 때 지어졌다. 이 기도문을 보면 처음에는 억울하고 처량한 자신의 신세를 한탄하는 어조의 기도가 드려진다. 그러다가 기도가 무르익어갈 무렵 이런 기도가 나온다. "하나님이여 내 마음이 확정되었고 내 마음이 확정되었사오니 내가 노래하고 내가 찬송하리이다." 하나님 앞에 자신의 마음을 굳게 정했다는 고백이다. 더 이상 울거나 불평하지 않고, 오히려 노래하고 찬송하겠다고 결단한다. 자신이 처한 상황과는 달리 마음과 생각이 완전히 달라졌다. 기도로 말미암아 생각의 패러다임이 바뀌었다.

또한 생각이 바뀌니까 기도도 달라진다. 7절 이하의 기도 분위기는 그 이전과 많이 다르다. 완전히 승리의 분위기로 전환된 찬양의 기도다. 절망의 동굴에서는 도무지 드리기 어려운 승리의 기도가 드려지고 있다. 도대체 이런 변화가 왜 일어났는가? 간절한 기도를 통해 그 생각이 하나님의 능력으로 변화되었기 때문이다. 하나님의 평강, 하나님의 기쁨이 그 마음을 온전히 지배했기 때문이다. 하나님께서 주실 믿음의 승리를 확신했기 때문에 암울한 상황 속에서도 찬양할 수 있었다. 진정한 기도란 하나님의 뜻대로 내 마음과 생각이 변화되고 조율되는 과정이다.

신앙생활의 여정에 마음과 생각의 평강이 깨지는 어려움에 직면할 수 있다. 그럴 때마다 그런 상황을 더 많이, 더 깊이 기도하라는 사인으로 해석할 줄 아는 일종의 영적 본능이 필요하다. 믿음으로 간절히 기도하면 하나님의 능력이 우리의 마음과 생각을 주장함으로 변화가 일어나는 터닝 포인트의 시기가 반드시 온다. 문제는 항상 존재한다. 그러나 그 시기가 오면 문제는 나와 아무런 상관도 없게 된다. 기도의 응답이 이미 그 심령에 임하고 있기 때문이다. 명심하라. 기도의 응답은 우리 눈앞에 실상으로 나타나기 전에 먼저 우리의 마음과 생각에 평강으로 임한다는 것을.

이것은 마치 아기가 세상에 태어나기 전, 어머니의 태중에 이미 존재하는 것과 같다. 아기는 눈에 보이지 않지만 이미 엄마의 뱃속에 잉태되어 있다. 그 태중의 아기를 잘 지키고 소중하게 돌보면 10개월 뒤에는 실상으로 우리의 눈앞에 태어나는 것이다. 그러므로 우리의 심령에 아기처럼 주어진 기도의 응답인 마음의 평강을 잘 지키고 간직해야 한다. 하나님의 때가 되면 마음에 주신 이 평강의 응답을 따라 우리 눈앞에 실상의 응답으로 나타나게 될 것이기 때문이다. 근심과 염려의 생각이 몰려올 때 가장 좋은 대책은 기도하는 것이다. 믿음의 생각, 믿음의 마음이 주어질 때까지 기도해야 한다. 마음과 생각에 하나님의 평강이 온전히 임할 때까지 끈질기게 기도해야 한다. 그리할 때 하나님의 놀라운 승리가 임하게 되는 것이다.

제이니라는 스코틀랜드의 학자는 경건한 기도의 사람이었다. 그의 학생들은 그가 매일 천국에 갔다 온다고 할 정도로 놀라운 평강과 기쁨 가운데 살았다. 이 경건한 학자는 그리스도인의 평강에 대해 이렇게 설명했다. "평강이라는 것은 깃발과 같은 것이다. 성에 기가 걸려 있다는 것은 왕이 성 안에 있다는 것을 나타내는 것이다. 그리스도인에게 있어서 평강은 그 안에 하나님께서 계시다는 표시다." 쉬지 않고 부지런히 기도하는 것이 하나님께서 주시는 평강의 능력 안에 늘 거하는 비결이다.

　빌립보서 전체를 보면 로마 감옥 안에서 바울이 누리고 있는 놀라운 영적 승리도 쉬지 않고 기도했기 때문이다. 순간순간의 근심과 절망을 믿음과 소망으로 바꾸었다. 힘들수록 영적 침체에 빠지지 말고 더욱 부지런히 기도하라. 힘들고 어려운 순간에 영적 게으름을 피운다면 커다란 영적 손실을 가져올 것이다. 다니엘처럼 그 마음이 민첩하여 순간순간 부지런히 기도하여 역전의 평강을 누리기 바란다.

부지런히 생각하고 행동하라

8절에서 바울은 마지막으로 여섯 가지 미덕을 권면한다.

> "무엇에든지 참되며 무엇에든지 경건하며 무엇에든지 옳으며 무엇에든지 정결하며 무엇에든지 사랑받을 만하며 무엇에든지 칭찬받을 만하며 무슨 덕이 있든지 무슨 기림이 있든지 이것들을 생각하라."

　바울은 이 여섯 가지 그리스도인의 미덕을 언급한 뒤 '바로 행동으로 옮기라'가 아닌 '이것들을 생각하라'고 한다. 여기서 '생각한다'라는 단어는 '계산하다, 고려하다, 평가하다, 명상하다'라는 의미다. 그리스도인으로서의 인격적인 미덕에 대해 깊이 생각하고 주의 깊게 성찰하라는 말이다. 어떤 모습으로 살아야 그리스도인답게 사는 것인지

매 순간 깊이 성찰하고 행하라는 말이다.

생각이 쌓이면 말과 행동으로 나타난다. 크리스천은 하나님의 뜻대로, 하나님의 말씀대로 바르게 생각할 줄 아는 사람이다. 나폴레옹 힐이라는 사람은 이런 말을 했다. "황금은 땅 속에서보다 인간의 생각속에서 더 많이 채굴되고 있다." 하나님께서는 우리 인간의 생각속에 수많은 보화들을 감추어 두셨다. 인간의 생각은 무한한 보물을 간직한 광산이다. 그러므로 우리가 할 일은 하나님의 도우심을 따라 열심히 그 생각의 광산을 개발하는 일이다. 좋은 성도는 생각이 게으르지 않고 영혼이 부지런한 사람이다. "불가능한 일이 존재하는 것이 아니라 불가능하다는 생각이 존재할 뿐이다"라는 로버트 슐러 목사의 말처럼 결국 생각이 능력이다. 우리에게 임하는 하나님의 능력은 대부분 물리적이거나 기적적인 능력이라기보다 마음과 생각을 바꾸는 인격적, 내면적 능력이다.

생각과 마음은 치열한 전쟁터

우리의 마음과 생각은 치열한 영적 전쟁터다. 나쁜 생각, 더러운 마음이 오래 방치되어 습관이 되면 쉽게 벗어나지 못한다. 건강하고 능력 있는 신앙생활을 원하는가? 마음과 생각을 지키라.

능력의 한계는 생각의 한계

생각의 한계가 능력의 한계다. 환경과 상황에 끌려 다니다 보면 그 환경 안에 생각이 갇히고 그 생각의 한계가 능력의 한계가 된다. 신앙의 세계도 마찬가지다. 환경과 상황 안에 신앙이 갇히는 순간 그리스도인의 능력도 함께 갇히고 만다. 믿음으로 상황을 돌파하라. 예수님의 능력으로 한계를 넘어서는 성도가 되라.

너의 마음에 평강의 깃발을 꽂으라

하나님의 능력을 신뢰하라. 하나님의 능력은 마음 안에서 벌어지는 영적 싸움을 승리로 이끄신다. 영적 싸움에서 승리하면 하나님의 평강이 우리 마음을 지배한다. 이 평강은 우리의 마음에 나부끼는 천국의 깃발이며 승리의 깃발이다.

부지런히 생각하고 행동하라

인간의 생각은 무한한 보물을 간직한 광산이다. 좋은 성도는 생각이 게으르지 않고 영혼이 부지런한 사람이다. 생각이 능력이다. 우리에게 임하는 하나님의 능력은 대부분 마음과 생각을 바꾸는 인격적, 내면적 능력이다.

Philippians ·····

빌립보서 4:10-13

10 내가 주 안에서 크게 기뻐함은
   너희가 나를 생각하던 것이 이제 다시 싹이 남이니
   너희가 또한 이를 위하여 생각은 하였으나 기회가 없었느니라

11 내가 궁핍하므로 말하는 것이 아니니라
   어떠한 형편에든지 나는 자족하기를 배웠노니

12 나는 비천에 처할 줄도 알고 풍부에 처할 줄도 알아
   모든 일 곧 배부름과 배고픔과 풍부와 궁핍에도 처할 줄 아는
   일체의 비결을 배웠노라

13 내게 능력 주시는 자 안에서 내가 모든 것을 할 수 있느니라

조금만 더! a little more

세계적인 거부 록펠러가 주님을 만나 회심하기 전까지는 돈에 대한 욕심이 대단했다고 한다. 어느 날 한 신문 기자가 물었다. "선생님, 돈을 얼마나 더 벌면 만족하시겠습니까?" 그때 록펠러가 이렇게 대답했다고 한다. "조금만 더"a little more. 항상 이 '조금만 더'가 우리를 불행하게 한다. 결핍의식, 빈곤의식을 만들어 낸다. 부자여도 가난한 사람이 있다. 계속해서 결핍의식에 시달리는 사람은 실상은 가난한 사람이다. 반대로 가난하지만 부요한 사람도 있다. 그는 자족하는 사람이다.

노만 피얼이라는 목사님이 인도네시아 자바에 있는 발리 섬을 방문했다. 섬 사람들이 세계에서 제일 행복하게 산다는 소문을 듣고 일부러 찾아 간 것이다. 큰 산업 시설이나 재미있는 오락시설도 없었다. 그런데도 어째서 발리 사람들은 스스로를 이토록 행복하다고 생각하는지 궁금했다. 피얼 목사는 발리 섬의 많은 주민들을 일주일 동안 인터뷰한 뒤에 다음과 같은 다섯 개의 대답을 정리했다.

"첫째, 우리는 가진 것이 없습니다. 둘째, 우리는 단순하게 삽니다. 셋째, 우리는 서로 좋아합니다. 넷째, 우리는 먹을 것이 충분합니다. 다섯째, 우리는 아름다운 섬에 살고 있습니다."

결국 발리 섬 주민의 행복은 자족하는 삶에 있었다.

진짜 부자는 누구인가? 부족하게 여기는 사람이 아니라 충분히 만족하는 사람, 더 많은 돈이 필요 없을 정도로 자족하는 사람이다. 스티븐 코비는 『성공하는 사람들의 7가지 습관』이라는 책에서 성공하기 위해 가져야 할 마음의 자세로 풍요의식을 들었다. 자족함으로 마음의 풍요를 누릴 줄 아는 상태다.

부요는 자족이다

빌립보 교회는 초기부터 사도 바울의 선교 사역을 후원하던 교회였다. 그러다가 한동안 선교 후원금이 중단되었던 것 같다. 아마 빌립보 교회 자체의 유지 발전을 위한 시급한 지출이 늘어났기 때문일 것이다. 뿐만 아니라 바울의 얼굴을 보지 못한 채 몇 년이 흐르다 보니 아무래도 바울에 대한 관심이 좀 식기도 했을 것이다. 그러다 교회가 좀 여유를 되찾자 감옥에 있는 바울을 생각한 것 같다. 이것을 10절에서는 "너희가 나

를 생각하던 것이 이제 다시 싹이 남이니"라고 표현한다. 빌립보 교회
성도들은 후원금을 모으고 담임목회자라고 할 수 있는 에바브로디도를
바울에게 보내 헌금을 전달하고 안부를 물었다. 바울은 그들의 이런 귀
한 후원과 사랑을 확인하고 주 안에서 크게 기뻐한다. 감옥에 갇혀 있
던 바울은 빌립보 성도들의 이런 사랑에 크게 감격했던 것 같다.

이 말씀 속에서 한동안 후원금이 중단된 것에 대한 바울의 불평이나
원망은 도무지 찾아 볼 수 없다. 아울러 바울은 감옥에서 겪은 자신의
고생에 대한 한을 쏟아내지도 않는다. 그저 담담한 모습이다. 이런 삶
의 태도가 우리에게도 필요하다. 바울은 빌립보 성도들의 후원에 감사
하면서도 행여나 자신이 궁핍하고 힘들어하는 모습으로 비춰질까봐 우
려했던 것 같다. 그래서 11절에서 이렇게 말한다.

"내가 궁핍함으로 말하는 것이 아니라 어떠한 형편에든지 내가 자족하
　기를 배웠노라."

바울이 지금 빌립보 성도들의 후원금에 대해 이야기하는 것은 뭐가
아쉽고 부족해서 하는 말이 아니다. 바울은 오히려 어떤 상황에서도 자
족하기를 배웠다고 한다.

'자족'이라는 단어는 '아우타르케이아'로 당시 헬라 사회에 널리
유행했던 스토아 철학의 최고 덕목이었다. 스토아 철학자들은 인간이
모든 물질, 모든 사람들에게서 완전히 초연해 있는 상태를 '자족'이라
고 설명하며, 이런 상태에 이르는 것은 철학적 정신에 의해서 가능하다

고 생각했다. 또한 만족이란 "많은 것을 소유하는 것이 아니요, 욕심을 적게 내는 데 있는 것"이며 만약 당신이 누구를 행복하게 하려면 "소유물을 증가시켜 주지 말고, 그의 욕심을 제거하라"고 설파했다. 스토아 철학자인 소크라테스는 "누가 가장 부한 인간이 되는가?"라는 질문에 "가장 적은 것으로 만족하는 자이다"라고 말했다.

그러나 이 본문의 '자족'은 철학적 노력으로 얻는 것과는 좀 다르다. 물론 자족하기 위한 마음의 투쟁과 노력이 필요하지만 13절에 나타나는 것처럼 이것은 하나님께서 주시는 신령한 능력으로써의 자족이다. 하나님께서 자족할 수 있도록 도와주신다는 차원에서 정신적 노력의 산물로서의 인본적 자족과는 차이가 있다. 그래서 자족하는 마음은 하나님이 주신 선물이다. 그러나 하나님의 선물이라고 그저 입만 벌린 채 수동적으로 있는 것이 아니라 하나님의 도우심을 통해 배우는 것이라고 바울은 말한다.

마태복음 11장 28절에서 주님은 "수고하고 무거운 짐 진 자들아 다 내게로 오라 내가 너희를 쉬게 하리라"고 말씀하셨다. 그러나 그 쉼을 얻는 조건에 대해 마태복음 11장 29절에서는 이렇게 전제한다.

"나의 멍에를 메고 내게 배우라 그리하면 너희 마음이 쉼을 얻으리니."

마음의 쉼은 분명히 하나님께서 주시는 선물이지만 주님께 배우는 과정이 포함된 선물임을 명심해야 한다. 자족도 마찬가지다. 그냥 주어지는 것이 아니라 하나님의 가르침을 받아 배움으로 얻는 것이다. 바울의 자족하는 마음, 이 풍요의식 또한 하나님으로부터 잘 배워서 터득한 마음인 것이다.

최고의 가치를 가진 자는
다 없어도 자족한다

12절에서는 바울이 배운 자족함에 대해 좀 더 구체적으로 설명한다. 먼저는 비천에 처할 줄도 안다고 했다. 바울은 예수 그리스도를 만나 이방인의 사도가 되고 난 이후로 풍요롭고 윤택한 상황보다는 비천하고 힘든 일을 더 많이 경험했다. 그러나 바울은 그런 상황 속에서도 비참하다거나 불행하다거나 절망적인 생각을 하지 않았다. 심지어 감옥에 갇혀서는 주 안에서 기뻐하라고 권면할 정도였다. 그는 어떤 형편에서도 자족할 줄 분명히 알았다. 바울은 하나님의 뜻 가운데 머무르는 것이 가장 행복한 상태임을 알고 있었다.

또한 그는 풍부에 처할 줄도 알았다. 이것은 그가 예수를 만나기 전 예루살렘에서 장래 유망한 바리새파의 젊은이로 살아갈 때의 모습을 포함한다. 그리고 사도의 길을 가면서 잠시지만 성도들로부터 대접받고 경제적으로 안정됐을 때를 의미할 수도 있다. 이처럼 상황이 호전되고 윤택해지면 교만으로 목에 힘이 들어가는 것이 인지상정이지만 바울은 풍부할 때에도 한결같이 겸손한 태도를 유지한다.

그는 일체의 비결을 배웠다고 고백한다. 여기서 '비결'이란 말은 헬라의 신비 종교 신봉자들이 사용했던 단어로, 그들이 신앙적 가르침의 가장 깊은 비밀 교리와 경지를 배웠을 때 사용하는 말이다. 비결을 배웠다는 것은 일종의 수준 높은 삶의 비밀을 터득했다는 의미다. 이것은 물론 모든 성도에게 다 적용되지 않는다. 예수를 믿고 신앙생활 하면서 풍요와 궁핍에도 일체의 비결을 배워 자족할 줄 아는 성도가 얼마나 되겠는가? 이 능력 있는 삶의 비밀을 하나님께 잘 훈련받고 배운 성도만이 어떤 상황에서도 자족하는 삶을 산다.

이 자족하는 삶의 핵심은 빌립보서 3장 7-8절에 이미 암시되어 나왔다. 바울은 이 세상 모든 것들은 가장 가치 있는 주님을 발견하고 알아 가는 것에 비교하면 배설물과 같다고 했다. 다시 말해 바울의 자족함의 원천은 가장 귀한 예수님을 모시고 그 예수님을 알아 가는 데 있다는 뜻이다. 이것은 스토아 철학자들이나 수련 종교들에서 말하듯 그저 마음을 비우고 수련하는 것만으로 채워지는 자족함이나 평안과는 근본적으로 다르다. 가장 가치 있는 것을 가진 사람은 상대적으로 가치가 낮은 것들이 없어도 충분히 자족할 수 있고 행복을 빼앗기지도 않는다.

'쿨리난'이라는 보석이 있다. '아프리카의 별'이라는 별명으로도 알려진 이 다이아몬드는 무려 530.20 캐럿이나 된다고 한다. 언젠가 영국 런던의 유명한 소더비 경매장에서 24.21 캐럿의 배 모양 다이아몬드의 예정 가격이 20억 원이라고 고시된 적이 있었다. 그렇다면 비교해서 생각해 보라! '쿨리난'의 값은 어느 정도이겠는가? 도저히 값을 따질 수도 없을 만한 가치를 지니고 있을 것이다.

예를 들어, 당신이 이 '아프리카의 별'이라는 다이아몬드의 주인이라고 하자. 어느 날 도둑이 들어 그 '아프리카의 별'만 빼놓고 집에 있는 모든 것들을 몽땅 훔쳐갔다고 하자. 소식을 들은 사람들이 당신에게 참 안됐다고 위로해 줄 것이다. 그러나 이때 당신은 어떨 것 같은가? 아마 대수롭지 않게 여유만만할 것이다. 왜냐하면 세상에서 가장 귀한 다이아몬드는 여전히 당신의 목에 걸려 있기 때문이다. 잃어버린 모든 것을 다 합쳐도 가지고 있는 '아프리카의 별'만 분의 일도 되지 않을 것이기 때문이다. 그때 당신은 속으로 어떤 말을 하겠는가? '그까짓 거 다 잃어버려도 괜찮아! 상관없어! 이거 하나면 충분해!'

우리에게는 이미 절대 값으로 따질 수 없는 가장 귀한 보석이 있지 않는가? 다름 아닌 예수 그리스도라는 보석이다. 이 보석만큼은 잃어버려서는 안 된다. "그까짓 거 다 잃어버려도 괜찮아! 상관없어! 이거 하나면 충분해!" 이 보석의 측량할 수 없는 놀라운 가치를 알고 있는 사람만이 그렇게 고백할 수 있다.

이런 찬송가가 있다.

주 예수보다 더 귀한 것은 없네 이 세상 부귀와 바꿀 수 없네

영 죽을 내 대신 돌아가신 그 놀라운 사랑 잊지 못해

세상 즐거움 다 버리고 세상 자랑 다 버렸네

주 예수보다 더 귀한 것은 없네 예수밖에는 없네

비교할 수 없는 예수 그리스도의 가치를 깨달은 성도만이 진정으로 고백할 수 있는 찬양이다.

결코 빼앗기지 않는
천국의 비밀한 능력

바울은 이어 13절에서 유명한 고백을 한다.

"내게 능력 주시는 자 안에서 내가 모든 것을 할 수 있느니라."

우리는 이 말씀을 주로 '할 수 있다', '불가능은 없다', '긍정적인 사고' 등 자기 암시용의 심리적 위안거리 정도로 사용하는 경우가 많다. 그러나 이 말씀은 전체적인 문맥 속에서 파악해야 제대로 해석할 수 있다. '내가 모든 것을 할 수 있다'는 것은 자신의 전능성을 말하는 것이 아니라, 풍부할 때나 궁핍할 때나 어떤 상황에서도 주님께서 주시는 자족함 가운데 거할 수 있다는 의미다.

바울은 빌립보 성도들도 자신이 터득한 이 자족의 비결을 배워 함께 내적 천국의 풍성함을 누리자고 권면한다. 신앙생활은 무언가 아쉽고 부족한 것을 더 가져보려고 몸부림치고 발악하는 것이 아니다. 성숙한 신앙생활은 이미 주어진 것들 안에 감춰진 하나님의 축복과 은혜를 발견하고 자족할 줄 아는 것이다. 이것은 패배적인 의욕상실의 상태가 아니다.

척 스윈돌 목사님의 책에 나오는 14살 난 제임스 레만이라는 천재 소년의 "현재 시제"라는 시는 만족하지 못하고 사는 우리의 모습을 잘 보여 준다.

봄의 계절, 나는 여름을 기다렸네

그 따뜻한 햇살과 시원한 들녘을

여름의 계절, 나는 가을을 기다렸네

화려한 잎사귀들의 추락과 그 신선한 차가움을

가을의 계절, 나는 겨울을 기다렸네

아름다운 흰 눈, 그 연휴의 즐거움을

겨울의 계절, 나는 봄을 기다렸네

그 따뜻함, 그리고 그 자연의 눈부신 소생함을

어린이의 계절, 나는 성인 됨을 기다렸네

그 자유함, 그 존경스런 의젓함을

20대의 계절, 나는 30대를 기다렸네

그 성숙함, 그 화려한 변신의 때를

그러나 중년의 계절, 나는 오히려 20대를 동경했네

그 푸른 젊음과 자유의 시대를

은퇴의 계절, 나는 중년의 때를 오히려 동경했네

그 정성 어린 때, 땀 흘려 생의 한계에 도전하던 그 시대를

그러나 이제 나의 생은 다하고 나는 결코

나의 원함을 얻지 못했다네.

가장 어리석은 성도는 주어진 현재를 누리거나 만족하지 못한 채 한없는 빈곤의식 속에서 살아가는 사람이다. 우리 안에 가장 귀한 예수 그리스도라는 보석을 간직하고 있지 않은가? 그것만으로도 충분하다.

우리가 아직 바르게 깨닫고 있지 못하더라도 이것은 사실이다. "주님
만으로 충분합니다"라고 고백하며 예수 안에서 자족하는 법을 배워나
가는 우리가 되기를 소망한다.

부요는 자족이다

자족하는 마음은 하나님이 주신 선물이다. 그러나 그냥 주어지는 것이 아니라 하나님의 가르침을 받아 배움으로 얻는 것이다. 바울의 자족하는 마음, 이 풍요의 식 또한 하나님으로부터 잘 배워서 터득한 마음이다.

최고의 가치를 가진 자는 다 없어도 자족한다

하나님의 뜻 가운데 머무르는 것이 가장 행복한 상태다. 가장 가치 있는 것을 가진 사람은 상대적으로 가치가 낮은 것들이 없어도 충분히 자족하고 행복하다. 우리에게는 이미 절대 값으로 따질 수 없는 가장 귀한 보석 예수 그리스도가 있다.

결코 빼앗기지 않는 천국의 비밀한 능력

어리석은 성도는 현재를 누리지 못하고 빈곤의식 속에서 살아가는 사람이다. 우리 안에 가장 귀한 예수 그리스도라는 보석이 있는가? 그것만으로도 충분하다. "주님만으로 충분합니다"라고 고백하며 예수 안에서 자족하는 법을 배우라.

Philippians ･･･ ･･

빌립보서 4:14-19

¹⁴ 그러나 너희가 내 괴로움에 함께 참여하였으니 잘하였도다

¹⁵ 빌립보 사람들아 너희도 알거니와
복음의 시초에 내가 마케도니아를 떠날 때에 주고 받는 내 일에 참여한 교회가
너희 외에 아무도 없었느니라

¹⁶ 데살로니가에 있을 때에도
너희가 한 번뿐 아니라 두 번이나 나의 쓸 것을 보내었도다

¹⁷ 내가 선물을 구함이 아니요
오직 너희에게 유익하도록 풍성한 열매를 구함이라

¹⁸ 내게는 모든 것이 있고 또 풍부한지라
에바브로디도 편에 너희가 준 것을 받으므로 내가 풍족하니
이는 받으실 만한 향기로운 제물이요 하나님을 기쁘시게 한 것이라

¹⁹ 나의 하나님이 그리스도 예수 안에서 영광 가운데 그 풍성한 대로
너희 모든 쓸 것을 채우시리라

받은 복을 세어 보아라

우리나라에서 가장 단합이 잘되고 끈끈한 단체 중 하나가 바로 해병 전우회다. "한번 해병은 영원한 해병이다"라는 모토 아래 얼마나 끈끈하게 뭉치는지 모른다. 왜 그럴까? 물론 해병이라는 자부심 때문일 것이다. 이런 유별난 자부심과 동지 의식은 왜 생겼을까? 그것은 남달리 더 힘든 군대 생활, 더 힘든 훈련을 했다는 공통의 인식 때문이다. 우리는 남다른 고난의 동지라는 자부심 때문이다.

교회 사역을 하면서 깨닫게 되는 것은 진짜 동역자는 고난을 통해 걸러진다는 사실이다. 생색나고 편하면서 쉬운 일에는 성도들이 잘 나서지만 힘들고 자기희생이 필요한 일에는 솔직히 잘 나서지 않는다. 수많은 무리들이 기적의 현장에서 주님을 따랐지만 골고다 십자가 언덕에는 불과 소수의 제자들만이 남아 있었다. 누가 진정한 주님의 동역자요, 제자인가? 주님을 섬기기 위해 영광과 함께 고난도 받을 각오가 된 사람만이 진짜 동역자다.

영광과 고난을 함께할 자가 있는가

14절에서 바울은 빌립보 성도들에게 이렇게 말한다.

"그러나 너희가 내 괴로움에 함께 참여하였으니 잘하였도다."

바울에게 이 괴로움은 구체적으로는 로마 감옥에 갇혀 있는 고통이고, 더 크게는 이방인 선교사역에서 겪는 괴로움이다. 이런 바울을 위해 빌립보 성도들이 보인 후원과 협력이야말로 그의 고난에 참여한 것이다. 바울의 사역 기간 동안 많은 성도들이 그를 따르고 함께했을 것이다. 그러나 바울에게 극심한 고난이 닥치자 많은 사람이 바울의 곁을 떠나고 말았다. 그런 가운데도 빌립보 성도들은 끝까지 바울을 잊지 않고 계속 후원했다. 고난 중에 괴로움과 짐을 함께 나눌 수 있는 사람이 진정한 동역자다.

선교 사역은 엄청난 영적, 정신적, 체력적인 소진과 스트레스가 많은 사역이다. 반드시 후원자와 동역자가 필요하다. 특히 선교 현지 깊숙이 들어가 있는 선교사일수록 자칫 잘못하면 고립되어 자신이 점점 잊혀져 가는 존재가 아닌가 하는 두려움과 외로움에 힘들어할 수 있다. 그래서 선교사는 자신의 사역을 위해서라도 후원자와 좋은 관계를 개발해야 하고, 동시에 후원하는 교회의 성도들은 선교사의 입장에서 그의 짐과 부담을 같이 나누어야 한다.

그런데 선교사들이 특히 감사해하는 것이 하나 있다. 교회 선교부에서 연말 성탄절에 선교사 가족들에게 보내는 선물 꾸러미 소포다. 소포 상자 안에 쥐포나 오징어, 고추장, 아이들 장난감, 경건서적 신간, 한국 드라마 비디오 등등을 정성껏 싸서 보낸다. 통장에 입금되는 후원금도 귀하지만 이렇게 눈에 보이는 물건으로 사랑의 선물을 받을 때 더 크게 감격하고 기뻐하는 것 같다. 특히 선교사들의 자녀들이 좋아한다. 자신들이 잊혀지지 않았다는 것, 사랑받고 있다는 것을 그 선물꾸러미로 확인하는 것 같다.

출애굽기 17장에는 이스라엘 군대가 르비딤에서 아말렉과 전투한 기록이 나온다. 모세는 여호수아를 선두에 세워 전투에 참여케 하고 자신은 동역자 아론과 훌을 데리고 그 전투의 현장이 내려다보이는 산꼭대기에 올라가서 기도한다. 모세가 기도의 손을 들고 있으면 이스라엘이 이기고 손을 내리면 지기 때문에 계속 중보기도의 손을 들고 있어야만 했던 모세는 곧 지치고 피곤해졌다. 그러자 곁에 있던 아론과 훌이 돌을 마련해 모세를 앉게 하고 양쪽에서 모세의 팔을 하나씩 들어 올려서 해가 지도록 그 팔이 내려오지 않게 했다. 물론 이스라엘 군대는 대승했다. 이 전쟁의 일선에서 직접 싸운 여호수아의 군대와 중보기도했던 모세, 그리고 모세의 기도를 도왔던 아론과 훌 모두가 힘을 합쳐 이루어낸 연합의 승리, 동역의 승리다.

힘든 선교 사역의 현장에서도 이와 같은 동역이 반드시 필요하다. 더 나아가 우리의 신앙생활에서도 성도들끼리 동역자로 연합하여 주님을 섬겨야 한다. 고립되면 약해지고 홀로 되면 천하의 능력자라도 위험하다. 성도는 함께 영적 싸움을 싸우는 존재다. 연합할 때 승리한다. 동역할 때 강해진다.

주고받는 일에 영적 교감을 함께하라

이런 바울과 빌립보 교회의 아름다운 동역이 어떻게 지속될 수 있었을까? 빌립보서 1장 4-5절에서 바울은 "간구할 때마다 너희 무리를 위하여 기쁨으로 항상 간구함은 너희가 첫날부터 이제까지 복음을 위한 일에 참여하고 있기 때문이라"고 했다. '참여한다'는 말은 계속 영적인 교제가 이어진다는 의미다. 끊어지지 않고 계속 이어지고 있는 영적인 교제 덕분에 10년이 넘도록 가능했던 일이다.

빌립보 성도들은 바울을 물질로 후원했을 뿐만 아니라 중보기도도 멈추지 않았다. 바울 역시 빌립보 성도를 위해 기쁨과 감사로 기도해 왔음을 알 수 있다. 바울과 빌립보 성도들 간에 살아 있는 영적 교제가 지속적인 동역의 원동력이 되었던 것이다. 이런 영적 교제 없이 물질 후원만 있는 비인격적 동역 관계는 오래가지 못한다. 그래서 사역보다 먼저 필요한 것이 영적 교제를 통한 끈끈한 관계이며, 이런 관계는 서로가 잘 관리해야 한다.

15절에서 바울은 그가 본격적인 복음 사역을 위해 마케도니아를 떠날 때 빌립보 교회만이 후원에 참여했다고 회고한다. 즉 바울의 사역 초기부터 지금까지 바울과 동역한 교회는 오직 빌립보 교회뿐이라는 것이다. 물론 나중에 다른 후원 교회들도 생겼겠지만 이런 오랜 후원과 교제 때문에라도 빌립보 교회는 바울에게 남다른 감회와 애정이 있었다.

또한 바울은 빌립보 교회가 자신의 선교 사역에 참여한 것을 두고 15절에서 '주고받는 내 일에 참여한 교회'라고 말한다. 이것은 금전 거래를 의미하는 상업적 표현인데 선교사와 선교 후원 교회가 그 선교사의 사역에 동참하고 후원하는 것이 일종의 영적인 거래라는 뜻이다. 후원자는 물질과 기도로 후원하고 선교사는 그 후원자들을 위해 감사기도를 함으로 영적인 복을 빈다. 또한 후원자들은 천국에 상급을 쌓을 뿐 아니라 특별히 선교사의 상급에 동참하게 된다.

우리가 분명히 알아야 할 것은 교회와 성도가 선교사를 후원하거나 하나님의 일에 동참하는 것은 주고받는 일이라는 것이다. 일방적으로 주기만하고 희생하는 것이 아니다. 물질과 봉사로 주면 또한 받는 것이 있는데 첫째는 영적인 복이요, 둘째는 천국의 상급이다. 그리고 더 나누고 드릴 수 있도록 물질의 복도 채워 주신다.

그런데 후원자로서 영적으로 주고받는 일에 참여하면서 꼭 뭔가를 빼앗기는 마음으로 후원에 참여하는 성도들이 있다. 이런 경우 마음이 얼마나 힘들겠는가? 깨끗하게 빈 마음으로 그냥 주라. 보상을 받으려거나 계산하지 말라. 그래야 영적인 복으로 되돌려 받을 수 있다. 좀 도운다고 유세하고 과시하면 이미 자기상을 다 받은 것이며, 하나님의 영광을 자기가 취한 것이다. 주기 전에 먼저 받았다는 의식을 가지라. 내가 이미 하나님께 많이 받았다는 이런 풍요의식, 축복의식이 있는 사람만이 인색하지 않게 나눌 수 있다.

영국의 탐험가 어니스트 쉐클턴 대장은 1909년 남극 정복에 나섰지만 남극 156킬로미터 지점까지 접근했다가 식량 부족으로 돌아와야만 했다. 돌아올 때 마지막 남은 건빵을 대원들에게 나누어 주었다. 각자가 정해진 할당량대로 공평하게 나누어 받았다.

몇몇 대원들은 눈을 녹여 차를 끓인 후 마지막 건빵을 먹었지만 몇몇 대원들은 음식 주머니에 그것을 집어넣었다. 마지막 힘이 소진될 때 먹으려고 저축해 둔 것이다. 차를 끓이면서 공기가 따뜻해지자 지친 대원들은 피로를 이기지 못하고 각자 슬리핑백으로 들어갔다. 쉐클턴도 슬리핑백으로 들어갔지만 탈진과 배고픔으로 잠이 잘 오지 않았다.

한참 후, 그는 인기척 소리를 듣고 눈을 떴다. 그때 그가 가장 신뢰하던 대원 하나가 일어나 여기저기 둘러보다가 자기 옆에 있는 다른 대원의 음식 주머니로 서서히 접근해 갔다. 그리고 그 대원의 음식 주머니를 여는 것이 아닌가? 그는 충격을 받았다. 쉐클턴은 순간 그 장면을 부인하려 했다. '아니야, 그가 절대 그럴 리 없어! 내가 꿈을 꾸고 있는 거야!' 그리고 조마조마한 마음으로 그 모습을 지켜보고 있는데 그 다음 장면은 그를 더 큰 충격으로 몰아갔다. 왜냐하면 그 신뢰하던 대원이 다른 대원의 음식 주머니에 자신의 건빵을 넣고 있었기 때문이다. 그는 그때의 그 장면을 평생 잊지 못한다고 회상했다.

이 세상에서 제일 가난한 사람은 '남에게 줄 것이 없는 사람'이다. 누군가의 도움이 필요한 사람보다 더 가난한 사람은 '줄 마음이 없는 사람'이다. 인색함은 영혼의 질병이다. 인색한 사람의 영혼은 죄수요, 육체는 감옥이다. 내면에 존재하는 인색함을 허물 때에야 비로소 우리 영혼은 자유와 평화, 기쁨과 부요를 맛보게 된다.

'부유함'being wealthy과 '부요함'being rich은 다르다. 돈은 부유함은 주어도 부요함은 주지 못한다. 부유함은 '재정의 문제'이고, 부요함은 '관계의 문제'다. 부유한 사람은 '사고파는 것'을 잘하지만 부요한 사람은 '주고받는 것'을 잘한다. 부유한 사람은 '돈으로 살 수 있는 것'을 가진 사람이지만 부요한 사람은 '돈으로 살 수 없는 것'을 가진 사람이다. 부유한 사람은 '그가 가진 것'what he has으로 규정되지만 부요한 사람은 '그가 누구인가'who he is로 규정된다. 부유한 사람은 '수중에 가진 것'이 많지만 부요한 사람은 '마음에 가진 것'이 많다. 하나님 안에서 그 영혼이 부요한 사람만이 줄 수 있고 나눌 수 있다.

사도행전 20장 35절에는 바울이 인용한 주님의 말씀이 나온다.

"…또 주 예수께서 친히 말씀하신 바 주는 것이 받는 것보다 복이 있다…."

줄 수 있으려면 먼저 하나님께 받았다는 의식이 있어야 한다. 먼저 하나님께 받은 복을 세어 보라. 이 받은 부분을 헤아릴 줄 아는 지혜가 있어야 비로소 그 받은 은혜와 복을 나눌 넉넉한 마음이 생긴다. 행복한 영적 거래 속에서 좋은 동역 관계를 계속 유지할 수 있다면 그것이 서로에게 얼마나 큰 복이 되겠는가? 이런 동역 관계가 우리의 신앙생활에서도 많이 생겨나기를 소망한다.

이렇게 후원하는 교회나 성도의 마음이 이렇다면 후원 받는 선교사나 사역자의 마음 자세는 어떠해야 할까? 본문에 나타나는 바울의 모습을 보자. 17절에서 바울은 이렇게 말한다. "내가 선물을 구함이 아니요 오직 너희에게 유익하도록 풍성한 열매를 구함이라." 이 말씀이 표준새번역 성경에는 이렇게 번역되어 있다. "나는 선물을 바라지 않습니다. 나는 여러분의 장부에 유익한 열매가 늘어나기를 바랍니다."

바울의 일차적인 관심은 빌립보 교회가 후원하는 물질 그 자체가 아니었다. 그는 후원하는 빌립보 성도들에게 영적인 유익이 있기를 기도했다. 자기 자신의 유익보다 빌립보 성도들의 영적인 복과 상급을 먼저 구했다. 바울의 마음 자세가 얼마나 성숙한가? 이와 같이 후원하는 성도들의 영적인 유익을 먼저 생각하는 것이 후원 받는 자의 성숙한 태도다. 마찬가지로 후원하는 사람들도 선교사의 필요와 선교지의 유익을 먼저 생각해야 한다. 서로를 먼저 생각하는 이런 배려가 있을 때 영적인 거래는 풍성한 열매를 맺게 될 것이다.

바울은 18절에서 또 이렇게 말한다. "내게는 모든 것이 있고 또 풍부한지라 에바브로디도 편에 너희가 준 것을 받으므로 내가 풍족하니 이는 받으실 만한 향기로운 제물이요 하나님을 기쁘시게 한 것이라." 사도 바울이 정말 모든 것이 다 있는 풍족한 상황이었을까? 바울은 지금 감옥에 있다. 가진 것도 거의 없다. 겨우 생존하는 수준이다. 여기서 우리가 주목해야 할 것은 빌립보 성도가 바울에게 어떤 선물을 얼마나 주었는지가 아니다. 바울 안에 존재하는 풍요의식에 주목해야 한다. "왜 이것밖에 주지 않느냐? 왜 더 많은 교회들이 참여하지 않는 것인가?" 하며 분노하거나 상처받지 않았다. 모든 것이 있고, 풍부하다고 스스로 처한 형편에 만족하는 모습을 기억해야 한다.

미얀마에서 사역하는 협력 선교사와 만난 적이 있다. 그와 내가 만나 대화 나눈 것은 처음 있는 일이었다. 그런데 그분의 이야기를 듣고 있노라니 마치 미얀마가 지상낙원인 것처럼 느껴졌다. 그 선교사는 자신이 세상에서 가장 행복하며 미얀마가 너무 좋다고 고백했다. 혹시 이 말 때문에 그곳 선교지에 선교 후원비가 넘쳐나고 사역 여건도 엄청 좋겠구나 하고 오해하지 말기 바란다. 분명 실제로는 필요한 것도 많고 힘든 일투성일 것이다. 그러나 그 선교사는 하나님의 은혜 안에서 없는 것보다는 있는 것, 바라는 것보다는 후원자가 보내 준 것에 온전히 집중했을 것이다. 그의 내면에는 하나님의 풍성함이 있었다. 그는 받은 복을 셀 줄 알았고 영적으로 승리하고 있는 좋은 선교사였다.

이제는 선교 사역도 어떤 의미에서는 경쟁일 수 있다. 교회의 자원은 제한되어 있고 후원을 기대하는 선교사는 많다. 그러니 후원 받는 사역자들이나 선교사들은 성숙한 마음 자세로 영적인 거래를 이루어가야 할 수밖에 없다. 그리할 때 그 동역이 지속적으로 열매 맺는 복된 관계로 발전해 나갈 것이다.

바울은 18절에서 빌립보 성도들이 에바브로디도 편에 전해 준 후원금이 하나님을 기쁘시게 한 향기로운 제물이라고 표현한다. 이것은 다분히 구약 제사의 개념을 들어 비유적으로 표현한 것이다. 이스라엘 백성들은 흠 없는 정결한 짐승을 잡아 하나님께 제물로 드렸다. 하나님께서는 그 정결한 제물의 향기를 흠향하신다고 했다. 하나님께서 기쁘게 받으실 제물로 드려지는 것이 중요하다.

가인과 아벨이 드렸던 제사를 생각해 보라. 둘 다 제사를 드렸지만 가인의 제물은 열납되지 않았고 아벨의 제사는 하나님께서 기쁘게 받으셨다. 하나님께 드리는 우리의 봉사와 헌금도 얼마든지 이렇게 될 수 있다. 때로 우리 주변에 이런 사람들이 있지 않던가? 실컷 좋은 일하고 욕먹는 사람 말이다.

예를 들면 사도행전 5장의 아나니아와 삽비라가 그런 사람들이다. 그들은 교회 일에 열심이었던 부부였고 상당한 헌금도 했다. 물론 처음에 작정했던 금액의 일부를 감추긴 했지만 분명히 헌금은 했다. 그러나 하나님께서는 베드로를 통해 그 두 사람을 죽음으로 징계하셨다. 왜 이런 비극이 발생하는가? 성령을 속이고, 하나님 앞에 바른 동기와 바른 자세로 드린 헌신이 아니었기 때문이다.

그러니 분명히 알아야 한다. 무조건 헌신하고 봉사하고 헌금한다고 하나님께서 다 받지 않으신다는 것이다. 구약성경의 선지서를 보면 이런 표현들이 반복해서 나온다. "나는 너희들의 믿음 없이 드리는 가식적인 제물이 지겹고 역겹다." 하나님께 열납되지 못할 뿐 아니라 오히려 하나님의 분노를 자아내는 제물이라는 것이다. 하나님께서 기뻐 받으실 예물은 바른 동기와 바른 태도로 드려진 것임을 잊지 말라.

풍성한 하나님을 깨달은 자만이
내면의 풍성함을 누린다

청교도 설교자 토저는 "어떤 종교도 자기가 믿는 하나님 이상이 될 수 없다"고 말했다. 사도 바울은 그의 서신서에서 '풍성하신 하나님'을 58번이나 언급한다. 빌립보서 4장 18-19절에서도 '풍성'이라는 단어를 세 번이나 반복해서 사용한다. 수많은 고난과 어려움을 겪었음에도 바울은 늘 풍성하신 하나님을 고백한다. 그래서 그의 신앙생활은 풍성했다. 요한복음 10장 10절에서 주님이 이 땅에 오신 이유는 양으로 생명을 얻게 하고 더 풍성히 얻게 하려 함이라고 말씀하셨다.

누가 다른 사람을 풍성하게 할 수 있겠는가? 자기 스스로가 풍성한 사람이다. 행복한 사람이 다른 사람도 행복하게 해줄 수 있다. 하나님께는 부족함이 없다. 인색하신 하나님이 아니다. 우리가 믿는 하나님은 결핍이 없는 분이다. 천국은 언제나 차고 넘쳐나는 풍성한 곳이다. 바울은 빌립보서에만 "은혜가 풍성하다"는 말을 40번 이상 반복했다. 바울이 믿는 하나님은 분명히 풍성하신 하나님이었다. 그래서 그의 내면은 누구보다도 풍요로웠다.

바울은 19절에서 힘든 경제 여건 속에서도 자신을 후원해 준 빌립보 성도들에게 약속의 말씀을 선포한다.

"나의 하나님이 그리스도 예수 안에서 영광 가운데 그 풍성한 대로 너희 모든 쓸 것을 채우시리라."

바울은 하나님께서 빌립보 성도를 통해 자신의 필요를 채우신 것처럼 그 풍요로우신 하나님께서 또한 빌립보 성도의 쓸 것과 모든 필요를 채워주실 것이라고 경험적 확신으로 선포한다. 하나님은 우리의 욕심 즉, 우리의 사치품을 다 채워주시지는 않지만 우리에게 꼭 필요한 필수품은 반드시 채워주신다는 것을 기억하라. 잠언서 11장 24-25절에 이런 말씀이 있다.

"흩어 구제하여도 더욱 부하게 되는 일이 있나니 과도히 아껴도 가난하게 될 뿐이니라 구제를 좋아하는 자는 풍족하여질 것이요 남을 윤택하게 하는 자는 자기도 윤택하여지리라."

구제하고 남을 섬기고 주님 나라를 위해서 드리면 더 가난해질 것 같지만 결코 그렇지 않다. 은밀한 중에 보시는 하나님께서 복 주시고 채우시기 때문이다.

유명한 부흥사 무디는 19절 말씀을 '그리스도인들을 위한 은행'이라고 말했다. 우리의 궁극적인 공급의 원천은 하나님이시다. 이 은행은 영광스러우며 결코 자원이 바닥나지 않는다. 이 은행은 고객들의 필요를 반드시 채워주는 철저한 신용으로 운영된다. 이 천국 은행의 고객이 되기를 원한다면 다음의 두 가지 조건이 필요하다.

첫째, 예수 그리스도를 믿어야 한다. 둘째, 빌립보 교인들처럼 하나님 나라를 위해 드리고 나누는 삶을 살아야 한다.

영광과 고난을 함께할 자가 있는가

우리는 신앙생활에서 성도와 함께 동역하고 연합하여 주님을 섬겨야 한다. 고립되면 약해지고 홀로 되면 천하의 능력자라도 위험하다. 성도는 함께 영적 싸움을 싸우는 존재다. 연합할 때 승리한다. 동역할 때 강해진다.

주고받는 일에 영적 교감을 함께하라

누군가의 도움이 필요한 사람보다 더 가난한 사람은 '줄 마음이 없는 사람'이다. 인색함은 영혼의 질병이다. 인색한 사람의 영혼은 죄수요, 육체는 감옥이다. 내면에 존재하는 인색함을 허물 때에야 비로소 우리 영혼은 자유와 평화, 기쁨과 부요를 맛보게 된다.

풍성한 하나님을 깨달은 자만이 내면의 풍성함을 누린다

행복한 사람이 다른 사람도 행복하게 해줄 수 있다. 하나님께는 부족함이 없다. 인색하신 하나님이 아니다. 우리가 믿는 하나님은 결핍이 없는 분이다. 천국은 언제나 차고 넘쳐나는 풍성한 곳이다. 바울은 그 누구보다도 풍요로웠다.

Philippians ·· · ··

빌립보서 4:20-23

[20] 하나님 곧 우리 아버지께 세세 무궁하도록 영광을 돌릴지어다 아멘

[21] 그리스도 예수 안에 있는 성도에게 각각 문안하라
나와 함께 있는 형제들이 너희에게 문안하고

[22] 모든 성도들이 너희에게 문안하되 특히 가이사의 집 사람들 중 몇이니라

[23] 주 예수 그리스도의 은혜가 너희 심령에 있을지어다

진심의 힘

한 번은 어느 가정 사역 프로그램에 집사람과 함께 참여한 적이 있었다. 그 프로그램 중에 아내는 남편에게, 남편은 아내에게 편지를 쓰는 시간이 있었다. 편지를 다 쓰면 몇몇 선택된 부부들이 여러 사람들 앞에 나가 쓴 편지를 읽는 시간을 가졌는데 그들은 다 하나같이 편지를 읽으면서 눈물을 흘렸다. 참 일도 많고 사연도 많았던 부부구나 그냥 그렇게 생각하고 있었는데 마지막으로 우리 부부도 선택되었다. 어떻게 되었을 것 같은가? 나는 정말 울지 않으려고 했다. 하지만 막상 아내가 내게 쓴 편지를 읽기 시작하자 내 눈에서는 소나기 같은 눈물이 흘러 내리기 시작했다. 울면서 내 스스로도 깜짝 놀랐다. 편지로 전달되는 메시지 안에 숨어 있는 진심의 위력을 실감하는 순간이었다.

20세기 영국의 위대한 교회 지도자 존 스토트는 그의 영적 멘토 에릭 내쉬를 늘 편지 쓰는 모습으로 기억했다. 에릭 내쉬는 틈만 나면 장소를 가리지 않고 편지를 썼다. 내쉬는 갓 예수를 영접한 스토트에게 적어도 5년간 매주 편지를 보내, 스토트가 알아야 할 영적인 지식이나 기독교의 교리, 신앙과 윤리, 개인 생활 전반에 대해 조언해 주었다. 이렇게 편지로 전해지는 진심은 위대하다. 진심이 전해지고, 위대한 영적 리더를 세우기도 한다. 바울은 이제 마지막으로 빌립보 성도에게 자신의 진심을 전한다. 손끝으로 한 글자 한 글자 진심을 담는다.

손으로 보내는 진심

조선말의 실학자 다산 정약용은 강진에서 무려 18년 동안 유배 생활을 했다. 두고 온 가족과 자녀들에 대한 안부와 그리움, 교육으로 근심이 되었던 정약용은 편지로 그것을 해결했다. 그는 18년의 세월 동안 무수한 편지로 자녀들에 대한 세세한 당부와 가족들의 안부를 전했다. 공부하는 법, 술 마시는 법, 가족과 친척들을 돌보는 일, 형제 우애, 심지어 가축 키우는 법까지 편지로 자녀들을 교육하고 양육하며 자신의 부재를 대신했다.

글을 쓴다는 것은 말하는 것보다 훨씬 조리 있고 논리적이다. 더 많은 생각이 필요하다. 말은 뱉어 놓고 나면 잊혀지거나 얼버무릴 수도 있지만 기록은 보관되어 남기 때문에 객관성과 정확성이 훨씬 높다.

 받은 복을 세어 보아라

바울은 초대교회 당시의 중요한 통신수단이었던 편지를 통해 일종의 문서 사역을 하고 있었다. 신약성경에 등장하는 바울의 많은 서신서들은 다 선교적 상황, 목회적 상황에서 보낸 편지들이다. 바울은 교회에 보내는 이 편지를 통해 때로는 책망했고, 때로는 권면과 가르침을, 때로는 기도의 소망을 전했다. 오늘날 이메일이나 전화 등과 유사하지만 훨씬 무게 있고 정성이 들어간 것이 편지다. 오래된 방식이지만, 편지는 분명 사람의 속마음을 전달하는 중요한 수단이다. 편지야말로 손으로 보내는 진심이다.

이 본문은 빌립보 교회에 보내는 바울의 편지 글 중 마지막 부분으로 안부와 결론적 인사를 하는 대목이다. 사실 바울은 눈이 좋지 않아서 대개 그가 편지의 내용을 불러주면 누군가가 대필해 주었는데 끝에 가서는 친필로 마무리했다. 데살로니가후서 3장 17절에 "나 바울은 친필로 문안하노니 이는 편지마다 표시로서 이렇게 쓰노라"라고 쓴 것을 보면 알 수 있다. 비록 대필을 하지만 자신이 쓴 편지가 분명하다는 것을 밝히기 위해 마치 자필 사인을 하듯 편지의 끝은 친필로 마무리했다. 우리는 편지를 보낼 때 마지막 인사말이나 맺는말은 별 생각 없이 습관적이거나 관례적으로 쓸 때가 많다. 그러나 바울 서신의 경우에는 서신의 특성상 바울이 맺는말을 쓰기 전, 편지가 잘 쓰였는지 검토한 후 마무리하듯이 친필로 정성을 다해 쓴 것을 알아야 한다.

당시에는 복음의 메시지를 제대로 전해 줄 사역자가 턱없이 부족해서 오늘날처럼 외부 강사를 초청하여 특별집회 같은 것을 여는 일은 참 희귀했을 것이다. 사실 교회가 한 번씩 특별 집회를 열면 온 성도들의 영성이 고양되고 열심이 생긴다. 일종의 영적 잔치로 성도들 간에도 영적 교제가 풍성해진다.

초대교회 당시 바울이 보낸 이런 서신들도 오늘날 특별 집회의 메시지와 같았을지도 모른다. 빌립보 교회의 지도자들은 바울로부터 전해진 편지를 몇 번이나 읽고 또 읽으면서 기도했을 것이다. 그리고 온 성도들을 모아놓고 바울의 근황을 이야기해 주면서 공식적으로 한 번 더 읽었을 것이다. 돌려가면서 읽기도 했겠지만 아마도 성도들을 모아 놓고 누군가가 또박 또박 읽어 주었을 것이다.

그 모습을 한번 상상해 보라. 바울이 보낸 편지를 낭송하는 것을 듣기 위해 온 성도들이 모여 있다. 서로 모여서 받은 은혜를 나누고, 하나님을 찬송하며 바울을 위해 기도하고, 감사했을 것이다. 이렇게 바울의 편지는 교회와 성도의 구심점 역할을 했을 것이고 그들 가운데 영적 교제가 증가했을 것이다. 그들은 바울이 생각날 때마다, 또 힘들고 외로울 때마다 바울이 보낸 서신을 다시 꺼내 읽으면서 힘을 내고 마음을 새롭게 했을 것이다.

가루 서 말 속의 누룩

본문 21절과 22절에서 바울은 그리스도 예수 안에 있는 성도들에게 문안한다.

"그리스도 예수 안에 있는 성도에게 각각 문안하라 나와 함께 있는 형제들이 너희에게 문안하고 모든 성도들이 너희에게 문안하되 특별히 가이사의 집 사람 중 몇이니라."

바울은 그리스도 안에 있는 형제들끼리 각각 문안하기를 소망했다. 뿐만 아니라 바울과 함께 있는 형제들이 문안하고, 더 나아가 로마 지경의 형제들이 빌립보 교우들에게 문안하며 특별히 가이사의 집 사람 몇이 문안한다고 전한다. 자신과 함께하는 동역자들이나 그 지역의 성도가 문안하는 것은 일반적인 관례일 수 있으나 여기서 눈여겨볼 대목은 가이사의 집 사람들 몇이 문안한다는 것이다.

이에는 여러 가지 설명이 있다. 아마 여기서 언급되는 가이사의 집 사람들은 로마 황제의 친족이거나 아니면 로마 황제의 녹을 먹는 사람일지도 모른다. 빌립보서 1장 13절에는 바울이 로마 시위대 사람들에게 복음 전한 것을 암시하는 구절이 나온다. 로마 시위대는 로마 황제의 핵심 친위대다. 그러니 시위대만이 아니라 로마 황제 주변, 즉 로마의 핵심 심장부까지 복음이 증거되었음을 추측할 수 있다. 이런 사실은 빌립보 성도들에게 큰 힘과 위로가 되었을 것이다. 복음의 승리가 은연중에 증거되고 있는 대목이다.

실수가 없으신 하나님께서는 바울이 죄인의 신분으로 감옥에 갇혀 있는 상황을 통해서도 로마의 핵심부에 복음을 증거하셨다. 처음에 바울은 하나님의 전략과 뜻을 몰라 당황했을 것이다. 그러나 시간이 흐를수록 점점 놀라운 하나님의 선교 전략을 깨닫게 되었다. 기독교가 313

년 밀라노 칙령으로 로마의 국교로 공인되고 지하에서 지상으로 올라오게 되었을 때에는 이미 많은 로마의 지도자들이 예수를 구주로 믿고 있었다. 하나님께서 바울을 로마라는 가루 서 말 속에 누룩으로 넣어서 가루 전부가 부풀게 만드신 것이다.

나의 어린 시절 영적인 배경은 유교문화였다. 집안 전체가 열심히 제사를 지내고 가족과 친지들의 혈연적 유대가 아주 끈끈한 분위기에서 자랐다. 물론 이런 혈연 중심의 지나친 가족주의가 유교문화의 약점이기도 하지만 공동체성을 강조한다는 면에서는 강점이기도 하다. 내가 경험하고 느낀 유교문화의 가장 큰 강점은 공동체성, 즉 가족주의다. 일가친지들 간에 서로 안부를 묻는 일이 아주 중요했다. 특히 어른을 챙기는 문화는 참으로 배울 점이 있다. 그러나 유교적 가족주의, 집단주의의 또 다른 큰 특징은 일단 한 가문의 일원으로 받아들이기 전에는 다른 가문, 다른 지방, 다른 혈족 등 내 집단과 다른 집단으로 구분 짓는 배타성 또한 강하다는 것이다. 유교문화의 공동체성이 큰 강점이라면 이런 혈연 중심의 배타성은 약점이라고 할 수 있다.

반면 서구로부터 들어온 기독교는 서구 문화의 개인주의와 함께 유입되어 기독교가 한국 사회에 뿌리내리는 과정에서 유교문화의 강점인 공동체성을 잘 계승하지 못한 것 같다. 특별히 현대 산업 사회가 가속화되면서 대가족 제도의 해체, 맞벌이 부부의 증가, 개인주의의 발달 등으로 교회는 더욱 공동체성을 상실하게 되었다. 물론 어떤 분들은 이런 견해에 대해 반론을 제기할 수도 있다. "아니, 목사님! 매주일 예배 드리고 수요예배, 새벽기도까지 이렇게 열심히 모이는데 무슨 공동체성이 없다는 겁니까?" 물론 타당성이 있는 말이다. 그러나 예배로 모인다고 해서 공동체성이 강하다고 할 수는 없다. 예배는 일단 하나님과의 수직적 관계가 강조된다. 그러다 보니 예배를 드린 후에는 성도 간의 별다른 교제 없이 뿔뿔이 흩어지는 경우가 많다. 삶의 나눔이나 공동체적인 끈끈한 소속감이 없어도 얼마든지 개인적으로 예배드리고 교회 다니는 것이 가능하다. 어떤 성도는 등록을 안 하고 교회를 다니다가 새가족 모임에 나와 10년 만에 등록하는 모습을 보았다. 나는 그분에게 이런 농담을 했다. "야! 10년 된 고정 간첩이 오늘 드디어 자수하여 광명을 찾았습니다." 오늘날 교회가 풀어야 할 과제 중 하나는 서로의 삶을 나누고 서로 돌보는 참된 공동체성을 회복하는 일일 것이다.

그런 의미에서 교회 안의 소그룹 모임은 참으로 중요하다. 이 소그룹 모임에 참여하는 성도를 만나 보면 대체로 교회의 공동체성에 대한 만족도가 상대적으로 높은 분들임을 알 수 있다. 특별히 모임이 활성화되어 가족처럼 끈끈하게 모이는 소그룹은 그 자체로 하나의 가족이요, 친밀한 신앙 공동체다. 소그룹 모임은 그저 성경공부만 하는 곳이 아니라 성경말씀을 중심으로 안부를 묻고 교제하며 서로 영적인 도움을 주고받는 곳이다.

로마 감옥으로부터 보내진 빌립보서의 마지막 안부 인사를 볼 때 초대교회는 각 교회를 넘어서서 함께 예수를 믿는 교회요, 성도라는 가족의식과 함께 서로의 안부를 묻고 중보기도하는 공동체성이 오늘날의 교회보다 훨씬 강했다는 것을 알 수 있다. 그들은 서로의 상황에 대해서 관심이 많았으며 공동 운명체 의식이 강했다. 예수 그리스도를 향한 신앙을 중심으로 강한 연대의식이 있었다. 주 안에서 개교회를 넘어 영적 교제의 지경이 더욱 확장되고 있다.

교회는 하나의 확장된 가족이라 할 수 있다. 하나님을 아버지로 모시고, 예수님을 큰 형님으로 모시는 큰 가족이다. 그런 의미에서 우리는 너무 지나치게 우리 교회만의 이기주의나 혼자만의 개인주의에 집착해서는 안 된다. 주 안에 있는 모든 성도에게 두루두루 문안할 수 있어야 한다. 교단과 교파는 달라도 모든 교회와 성도가 잘되는 것을 기뻐하고 감사할 수 있어야 한다. 우리는 하나님을 한분 아버지로 모시는 큰 우주적 가족의 일원이라는 사실을 잊지 말자. 진정한 가족은 부지런히 서로의 안부를 묻는다. 먼저 당신이 속한 교회의 성도들에게 부지런히 안부를 묻도록 하라. 더 나아가 다른 교회와 다른 교회의 성도들을 향한 관심의 폭을 넓혀 나가야 할 것이다.

주님의 은혜는 언제나 부족함이 없다

사도 바울은 23절의 축도로 빌립보서를 마무리한다. "주 예수 그리스도의 은혜가 너희 심령에 있을지어다." 바울에게 있어서 가장 중요한 것은 언제나 교회와 성도들의 신앙 상태였다. 그러나 바울이 언제까지나 모든 것을 다 관여하고 가르칠 수는 없었다. 사도행전 20장 32절을 보면 바울이 에베소 지역을 떠나면서 에베소 지역의 성도들을 주와 및 그 은혜의 말씀에 부탁한다고 말하는 장면이 나온다. 바울은 오직 예수 그리스도의 은혜만이 교회와 성도들을 끝까지 지켜줄 수 있다는 사실을 잘 알았다. 그래서 마지막으로 빌립보 성도들을 향해 이렇게 기도한다. "주 예수 그리스도의 은혜가 너희 심령에 있을지어다." 이것은 영원한 우리의 기도요, 다른 지체를 향한 중보기도라 할 수 있다.

유명한 크리스천 작가 필립 얀시의 『놀라운 하나님의 은혜』라는 책에 나오는 이야기다. 오래 전에 영국에서 비교종교학 회의가 열렸다고 한다. 각국에서 모인 종교 전문가들이 비교 종교학적으로 볼 때 기독교의 독특성이 무엇이냐고 물었다. 그러자 성육신에 대한 이야기가 나왔다. 그런데 신이 인간이 된 이야기는 물론 차원이 다르지만 타 종교에도 있다. 부활에 관한 이야기도 나왔다. 그런데 부활은 타 종교에서 '환생'이라는 말로 이야기되고 있었다. 종교마다 비슷한 것들이 많기 때문에 기독교의 독특성을 말하기란 여간 어려운 일이 아닐 수 없었다. 그때 C. S. 루이스가 이런 말을 했다. "기독교만이 가지고 있는 독특성이라면 쉬운 것이 아닙니까? 그것은 바로 은혜입니다." 핵심을 지적한 말이다. 부족하고 허물 많은 인간이 하나님 같이 완전해지려고 스스로 노력하는 것이 아니다. 구원받기 위해 몸부림치는 것은 더 더욱 아니다. 기독교는 죄인을 구원하기 위해 하나님께서 행하신 일에 기초한다. 우리는 그것을 하나님의 은혜라고 부른다. 구원은 전적으로 하나님의 은혜에 달렸다. 이 은혜 안에서 성도는 안전하다. 바울은 지금 빌립보 성도들을 이 하나님의 은혜에 맡긴다고 기도하고 있다.

주님의 은혜는 언제나 부족함이 없다. 지금 바울은 없는 은혜, 부족한 은혜를 더 달라고 구하는 것이 아니다. 은혜는 이미 예수님의 십자

가 사건을 통해 풍족하게 넘치고 있다. 최고, 최대의 은혜가 이미 우리
에게 주어졌다. 이 하나님의 놀라운 은혜가 온 우주에 충만하다. 이것
은 역사적 사실이요, 분명한 사건이다. 누구든지 예수님의 십자가로 나
아가면 무한한 은혜의 바다에 이르게 된다. 부족함이 없고, 고갈되지도
않는 은혜다. 그럼에도 우리가 은혜가 없다고, 부족하다고 느끼는 것은
우리의 심령이 뭔가에 막혀 있고 오염되어 있기 때문이다. 은혜를 다시
금 회복하고 확인하기 위해서 우리는 영원히 변치 않는 십자가의 족한
은혜로 나아갈 수 있어야 한다. 모든 걸림돌과 장애물들, 더러워진 것
들을 다 내려놓고 십자가의 예수 그리스도를 만나야만 교회와 성도는
다시금 풍성한 은혜로 채워질 수 있다. 그러므로 언제나 집중해야 할
것은 예수님으로부터 주어지는 그 풍성한 은혜, 십자가의 은혜다. 언제
나 이 은혜를 사모하고 집중할 때 교회와 성도는 이 땅에서 풍성하게 거
할 수 있다.

교회와 성도의 실존은 철저히 주님의 은혜에 의지한다는 것을 잊지
말라. 우리의 노력이나 열심이 아니다. 바울이 빌립보서의 마지막에 하
는 당부가 "우리 더욱 열심히 신앙생활하자! 파이팅! 최선을 다하자!"
가 아니라는 사실에 주목하라. 바울은 하나님께서 예수 그리스도를 통
해 우리에게 무슨 일을 하셨는지 상기시키며, 죄인을 구원하신 놀라운
십자가의 은혜가 우리의 심령에 있기를 간구한다. 이 은혜로운 복음의
기초 위에 우리의 신앙이 서 있다. 성도는 이 풍성한 하나님의 은혜에
그 영혼을 영원히 맡긴 사람이다.

손으로 보내는 진심

오늘날의 소통 수단인 이메일이나 전화보다 훨씬 무게 있고 정성이 들어간 것이 편지다. 오래된 방식이긴 하지만, 편지는 분명 사람의 속마음을 전달하는 중요한 수단이다. 편지야말로 손으로 보내는 진심이다.

가루 서 말 속의 누룩

하나님께서 바울을 로마라는 가루 서 말 속에 누룩으로 넣어서 가루 전부가 부풀게 만드셨다. 오늘날 교회는 서로의 삶을 나누고 서로 돌보는 참된 공동체성을 회복해야 한다. 우리는 하나님 한 분을 아버지로 모시는 큰 우주적 가족의 일원이라는 사실을 잊지 말라.

주님의 은혜는 언제나 부족함이 없다

주님의 은혜는 언제나 부족함이 없다. 은혜는 이미 예수님의 십자가 사건을 통해 풍족하게 넘치고 있다. 이 하나님의 놀라운 은혜가 온 우주에 충만하다. 누구든지 예수님의 십자가로 나아가면 부족함이 없고, 고갈되지 않는 은혜를 얻게 된다.

원고를 수정하고 정리하는 과정에서 처음의 원고를 여러 번 읽게 되었다. 여전히 불만족과 아쉬움이 있는 것이 사실이다. 그러나 이렇게 원고를 반복해서 되씹고 음미하는 중에 얻은 복이 있었다. 내가 전한 메시지였지만 선포되고 기록되고 나서는 나의 것이 아니라는 사실이었다. 설교란 하나님의 말씀인 성경에 기초하고 있어 제대로 된 설교는 성도들의 영혼에 말씀의 영양소를 전달해 준다고 믿는다. 나는 앞으로 이 책을 애정을 갖고 몇 번 더 읽어 보려고 한다. 말씀의 은혜를 내 삶 속에 녹여 온전히 그렇게 살고 싶기 때문이다. 그리할 때 비로소 설교자의 설교는 완성될 것이다. 이 책을 접하는 독자들도 그렇게 할 수 있다면 좋겠다. 물론 이것은 저자의 욕심이다. 만약 전체를 음미하는 것이 힘들다면 마음에 부딪혀 오는 몇 개의 문장이라도 여러 번 반복해서 읽으며 되씹어 보기를 권한다. 한 말씀이라도 그 말씀으로 인한 축복의 주인공이 되었으면 한다.

빌립보서의 '기쁨'이라는 단어는 내 신앙과 삶의 핵심적 정서요, 중심에 자리 잡고 있다. 빌립보서를 떠올릴 때마다 자동으로 '기쁨'이 따라온다. 우울하고 어두워지기 쉬운 신앙의 여정에서 빌립보서 전체에서 흘러나오는 기쁨의 정서는 내게 큰 위안이고 도전이었다. '기쁨'이라는 이 한 말씀이 나에게는 복음의 능력이요, 나의 신앙을 점검하는 기준이 되었다. 그리고 유머 감각이 크신 하나님께서는 내게 '기쁨의교회'를 목회할 수 있도록 특권을 주셨다. '기쁨의교회'가 정말 이름값 하는 교회가 되었으면 한다.

기적은 순종을 통해 나타난다. 말씀의 능력, 설교의 능력은 듣고 순종할 때, 혹은 순종하기 위해 들을 때 나타난다. 교회에서 예배를 인도할 때마다 참 신기하기도 하고 큰 도전을 주는 성도가 있다. 시장에서 장사하며 힘들게 살아가던 분이다. 몇 년 전 예수 믿고 얼마 지나지 않아 그 은혜의 감격이 너무 커서 초신자인데도 특별새벽기도회에 참석했다. 기도회에 참석한 후 집으로 돌아가다가 질주하는 트럭에 부딪히고 말았다.

응급실에 누워 있는 의식불명의 자매를 보면서 너무 마음이 아팠다. "하나님, 이럴 수가 있습니까? 초신자입니다. 그것도 은혜받고 새벽기도하고 돌아가던 중에 이런 사고를 당하다니요?" 탄식의 기도가 저절로 터져 나왔다. 회복의 과정은 더디고 힘들었다.

그래도 그 자매가 신앙을 버리지 않고 불편한 몸을 이끌고 예배에 참석한 것은 정말 감사한 일이었다. 그렇게 다시 교회 나온 지 몇 달이 지난 어느 주일날 아침에 자매가 평소보다 어두운 표정으로 "목사님, 차라리 죽고 싶습니다. 자살이라도 하고 싶습니다"라고 말했다. "그러면 안 됩니다. 그럴수록 하나님을 더 의지해야지요." 이렇게 권면했지만 내 마음은 그의 아픔이 느껴져 안타까움이 사무쳤다.

그렇게 시간이 흘러가던 어느 주일, 예배를 마치고 만난 자매의 얼굴에는 뭔지 모르는 기쁨과 감격의 흥분이 나타나 있었다. 직감적으로 자매의 내면에 어떤 변화가 있음을 느낄 수 있었다. "무슨 좋은 일이라도 있습니까? 얼굴이 밝아 보입니다." 자매는 사고 후유증으로 어눌해진 목소리로 이렇게 말했다. "목사님, 새벽기도회 때 하나님을 만났습니다. 내 아픔과 한을 쏟아놓을 때에 하나님께서 나를 사랑하신다고 말해 주셨습니다. 하나님께서 나를 사랑하신답니다…." 말을 채 끝맺지도 못하고 하염없이 눈물을 흘렸다. 분명 감격의 눈물이었다. 하나님의 복이 그녀의 삶에 임한 것이다. 목회자로서 자매의 이런 긍정적인 변화가 감사하면서도 솔직히 이 은혜의 감격과 하나님의 복이 얼마나 지속될지 내심 염려되기도 했다.

그 이후로 2년이 지났다. 그런데도 이 자매의 심령 속에 넘쳐나는 그 기쁨은 사라지지 않고 있다. 마비로 인해 불편한 몸을 이끌고 새벽기도회, 수요예배, 주일예배 때마다 앞자리에 나와 온몸을 들썩이며 찬양하고 사모함으로 말씀을 듣는다. 예배가 이 자매의 유일한 삶의 즐거움이요, 동력인 것을 알 수 있다. 상한 몸도 조금씩 더 좋아지고 있는 듯하다.

빌립보서에 나타나는 하나님의 복을 이 자매의 모습 속에서 발견한다. 환경에 굴복하지 않는 하나님 안에서의 강력한 복, 인격화된 복이다. 적어도 '복'에 있어서 이 성도는 나의 라이벌이요, 스승이라고 할 수 있다. 온 마음을 다해 말씀을 믿고 실천하는 자에게 나타나는 하나님의 능력이다.

미국에서는 매년 약 60만 명의 사람들이 심장질환을 앓는다고 한다. 그들은 의사로부터 약물 처방이나 수술을 받은 이후에 삶을 바꿔야 한다는 말을 듣는다. 이제 음식을 가려 먹어야 하고, 담배나 술을 금해야 하고, 스트레스를 피하고, 규칙적인 운동을 하라는 조언을 받는다.

의사의 이런 권면은 그 본질상 이런 의미의 말이다. "변화냐 죽음이냐? 양자택일하라"는 말이다. 심장 질환으로 거의 죽을 뻔한 환자들이 의사의 이런 지시를 따라 모두 다 삶의 변화를 선택한다고 생각하면 큰 착각이다. 믿을 만한 의학 통계에 의하면 심장 질환자들의 90퍼센트는 거의 자신의 삶을 바꾸지 않는다고 한다. 처음 얼마간은 심각하게 삶의 변화를 추구하지만 이내 현상 유지를 하면서 과거와 같은 삶을 산다고 한다.

변화란 이처럼 어렵다. 말씀을 깨달았다고, 도전을 받았다고 너무 낙관하지 말라! 단 한 말씀이라도 좋으니 그 말씀이 실천을 통하여 삶의 변화라는 열매로 나타나기를 바란다.

몇 년 전에 미국 시카고 윌로우크릭 교회의 빌 하이벨스 목사는 자신의 윌로우크릭 교회 사역 32년에 대해 전반적인 검토를 한 후『발견』*Reveal: Where are you?*, 국제제자훈련원, 2008 이라는 목회 종합 보고서를 책으로 펴냈다. 이 책이 소개하는 가장 놀라운 발견은 그 세계적인 교회에서 영적으로 불만족이 가장 많은 성도들이 다름 아닌 가장 핵심적이고 헌신적인 성도라는 사실이었다. 이 결과에 충격을 받은 빌 하이벨스 목사는 그동안의 사역 철학에 대해 반성하게 되었다고 한다.

지금까지 그가 고수해왔던 사역 철학은 성숙한 성도를 포함하여 모든 성도들의 영적 필요를 채워주는 데 기초하고 있었다. 이를 위한 엄청난 노력에도 불구하고 윌로우크릭 교회의 가장 헌신적이고 성숙한 성도들의 영적 불만족이 가장 크다는 사실은 무엇을 의미하는가?

이 결과로 그는 모든 성도의 영적 필요를 다 채워주기 위한 목회는 한계가 있음을 발견하게 된다. 오히려 충분히 성숙하고 헌신적인 성도들은 스스로 하나님 말씀의 양식을 섭취할 수 있는 성도Self-Feeder로 세워져야 한다는 사실을 깨닫게 된다. 그리고 이런 성도들에게는 자신의 성숙에 걸맞은 사역에 참여하도록 더 강한 도전을 해야 한다는 사실을 알게 된다. 모든 것을 교회 지도자가 다 채워줄 수 없다는 평범한 진리를 깨달은 것이다.

그대는 충분히 성숙한 성도라고 생각하는가? 아니면 성숙한 성도가 되기를 원하는가? 그렇다면 교회를 통하여, 목회자를 통하여 그대의 모든 영적 필요를 다 채움 받으려고 기대하지 말라! 오히려 어느 정도까지는 '자기 밥은 자기가 알아서 스스로 챙겨먹는 Self-Feeder'가 되겠다고 각오하는 것이 필요하다. 더하여 그 성숙에 걸맞은 다른 연약한 성도들을 세우는 섬김의 사역 속에서 영적 만족을 추구해야 할 것이다.

성령충만은 결국 말씀충만이다. 성령의 기름 부으심을 입은 예수님도 광야에서 말씀의 충만으로 사탄의 모든 시험을 이기셨다. 빌립보서의 말씀이 우리 안에 충만히 거하기를 바란다.